玩中学，学中玩，轻松考高分
思维导图攻克记忆难关

思维导图
玩转化学

叶健 ◎ 编著

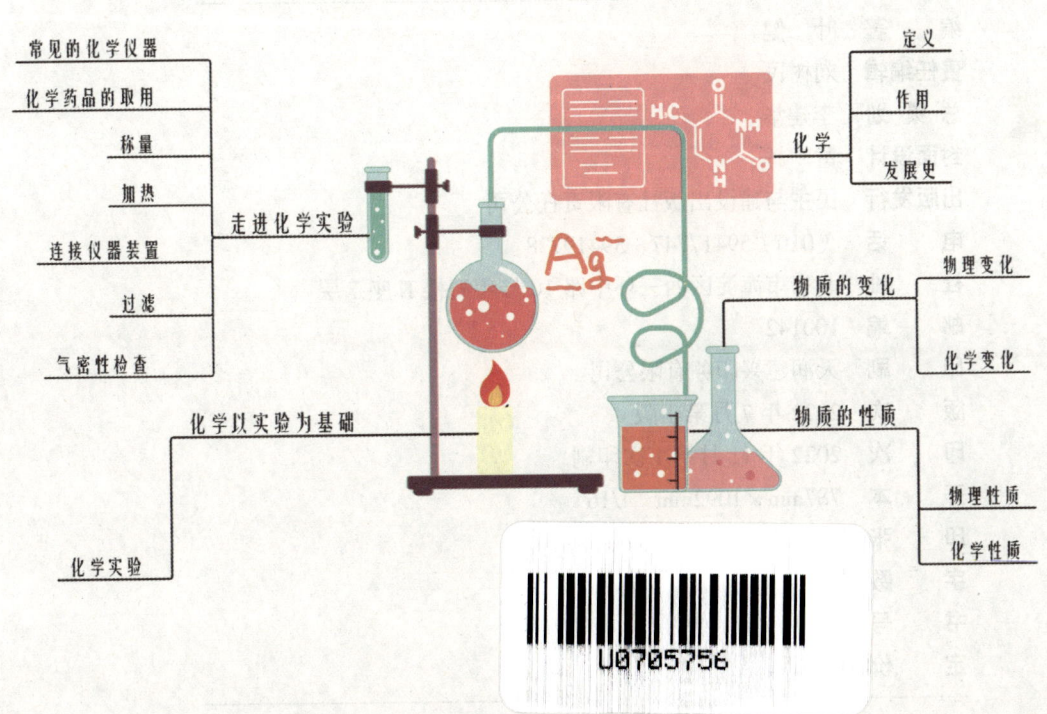

民主与建设出版社

© 民主与建设出版社，2022

图书在版编目（CIP）数据

思维导图玩转化学 / 叶健编著 . -- 北京：民主与建设出版社，2022.7

ISBN 978-7-5139-3894-5

Ⅰ.①思… Ⅱ.①叶… Ⅲ.①中学化学课—教学参考资料 Ⅳ.① G634.83

中国版本图书馆 CIP 数据核字（2022）第 120533 号

思维导图玩转化学
SIWEI DAOTU WANZHUAN HUAXUE

编　　著	叶　健
责任编辑	刘树民
总 策 划	李建华
封面设计	黄　辉
出版发行	民主与建设出版社有限责任公司
电　　话	（010）59417747　59419778
社　　址	北京市海淀区西三环中路 10 号望海楼 E 座 7 层
邮　　编	100142
印　　刷	天润建兴印务有限公司
版　　次	2022 年 7 月第 1 版
印　　次	2022 年 11 月第 1 次印刷
开　　本	787mm×1092mm　1/16
印　　张	25
字　　数	418 千字
书　　号	ISBN 978-7-5139-3894-5
定　　价	98.00 元

注：如有印、装质量问题，请与出版社联系。

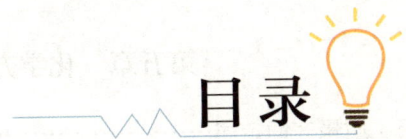

目录

第一章 走进化学世界

第一节 物质的变化和性质 …………………………………… 002

第二节 化学是一门以实验为基础的科学 …………………… 020

第三节 常见的化学仪器 ……………………………………… 033

第二章 我们周围的空气

第一节 空气 …………………………………………………… 052

第二节 氧气 …………………………………………………… 068

第三节 制取氧气 ……………………………………………… 082

第三章 物质构成的奥秘

第一节 分子和原子 …………………………………………… 100

第二节 原子的结构 …………………………………………… 109

第三节 元素 …………………………………………………… 120

第四章 自然界的水

第一节 爱护水资源 …………………………………………… 140

第二节 水的净化 ……………………………………………… 143

第三节 水的组成 ……………………………………………… 153

第四节 化学式与化合价 ……………………………………… 161

第五章　化学方程式

第一节　质量守恒定律·····174
第二节　如何正确书写化学方程式·····177
第三节　利用化学方程式的简单计算·····185

第六章　碳和碳的化合物

第一节　金刚石、石墨和 C_{60} ·····196
第二节　二氧化碳制取的研究·····205
第三节　物质的变化和性质·····220

第七章　燃料及其利用

第一节　燃烧和灭火·····230
第二节　燃料的合理利用与开发·····236

第八章　金属和金属材料

第一节　金属材料·····248
第二节　金属的化学性质·····257
第三节　金属资源的利用和保护·····268

第九章　溶　液

第一节　溶液的形成·····280
第二节　溶解度·····289
第三节　溶液的浓度·····302

第十章　酸和碱

第一节　常见的酸和碱·····320
第二节　酸和碱的中和反应·····336

第十一章 盐、化肥

第一节 生活中常见的盐……………………………… 342

第二节 化学肥料…………………………………… 360

第十二章 化学与生活

第一节 人类重要的营养物质……………………… 370

第二节 化学元素与人体健康……………………… 383

第三节 有机合成材料……………………………… 391

第一章 走进化学世界

第一节 物质的变化和性质

一、化学

1. 定义

化学是在分子、原子层次上研究物质的性质、组成、结构与变化规律的科学。化学是一门以实验为基础的自然科学。

2. 化学的作用

生产化肥和农药→增加粮食的产量。

合成药物→抑制细菌和病毒，保障身体健康。

开发新能源和新材料→改善人类生存条件。

合理开发利用自然资源和保护环境→使人类生活更加和谐美好。

3. 化学的发展史

火的发现和利用（古代）→原子论和分子学说（近代）→纳米技术和绿色化学（现代）

例题

【例1】（2007 福建厦门中考7题）下列科技成果不属于化学成就的是（　　）

A. 厦门研制的二十四面体铂纳米晶粒催化剂比传统铂催化剂的催化效率高4倍。

B. 美国科学家罗杰发现"真核转录的分子基础"，获得诺贝尔奖。

C. 厦门纳润公司用高分子材料生产的"隐形手套"，可保护人手不被浓硫酸腐蚀。

D. 美国科学家约翰等发现"宇宙微波背景辐射的黑体形式"，获得诺贝尔奖。

答案 D

解题思路
- 试题分析：本题以科技成果为背景，考查化学科学的研究内容。
- 方法指引：A、B、C 都属于化学成就，而 D 属于物理成就。

二、物理变化与化学变化

1. 物理变化

定义：没有生成其他物质的变化。例如：冰的融化、汽油挥发、蜡烛融化等，都属于物理变化。

特征：没有新物质生成。物理变化前后，物质的种类、组成、化学性质皆不变，只是形状变化或三态的转化（气态、液态、固态）。

2. 化学变化

定义：生成其他物质的变化叫做化学变化，又叫做化学反应。化学反应的现象中常伴随着颜色改变、放出气体、生成沉淀等现象，同时还伴随着能量变化，如吸热、放热、发光等。

本质：分子或粒子本身被破坏，分裂成原子，原子又重新组合成新物质的分子或粒子。

3. 物理变化与化学变化的区别与联系

项目	物理变化	化学变化
特征	物质的形态、形状、大小可能发生变化，也可能放光、放热等现象出现。	有新物质生成，常伴随发光、放热、变色、生成气体、产生沉淀等现象。
本质区别	变化时是否有新物质生成。	
联系	物理变化与化学变化常同时发生。物质发生化学变化时一定伴随物理变化，而发生物理变化时不一定伴随化学变化。	

例题

【例2】（2022 江苏省扬州中考2题）下列变化中属于物理变化的是（　　）
A. 水分蒸发　　B. 菜刀生锈　　C. 食品变质　　D. 蜡烛燃烧

答案

A

解题思路
- **试题分析**：本题考查物理变化的本质特征。
- **方法指引**：判断是物理变化还是化学变化，关键在于有无新物质生成。
- **易错事项**：水分蒸发无新物质生成，属于物理变化；菜刀生锈、食品变质、蜡烛燃烧都有新物质生成，属于化学变化。

例题

【例3】（2018黑龙江省哈尔滨中考3题）下列过程中只发生物理变化的是（　　）

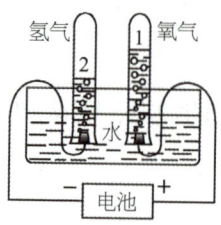

A. 电解水

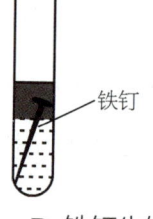

B. 铁钉生锈

C. 品红在水中扩散

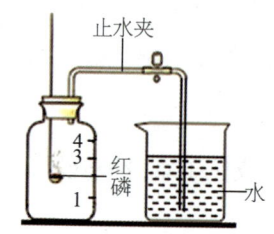

D. 测定空气里氧气含量

答案 C

解析

有新物质生成的变化是化学变化，无新物质生成的变化是物理变化。A.电解水时有新物质生成，属于化学变化，不符合题意。B.铁钉生锈有新物质生成，属于化学变化，不符合题意。C.品红在水中扩散，无新物质生成，属于物理变化，符合题意。D.测定空气里氧气含量，所用物质是红磷，红磷燃烧生成新物质，属于化学变化，不符合题意。故选C。

例题

【例4】（2018山东省济宁中考2题）日常生活中的下列做法，一定含有化学变化的是（　　）

第一章　走进化学世界

　　A. 用胶带黏合破损书画　　　　B. 用白醋泡制软皮鸡蛋

　　C. 用钢丝球擦除灶具污渍　　　D. 用汽油清洗衣服油污

答案

B

解析

A. 用胶带黏合破损书画过程中没有新物质生成，属于物理变化。

B. 用白醋泡制软皮鸡蛋的过程中有新物质生成，属于化学变化。

C. 用钢丝球擦除灶具污渍的过程中没有新物质生成，属于物理变化。

D. 用汽油清洗衣服油污的过程中没有新物质生成，属于物理变化。

故选 B。

 例题

【例 5】（2018 山东省滨州中考 1 题）化学使世界变得绚丽多彩。生活中的下列变化没有化学变化发生的是（　　）

　　A. 节日燃放焰火　　　　B. 木炭烤熟食物

　　C. 西瓜榨成西瓜汁　　　D. 檀树皮制成宣纸

答案

C

解析

A. 节日燃放焰火过程中有新物质生成，属于化学变化。

B. 木炭烤熟食物过程中有新物质生成，属于化学变化。

C. 西瓜榨成西瓜汁过程中没有新物质生成，属于物理变化。

D. 檀树皮制成宣纸过程中有新物质生成，属于化学变化。

故选 C。

【例6】（2018 广东省中考 2 题）中华传统文化博大精深，下列古诗中不涉及化学变化的是（　　）

A. 梅须逊雪三分白，雪却输梅一段香
B. 爆竹声中一岁除，春风送暖入屠苏
C. 爝火燃回春浩浩，洪炉照破夜沉沉
D. 千锤万凿出深山，烈火焚烧若等闲

答案

A

解析

A. 梅须逊雪三分白，雪却输梅一段香的意思是梅花须逊让雪花三分晶莹洁白，雪花却输给梅花一段清香（梅不如雪白，雪没有梅香），无新物质生成，属于物理变化，正确。

B. 爆竹爆炸过程中有新物质二氧化碳等生成，属于化学变化，错误。

C. 煤炭燃烧过程中有新物质二氧化碳等生成，属于化学变化，错误。

D. 高温煅烧石灰石过程中有新物质氧化钙等生成，属于化学变化，错误。

故选 A。

三、物理性质与化学性质

1. 物理性质

定义：物质不需要发生化学变化就表现出来的性质。

内容：颜色、状态、气味、熔点、沸点、密度、硬度、溶解性、挥发性等。

2. 化学性质

定义：物质在化学变化中表现出来的性质。

内容：助燃性、可燃性、稳定性、毒性、氧化性、还原性等。

3. 物理性质与化学性质的区别与联系

	物理性质	化学性质
概念	物质不需要发生化学变化就表现出来的性质。	物质在化学变化中表现出来的性质。
实质	物质的微粒组成结构不变所呈现出的性质。	物质的微粒组成结构改变时所呈现出的性质。
确定	由感官直接感知或由仪器测定。	通过化学变化方可知。
区别	是否需要通过化学反应表现出来。	

【例7】（2017江苏省南京中考2题）物质的下列性质中，属于化学性质的是（　　）

A. 颜色　　　　B. 状态　　　　C. 熔点　　　　D. 氧化性

答案： D

解题思路
- 试题分析：本题考查物理的化学性质和物理性质。
- 方法指引：熟悉物理性质和化学性质的定义和内容。
- 易错事项：物质的颜色、状态、熔点等性质不需要发生化学变化就能表现，属于物理性质；而物质的氧化性，只有在化学变化中才能表现出来，属于化学性质。

【例8】（2018四川省成都中考6题）下列物质的用途由化学性质决定的（　　）

A. 活性炭做除味剂

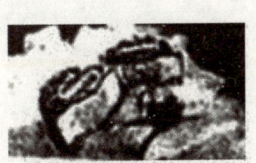
B. 液氧用于火箭发射

C. 石墨用作电刷

D. 干冰用于食品保鲜

答案 B

解析

A. 活性炭作除味剂，是利用了活性炭的吸附性，不需要发生化学变化就能表现出来，是利用了其物理性质，故选项 A 错误。

B. 液氧用于火箭发射作助燃剂，利用了氧气的助燃性，需要通过化学变化才表现出来，是利用了其化学性质，故选项 B 正确。

C. 石墨用作电刷，是利用了石墨具有良好的导电性，不需要发生化学变化就能表现出来，是利用了其物理性质，故选项 C 错误。

D. 干冰用于食品保鲜，是利用了干冰升华吸热的性质，不需要发生化学变化就能表现出来，是利用了其物理性质，故选项 D 错误。

故选 B。

例题

【例9】（2018江苏省连云港中考6题）下列有关物质的性质与用途具有对应关系的是（　　）

A. 铬耐磨、耐腐蚀，可镀在钢铁制品表面防生锈
B. 石墨很软，有光泽和滑腻感，可用于制作电极
C. 乙醇易挥发、易溶于水，可掺入汽油中作燃料
D. 聚四氟乙烯塑料密度小，可用作不粘锅的内衬

答案 A

解析

A. 铬耐磨、耐腐蚀，可镀在钢铁制品表面防生锈，故 A 正确。

B. 石墨具有导电性，可用于制作电极，故 B 错误。

C. 乙醇具有可燃性，能与汽油互溶，可掺入汽油中作燃料，故 C 错误。

D.聚四氟乙烯塑料无毒、性质稳定、耐高温，可用作不粘锅的内衬，故D错误。

故选A。

【例10】（2018湖南省长沙中考1题）物质的性质在很大程度上决定了物质的用途，物质的用途体现了物质的性质，下列物质的用途体现了物质的化学性质的是（　　）

A.氧气用于医疗急救　　　　B.干冰用于人工降雨

C.活性炭用于除去冰箱异味　　D.钢丝用于作导线

A

解析

A.氧气用于医疗急救，是利用了氧气能供给呼吸的性质，需要通过化学变化才表现出来，是利用了其化学性质，符合题意。

B.干冰用于人工降雨，是利用了干冰升华吸热的性质，不需要发生化学变化就能表现出来，是利用了其物理性质，不符合题意。

C.活性炭用于除去冰箱异味，是利用了活性炭的吸附性，不需要发生化学变化就能表现出来，是利用了其物理性质，不符合题意。

D.钢丝用于作导线，是利用了金属的导电性，不需要发生化学变化就能表现出来，是利用了其物理性质，不符合题意。

故选A。

本节练习

1.（2018重庆市中考A卷2题）端午节吃粽子是传统习俗，在制作粽子的过程中一定发生了化学变化的是（　　）

A.水洗糯米　　B.刀切肉块　　C.粽叶包粽　　D.烧火煮粽

答案 D

解析

水洗糯米、刀切肉块和粽叶在包粽过程中没有新物质生成，属于物理变化；烧火煮粽过程中有新物质二氧化碳生成，属于化学变化。故选 D。

例题

2.（2018贵州省安顺中考1题）以下对自然资源利用的过程中只发生物理变化的是（　　）

A. 铝土矿炼铝

B. 液化气燃烧

C. 木材制桌椅

D. 海水提取镁

答案 C

解析

A. 铝土矿炼铝的过程中有新物质铝等生成，属于化学变化，不符合题意。

B. 天然气燃烧的过程中有新物质二氧化碳和水生成，属于化学变化，不符合题意。

C. 木材制桌椅的过程中只是形状发生改变，没有新物质生成，属于物理变化，符合题意。

D. 海水提取镁的过程中，有新物质镁等生成，属于化学变化，故符合题意。

故选 C。

例题

3.（2018 湖北省黄冈中考 1 题）下列四个事例中一定发生了化学变化的是（　　）

①玻璃片上出现水珠

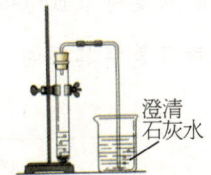
②大理石投入到稀盐酸中

③自制汽水

④品红在水中扩散

A. ①②　　　B. ②③　　　C. ③④　　　D. ①④

答案

B

解析

①玻璃片上出现水珠，没有生成新物质，属于物理变化。②大理石投入到稀盐酸中，生成二氧化碳、水等新物质，属于化学变化。③自制汽水，小苏打和柠檬酸反应生成二氧化碳等新物质，属于化学变化。④品红在水中扩散，没有生成新物质，属于物理变化。只有②③属于化学变化。故选 B。

例题

4.（2018 湖北省荆州中考 1 题）下列典故中，主要体现化学变化的是（　　）

A. 火烧赤壁　　B. 刻舟求剑　　C. 司马光砸缸　　D. 铁杵磨成针

答案

A

解析

A. 火烧赤壁包含着物质的燃烧，属于化学变化，故 A 正确。

B. 刻舟求剑只是形状发生了变化，没有新物质生成，属于物理变化，故 B 错误。

C. 司马光砸缸只是将水缸砸破，没有新物质生成，属于物理变化，故 C 错误。

D. 铁杵磨成针只是将其磨细，没有新物质生成，属于物理变化，故 D 错误。

故选 A。

例题

5.（2017 山东省潍坊中考 3 题）中华民族有着光辉灿烂的发明史，下列发明创造不涉及化学变化的是（　　）

　　A. 造纸　　　B. 湿法炼铜　　　C. 用青铜制作"马踏飞燕"　　　D. 铁矿石炼铁

C

解析

A. 造纸过程中有新物质生成，属于化学变化，故 A 错误。

B. 湿法炼铜过程中有新物质生成，属于化学变化，故 B 错误。

C. 用青铜制作"马踏飞燕"过程中没有新物质生成，属于物理变化，故 C 正确。

D. 铁矿石炼铁过程中有新物质铁生成，属于化学变化，故 D 错误。

故选 C。

例题

6.（2018 四川省南充中考 1 题）诗词是民族灿烂文化的瑰宝。下列著名诗句所反映的物质变化主要与化学变化相关的是（　　）

　　A. 忽如一夜春风来，千树万树梨花开。

　　B. 落红不是无情物，化作春泥更护花。

　　C. 夜来风雨声，花落知多少。

　　D. 日日思君不见君，共饮一江水。

答案 B

解析 "忽如一夜春风来，千树万树梨花开"、"夜来风雨声，花落知多少"和"日日思君不见君，共饮一江水"只是物质的状态、形状发生了改变，没有新物质生成，属于物理变化；"落红不是无情物，化作春泥更护花"的过程中有新物质生成，属于化学变化。故选B。

例题

7.（2018 黑龙江省哈尔滨中考4题）下列物质的用途错误的是（　　）

A. 用聚氯乙烯塑料作电线外面的绝缘层

B. 用熟石灰改良酸性土壤

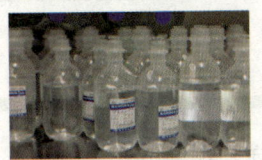

C. 用氯化钠配制生理盐水

D. 稀有气体用于磁悬浮列车

答案 D

解析

A. 聚氯乙烯塑料有良好的绝缘性，用作电线外面的绝缘层，故A正确。

B. 用熟石灰改良酸性土壤，故B正确。

C. 生理盐水是0.9%的氯化钠溶液，故C正确。

D. 氮气用于磁悬浮列车，故D错误。

故选D。

> **例题**

8.（2018重庆市中考B卷9题）下列用途中，只与物质的物理性质有关的是（　　）

　　A. 氧气作供氧剂　　　　　　B. 碳酸钙作补钙剂

　　C. 活性炭作吸附剂　　　　　D. 小苏打作发酵剂

答案

C

解析

　　氧气作供氧剂是利用氧气的助燃性和氧化性，属于化学性质；碳酸钙作补钙剂是利用碳酸钙与盐酸反应生成氯化钙，才能被人体吸收，利用了化学性质；活性炭作吸附剂，只是将色素、异味吸附在表面，没有生成新物质，属于物理性质；小苏打作发酵剂，是利用碳酸氢钠受热易分解成碳酸钠、水、二氧化碳，利用了化学性质。故选C。

> **例题**

9.（2018吉林省中考5题）有关物质的用途，错误的是（　　）

　　A. 石墨做电极　　　　　　　B. 干冰用于人工降雨

　　C. NH_4Cl 当作复合肥使用　　D. 小苏打用于焙制糕点

答案

C

解析

　　石墨具有导电性，可做电极；干冰升华吸热，有利于水汽凝华，可用于人工降雨；NH_4Cl 含有氮元素，可作氮肥使用；小苏打受热易分解，可用于焙制糕点，使糕点膨松。故选C。

例题

10.（2017 江苏省镇江中考）常温下进行如图所示实验。

（1）A 中固体逐渐减少，发生 _____（选填"物理"或"化学"）变化。

（2）C 中有气泡，溶液颜色 _____。

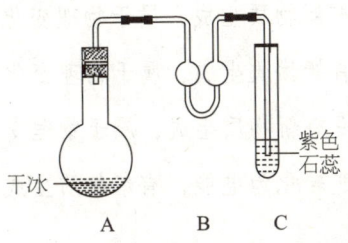

答案

（1）物理；（2）变红。

解析

（1）A 中固体逐渐减少，只是状态的改变，没有新物质生成，属于物理变化。

（2）二氧化碳与水反应生成碳酸，碳酸能使紫色石蕊试液变红。

例题

11.（2018 山东省枣庄中考 8 题）化学反应不仅生成了新物质，还伴随着能量变化。下列事例中通过化学反应提供能量的是（　　）

A. 灯泡发光

B. 风力发电

C. 太阳能供热

D. 蓄电池放电

答案 D

解析

A. 灯泡发光过程中没有新物质生成，属于物理变化。

B. 风力发电过程中没有新物质生成，属于物理变化。

C. 太阳能供热过程中没有新物质生成，属于物理变化。

D. 蓄电池放电是化学能转化为电能，有新物质生成，属于化学变化。

故选 D。

例题

12.（2018湖北省荆州中考8题）下列物质的用途与性质对应关系错误的是（　　）

A. 熟石灰可用来改良酸性土壤——熟石灰呈碱性

B. 氮气常用作保护气——氮气化学性质不活泼

C. 铁粉可做食品保鲜剂——铁粉可以与空气中的氧气和水反应

D. 金刚石能裁玻璃——金刚石是硬度最大的金属

答案 D

解析

A. 氢氧化钙溶液呈碱性，能中和酸性土壤，可用来改良酸性土壤，故选项A说法正确。

B. 氮气化学性质不活泼，常用作保护气，故选项B说法正确。

C. 铁粉可以与空气中的氧气和水反应，可用于食品保鲜剂，故选项C说法正确。

D. 金刚石是硬度最大的非金属，可裁玻璃，故选项D说法错误。

故选 D。

例题

13.（2018湖南省岳阳中考18题）现有下列物质：①石墨；②熟石灰；③稀有气体；④氯化钠；⑤纯碱。请选择合适物质的序号填空：

（1）常用于制作电极的是 _____；

（2）常用于消除公路积雪的是 _____；

（3）常用于改良酸性土壤的是 _____。

答案

（1）①；（2）④；（3）②。

解析

（1）石墨具有优良的导电性，常用于制作电极。

（2）氯化钠溶于水使溶液的凝固点降低，常用于消除公路积雪。

（3）熟石灰具有碱性，常用于改良酸性土壤。

例题

14.（2018天津市中考2题）下列变化属于化学变化的是（　　）

A. 纸张燃烧　　B. 盐酸挥发　　C. 冰雪融化　　D. 瓷碗破碎

答案

A

解析

纸张燃烧，生成新物质，属于化学变化；盐酸挥发、冰雪融化和瓷碗破碎，只是物质的状态和形状发生了变化，没有新物质生成，属于物理变化。故选A。

例题

15.（2018四川省巴中中考2题）下列物质的性质属于化学性质的是（　　）

A. 颜色　　B. 密度　　C. 可燃性　　D. 溶解性

答案 C

解析
A. 颜色不需要通过化学变化表现出来,属于物质的物理性质。
B. 密度不需要通过化学变化表现出来,属于物质的物理性质。
C. 可燃性需要通过化学变化表现出来,属于物质的化学性质。
D. 溶解性不需要通过化学变化表现出来,属于物质的物理性质。
故选 C。

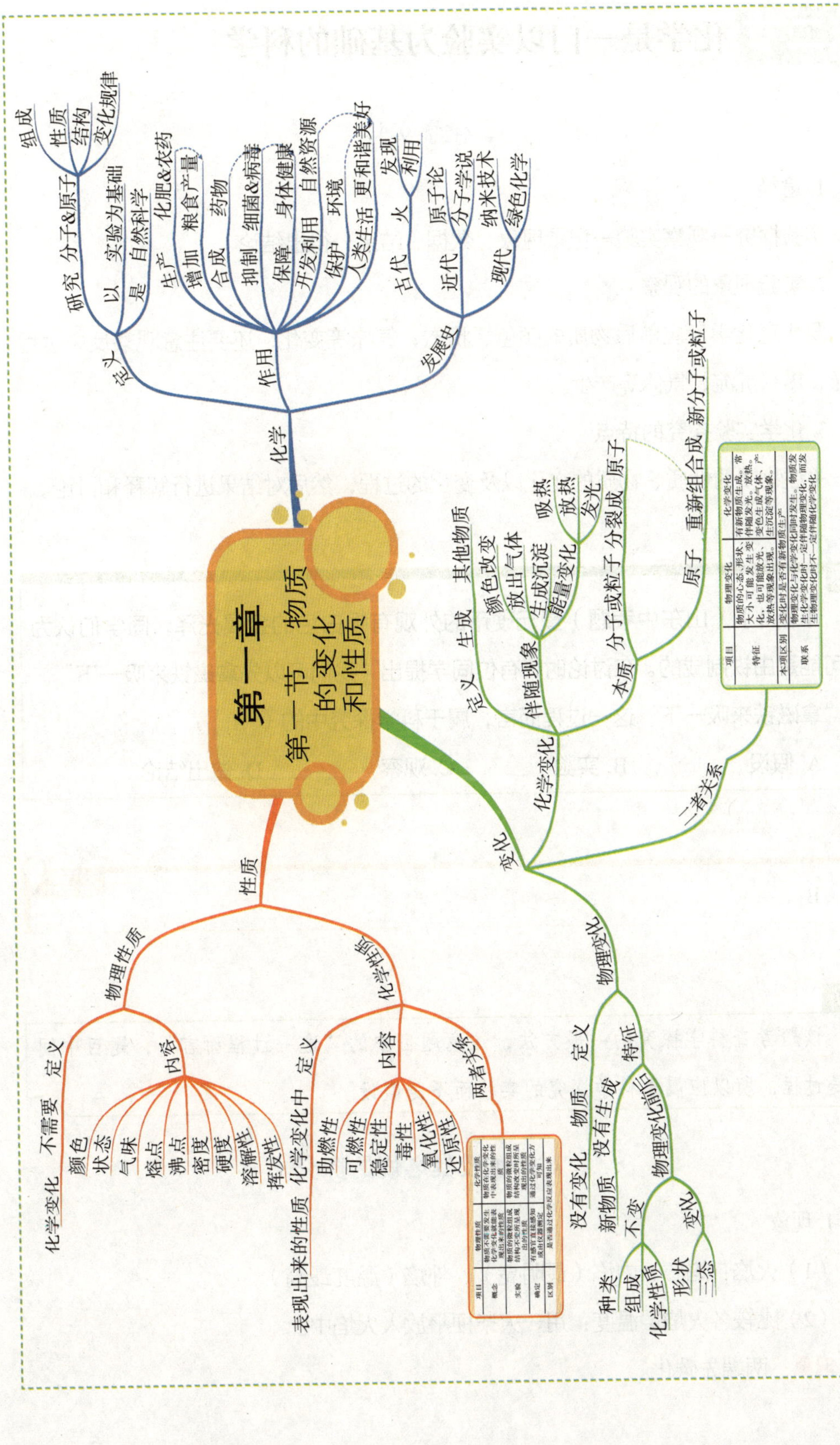

第一章 走进化学世界

第一节 物质的变化和性质

化学
- 定义
  - 研究：组成、性质、结构、变化规律
  - 分子&原子
  - 以实验为基础的自然科学
- 作用
  - 生产：化肥&农药、粮食产量增加
  - 合成药物：抑制细菌&病毒、保障身体健康
  - 开发利用自然资源、保护环境
  - 人类生活更加美好
- 发展史
  - 古代：火
  - 近代：原子论、分子学说
  - 现代：纳米技术、绿色化学

变化
- 化学变化
  - 定义：生成其他物质
  - 伴随现象：颜色改变、放出气体、生成沉淀、能量变化（吸热、放热、发光）
  - 本质：分子或原子分裂成原子，原子重新组合成新分子或新粒子
- 物理变化
  - 定义：没有新物质生成
  - 特征：物质生成前后，没有新物质，不变（种类、组成、化学性质），变化（形状、三态）
- 二者关系

项目	物理变化	化学变化
特征	物质的大小、形状发生变化，没有新物质生成	有新物质生成，常伴随发光、放热、变色、生成气体、生成沉淀等现象
本质区别	变化中是否有新物质生成	
联系	物理变化与化学变化同时发生，化学变化中一定伴随物理变化，但物理变化中不一定伴随化学变化，前者发生时后者不一定发生	

性质
- 物理性质
  - 定义：不需要化学变化表现出来的性质
  - 内容：颜色、状态、气味、熔点、沸点、密度、硬度、溶解性、挥发性
- 化学性质
  - 定义：化学变化中表现出来的性质
  - 内容：助燃性、可燃性、稳定性、毒性、氧化性、还原性
- 两者关系

项目	物理性质	化学性质
概念	物质不需要发生化学变化就表现出来的性质	物质在化学变化中表现出来的性质
实验	无需通过化学变化即可得出	由化学变化可得
区别	是否通过化学反应表现出来	

第二节 化学是一门以实验为基础的科学

一、化学实验

1. 途径

实验探究→观察实验→记录现象、数据、结果→得出结论。

2. 实验现象的观察

要注意化学反应前后物质的颜色、状态、气味等变化，还要注意观察反应过程中光、热、沉淀、气体等产生。

3. 化学实验探究的特点

关注物质的性质、物质的变化以及变化的过程，然后对结果进行解释和讨论。

例题

【例1】（山东中考题）壹元硬币的外观有银白色的金属光泽，同学们认为它可能是由铁制成的。在讨论时，有位同学提出"我们可以先拿磁铁来吸一下"。就"拿磁铁来吸一下"这一过程而言，属于科学探究中的（　　）

A. 假设　　　　B. 实验　　　　C. 观察　　　　D. 做出结论

答案

B

解析

该题考查科学探究的一般方法，注意题目中的"这一过程而言"，题目中间的是过程，所以应属于科学探究的实验而不是假设。

二、对蜡烛及其燃烧的探究

1. 现象

（1）火焰：焰心、内焰（最明亮）、外焰（温度最高）

（2）比较各火焰层温度：用一火柴梗平放入火焰中。

现象：两端先碳化。

结论： 外焰温度最高。

2. 检验产物

（1）H_2O：用干冷烧杯罩火焰上方，烧杯内有水雾。

（2）CO_2：取下烧杯，倒入澄清石灰水，振荡，澄清石灰水变浑浊。

3. 熄灭后

有白烟（为石蜡蒸气），点燃白烟，蜡烛复燃。说明石蜡蒸气燃烧。

4. 物理性质

白色的固体，密度比水小，质软。

5. 实验探究步骤

实验步骤	实验现象	结论
点燃前	蜡烛由石蜡和棉线烛芯组成，为乳白色固体，有轻微的气味。用小刀切一小块石蜡，放入水中，发现石蜡浮在水面上。	蜡烛比较软，不溶于水，密度比水小。
点燃蜡烛	火焰外层最亮，最里面最暗，平放在火焰中的火柴梗两端（最外面）碳化最严重，中间几乎为白色，罩在火焰上方干燥的烧杯内出现了水珠，用澄清石灰水湿润内壁的烧杯变浑浊。	蜡烛火焰分为三层（外焰、内焰、焰心），外焰最亮且温度最高，焰心最暗且温度最低，蜡烛燃烧后有水和二氧化碳生成。
熄灭蜡烛	蜡烛刚熄灭时产生大量的白烟，用火柴去点燃刚熄灭时的白烟，发现蜡烛复燃。	蜡烛燃烧是石蜡蒸汽在燃烧，白烟是石蜡蒸汽（石蜡的固体小颗粒）。

6. 结论

（1）燃烧前：蜡烛通常为黄白色的固体，密度比水小，不溶于水。

（2）燃烧时：①蜡烛发出黄白色的火焰，放热、发光，蜡烛逐渐变短，受热时熔化，冷却后又凝固。②木条处于外焰的部分最先变黑，外焰温度最高。③烧杯内壁有水雾出现，说明蜡烛燃烧生成了水，其中含有 H 元素；蜡烛燃烧后还生成 CO_2，该气体能使澄清石灰水变浑浊，说明蜡烛中含有 C 元素。④白瓷板上有黑色粉末出现，更说明蜡烛中含有 C 元素。

（3）燃烧后：有一股白烟，能重新燃烧，说明蜡烛燃烧是蜡烛汽化后的蜡烛蒸汽被点燃。

例题

【例2】 某同学对蜡烛（主要成分是石蜡）及其燃烧进行了如下探究：

（1）点燃蜡烛，观察到蜡烛火焰分为外焰、内焰、焰心三层。把一根火柴梗放在蜡烛的火焰中（如图所示）约 1 s 后取出，可以看到火柴梗的 _____ 处最先碳化（填字母）。结论：蜡烛火焰的 _____ 层温度最高。

（2）再将一只冷而干燥的烧杯罩在火焰上方，烧杯内壁出现 _____，片刻后取下烧杯，迅速向烧杯内倒入少量澄清的石灰水，振荡，发现澄清的石灰水变浑浊。结论：蜡烛燃烧生成了水和 _____ 两种物质。

答案

（1）a；外焰。（2）水雾；CO_2。

解析

（1）把一根火柴梗放在蜡烛的火焰中（如图所示）约 1 s 后取出，可以看到火柴梗的两端最先碳化，得出结论是：蜡烛火焰的外焰温度最高。（2）再将一只冷而干燥的烧杯罩在火焰上方，烧杯内壁出现水雾，片刻后取下烧杯，迅速向烧杯内倒入少量澄清的石灰水，振荡，发现澄清的石灰水变浑浊。结论：蜡烛燃烧生成了水和二氧化碳两种物质。故答案为：（1）a；外焰。（2）水雾；CO_2。

三、对人吸入的空气和呼出的气体的探究

1. 原理

（1）二氧化碳——能使澄清石灰水变浑浊（特性），不燃烧也不支持燃烧，不能供给呼吸。

（2）氧气——支持燃烧（使带火星的木条复燃、燃着的木条烧得更旺），供给呼吸。

2. 实验探究步骤

实验步骤	实验现象	结论
气体收集：(1)在两个集气瓶中装满水，用玻璃片盖住瓶口，倒放水中。将塑料管小心插入集气瓶内，吹气。(2)在水中集满气体后，用玻璃片盖住瓶口，从水中取出正放于桌上。	集气瓶中的水排出，集气瓶内充满气体，气体无色。	呼出的气体为无色气体，大部分没有溶于水，密度比空气大。
性质探究：(1)向一个盛空气的集气瓶和一个盛呼出气体的集气瓶中，各滴入几滴澄清的石灰水，振荡。(2)将燃着的木条分别插入盛空气和呼出气体的集气瓶中。(3)取一块干燥的玻璃片对着呼气，并与放在空气中的另一块玻璃片比较。	盛空气的集气瓶内澄清的石灰水没有变浑浊；盛呼出气体的集气瓶内澄清的石灰水变浑浊。燃烧的木条在盛空气的集气瓶中持续燃烧一会儿熄灭；燃烧的木条在盛呼出气体的集气瓶中立即熄灭。对着呼气的玻璃片上有水珠。	人呼出气体中含有较多的二氧化碳，含有较少的氧气，含有较多的水蒸气。

3. 结论

（1）呼出的气体使燃着的木条熄灭，燃着的木条在空气中能够燃烧，证明空气中氧气的含量比呼出的气体中氧气的含量高。

（2）呼出的气体使澄清的石灰水出现的浑浊多，证明呼出的气体比空气中二氧化碳的含量高。

（3）对着呼气的玻璃片上的水雾比放在空气中的玻璃片上的水雾多，证明呼出气体中水的含量比空气中水的含量高。

例题

【例3】（2018 四川省成都月考题）人通过肺与外界进行气体交换，吸入空气中的氧气，排出二氧化碳和水蒸气。但人体排出的二氧化碳究竟是空气中原有的，还是人体代谢的最终产物呢？为了证实这个问题，有人采用了如图所示的装置进行实验。

（1）人吸气时，应将活塞A_____（填"打开"或"关闭"，下同），活塞B_____。

（2）人呼气时，活塞A、B具体的操作是_____，此时可观察到Ⅱ瓶内的现象是_____。

（3）Ⅰ瓶中所装试剂的作用是＿＿＿＿＿＿＿＿＿＿＿＿＿＿；

Ⅱ瓶中所装试剂的作用是＿＿＿＿＿＿＿＿＿＿＿＿＿＿。

将上述操作反复进行,能证明人呼出的气体中含有的二氧化碳不是来自空气,而是人体代谢的最终产物。

答案

（1）打开；关闭。（2）活塞A关闭，活塞B打开；Ⅱ瓶的石灰水变浑浊。（3）除去空气中的二氧化碳；验证呼出的气体中含有二氧化碳。

解析

吸气时，打开活塞A，关闭活塞B，空气从导管进入Ⅰ瓶中的澄清石灰水后，除去了空气中的二氧化碳，进入人体；呼气时，关闭活塞A，打开活塞B，呼出的气体通过Ⅱ瓶内的澄清石灰水中，石灰水变浑浊，说明人呼出的气体中含有的二氧化碳是人体代谢的产物。

本节练习

例题

1. 某同学对蜡烛（主要成分是石蜡）及其燃烧进行了如下探究。请填写下列空格：

（1）取一支蜡烛，用小刀切下一小块，把它放入水中，蜡烛浮在水面上。结论：石蜡的密度比水＿＿＿＿＿＿＿＿。

（2）点燃蜡烛，观察到蜡烛火焰分为＿＿＿＿＿＿＿＿、＿＿＿＿＿＿＿＿、＿＿＿＿＿＿＿＿三层。把一根火柴梗放在蜡烛的火焰中（如图）约1 s后取出可以看到火柴梗的＿＿＿＿＿＿＿＿处最先炭化。结论：蜡烛火焰的＿＿＿＿＿＿＿＿温度最高。

（3）再将一只干燥的烧杯罩在蜡烛火焰上方，烧杯内壁出现＿＿＿＿＿。取下烧杯，迅速向烧杯内倒入少量澄清石灰水，振荡，澄清石灰水变＿＿＿＿＿＿＿＿。结论：蜡烛燃烧时生成了＿＿＿＿＿＿＿＿。

答案

（1）小。（2）外焰，内焰，焰心，a，外焰。（3）水珠，浑浊，二氧化碳。

解析

火柴梗在不同条件下发生不同变化。焰心缺乏氧气，温度较低，故炭化速度最慢；内焰温度高于焰心，但氧气很不充分，炭化较慢；而外焰燃烧最充分温度最高，火柴梗的炭化速度最快。蜡烛燃烧生成水和二氧化碳，水蒸气遇冷凝结成水珠；而二氧化碳可以使澄清的石灰水变浑浊，依据上述性质，可以证明蜡烛燃烧的产物。

例题

2.（2018北京期中题）小明做了一个名为"覆水可收"的兴趣实验。他将蜡烛粘在盘子的底部，向盘子中加入适量水，点燃蜡烛后，将玻璃杯倒扣在盘子中，如下图所示。玻璃杯倒扣在盘子中后，相关分析如下，请在你认为正确的分析后画"√"，错误的画"×"。

（1）一段时间后，蜡烛熄灭 _____；

（2）一段时间后，玻璃杯内水面上升 _____；

（3）最终杯中液面高于盘中液面 _____；

（4）水面高度不再改变时，玻璃杯内水面上方气体压强不再变化 _____；

（5）水面高度不再改变时，玻璃杯内水面上方气体只含有二氧化碳和水蒸气 _____；

（6）该方法能准确测定空气中氧气的含量 _____。

答案

（1）√；（2）√；（3）√；（4）√；（5）×；（6）×。

解析

（1）点燃蜡烛后，蜡烛燃烧，消耗氧气，生成二氧化碳和水，生成的二氧化碳不能燃烧、也不支持燃烧，一段时间后，蜡烛熄灭，故（1）说法正确。（2）点燃蜡烛后，蜡烛燃烧，消耗氧气，生成二氧化碳和水，装置内气体体积减小，压强减小，一段时间后，玻璃杯内水面上升，故（2）说法正确。（3）点燃蜡烛后，蜡烛燃烧，消耗氧气，生成二氧化碳和水，装置内气体体积减小，压强减小，一段时间后，玻璃杯内水面上升，最终高于盘中液面，故（3）说法正确。（4）水面高度不再改变时，玻璃杯内水面上方气体压强不再变化，故（4）说法正确。（5）水面高度不再改变时，玻璃杯内水面上方气体含有氮气、压强、稀有气体、二氧化碳和水蒸气等，故（5）说法错误。（6）点燃蜡烛后，蜡烛燃烧，消耗氧气，生成二氧化碳，故无法准确测定空气中氧气的含量，故（6）说法错误。

例题

3. 下表是空气中的气体成分和人体呼出的气体成分含量对照表。

气体成分	氮气	氧气	二氧化碳	水	其他气体
空气中的气体（%）	78	21	0.03	0.07	0.9
呼出的气体（%）	78	16	4	1.1	0.9

某校研究性学习小组的同学设计了简单的实验方案，验证呼出的气体与吸入的气体成分的含量有什么不同，其四个主要操作步骤如图1~图4所示，请依据图示将主要实验操作步骤及验证依据填入下表中的空白处．

1　　　　　2　　　　　3　　　　　4

第一章 走进化学世界

实验步骤	验证依据
①用排水法收集两瓶呼出的气体，另收集两瓶空气。	
②将澄清石灰水分别滴入盛有呼出的气体和空气的集气瓶中。	根据_____，判断二氧化碳含量不同。
③_____。	根据木条燃烧情况的不同，判断氧气含量不同。
④_____。	根据_____，判断水含量不同。

答案

澄清的石灰水变浑浊的程度不同；将燃着的木条分别伸入盛有呼出的气体和空气的集气瓶中；取两块干燥的玻璃片，对其中一块呼气；玻璃片上水蒸气的多少。

解析

利用氧气能助燃，二氧化碳能使澄清石灰水变浑浊，水蒸气遇冷变成液态的水，解决此题故答案为：

实验步骤	验证依据
将澄清的石灰水分别滴入盛有呼出的气体和空气的集气瓶中。	根据石灰水浑浊程度的不同判断CO_2含量不同。
将燃着的木条分别放入盛有呼出的气体和空气的集气瓶中。	根据木条燃烧情况的不同判断O_2含量不同。
取两块干燥的玻璃片，对着其中的一块呼气。	根据玻璃片上水雾的不同判断水含量不同。

例题

4.请你参与某学习小组的探究活动，并回答下列问题：

【发现问题】小明将一支燃烧正旺的蜡烛轻轻地吹灭后，发现烛心处产生了一缕白烟。

【提出问题】小明想，这缕白烟的成分是什么呢？

【猜想与假设】大家展开了热烈讨论：

小亮猜测：白烟是蜡烛燃烧产生的CO_2。

小光猜测：白烟是燃烧产生的水蒸气。

小明猜测：白烟是石蜡蒸汽凝成的石蜡固体颗粒。

【收集证据】

（1）回忆已有知识：二氧化碳是_____色气体，能使澄清的石灰水_____；水蒸气是_____色气体；石蜡是_____色固体，具有_____性。

（2）查阅有关资料：烟是固体颗粒形成的，雾是小液滴形成的。石蜡的熔点、沸点都很低，很易液化和汽化。

（3）实验探究：①吹灭蜡烛，立即用一个内壁涂有澄清石灰水的烧杯罩住白烟，澄清的石灰水_____。

小亮得出结论，白烟是 CO_2。

②吹灭蜡烛，立即用一块干而冷的玻璃片放在白烟上，玻璃片上没有出现水雾。

小光得出结论，白烟不是_____。

③吹灭蜡烛，立即用燃着的木条点燃白烟，发现白烟燃烧，火焰顺着白烟蜡烛重新被点燃，说明白烟具有可燃性，这为_____的假设提供了证据，同时可以排除_____的假设。

【结论与解释】

（4）由以上探究可知：_____的猜想是正确的。

（5）小亮在实验时确实看到澄清石灰水变浑浊了，但他的结论不正确，原因是_____。

答案

（1）无，变浑浊，无，白，可燃；（3）①变浑浊，②水蒸气，③小明，小亮、小光；（4）小明；（5）澄清石灰水变浑浊是蜡烛燃烧生成的二氧化碳所致，不是白烟使澄清石灰水变浑浊。

解析 （1）二氧化碳是无色气体，能使澄清石灰水变浑浊；水蒸气是无色气体；石蜡是白色固体，具有可燃性。（3）①向刚才吹灭的蜡烛上方罩一个内壁涂有澄清石灰水的烧杯，因生成的二氧化碳还没有散去，澄清石灰水会变浑浊；②在白烟上罩一个干而冷的烧杯，没有水雾出现，说明白烟不是水蒸气；③白烟能燃烧，

说明白烟具有可燃性，为小明的猜想提供了依据，同时排除了是二氧化碳和水蒸气的可能性；（4）白烟不是二氧化碳，但澄清石灰水会变浑浊，是因为蜡烛燃烧生成的二氧化碳还没有散去，使澄清石灰水变浑浊的。

例题

5.《蜡烛的化学史》是英国科学家法拉第所著的传世科普经典，今天我们沿着大师的足迹，对"蜡烛的燃烧"再进行探究。

图1

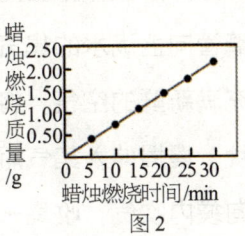
图2

【实验操作】在水槽内固定一支生日蜡烛，加入适量8%的氢氧化钠溶液，点燃蜡烛后，将一支大试管迅速倒扣在燃着的蜡烛上（图1），请你帮助完成下表实验报告。

实验现象	解释或化学反应方程式
蜡烛逐渐熄灭，试管内的液面逐渐_____	试管内氧气越来越少，生成的二氧化碳气体被氢氧化钠溶液吸收，压强降低。

【实验拓展】点燃一根直径为4 cm的蜡烛，观察到烛芯周围有一杯状的烛油。蜡烛燃烧的质量与燃烧的时间呈现如图2所示的关系。

（1）根据图判断蜡烛燃烧的化学反应速率是_____（选填"稳定"或"不稳定"）。

（2）事实上，人的呼吸与蜡烛的燃烧在某些化学原理论，人的呼吸与蜡烛的燃烧在某些化学原理上相似，请写出其中的一点_____。

答案

【实验操作】上升；

【实验拓展】（1）稳定；（2）都有氧气参加反应。

解析

【实验操作】蜡烛燃烧消耗试管内的氧气，试管内氧气越来越少，生成的二氧化碳气体被氢氧化钠溶液吸收，压强降低，所以蜡烛逐渐熄灭，试管内的液面逐渐上升。【实验拓展】（1）根据图像可以判断蜡烛燃烧的化学反应速率是稳定的；（2）人的呼吸与蜡烛的燃烧都有氧气参加反应。

例题

6. 小李同学和王老师为探究人体呼出的气体和空气成分的差异，进行的实验如下：小李同学用玻璃管向盛满水的集气管中吹气，用排水法收集一瓶呼出的气体，将另一集气瓶充满新鲜的空气，将两根燃着的小木条，分别移到两只集气瓶口处，移开玻璃片，慢慢伸入集气瓶中，观察实验现象；王老师将塑料袋内的空气排尽，然后向袋内吹气，收集一定体积呼出的气体，利用仪器测定气体成分见下表，室内空气与正常呼吸方式呼出气体中部分气体的含量（体积分数）比较。

成分	室内空气	正常呼出的气体	变化值
氧气	20.77%	17.17%	3.60%
二氧化碳	0.056%	3.67%	3.61%
水蒸气	1.98%	2.50%	0.52%

（1）人呼出的气体中除含有氧气、二氧化碳、水蒸气外，还含有的主要物质是_____；（2）小李同学用排水法收集呼出的气体中二氧化碳的量偏小，理由是_____；（3）小李同学进行实验时，发现伸入盛有人呼出气体的集气瓶中燃着的小木条先熄灭，其原因可能是_____（写一点即可）；（4）由表可以看出，室内空气与正常呼出的气体相比较，_____（填名称或化学式）的含量变化较大且变化值基本相同。

答案

（1）氮气；（2）二氧化碳能够溶解于水也能够和水发生反应；（3）呼出的气体由于人体已消耗了大部分的氧气，氧气含量低；（4）O_2 和 CO_2。

解析

（1）呼出的气体中二氧化碳增多，氧气减少，但是呼出气体中大量的还是氮气。（2）二氧化碳能够溶解于水也能够和水发生反应，故用排水法收集呼出的气体中二氧化碳的量偏小。（3）呼出的气体由于人体已消耗了大部分的氧气，故伸入燃着的木条后木条会熄灭。（4）根据表中信息可知，O_2和CO_2的含量变化较大且变化值基本相同。

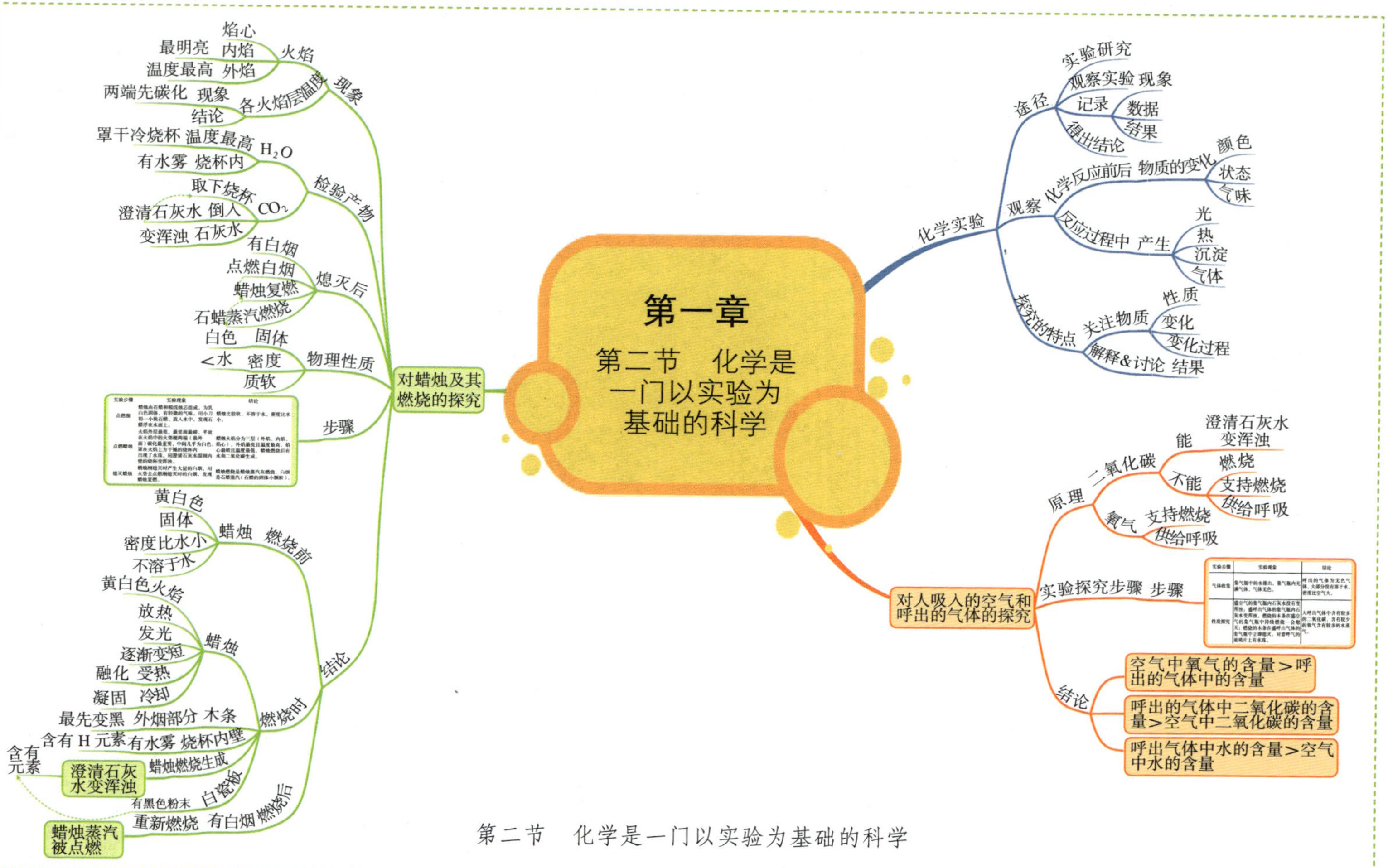

第一章

第二节 化学是一门以实验为基础的科学

第三节 常见的化学仪器

一、常见的化学仪器

反应容器	直接加热：试管、蒸发皿、燃烧匙、坩埚
	间接加热：烧杯、烧瓶、锥形瓶
存放仪器	广口瓶（固体）、细口瓶（液体）、滴瓶（少量液体）、集气瓶（气体）
加热仪器	酒精灯、酒精喷灯
取用仪器	镊子（较大颗粒）、药匙（小颗粒）、胶头滴管（少量液体）
夹持仪器	试管夹、铁架台、坩埚钳
分离仪器	漏斗（普通漏斗、分液漏斗、长颈漏斗）
其他仪器	石棉网、玻璃棒、试管刷、温度计等

【例1】（2018 江苏省苏州中考6题）下列化学仪器对应的名称正确的是（　　）

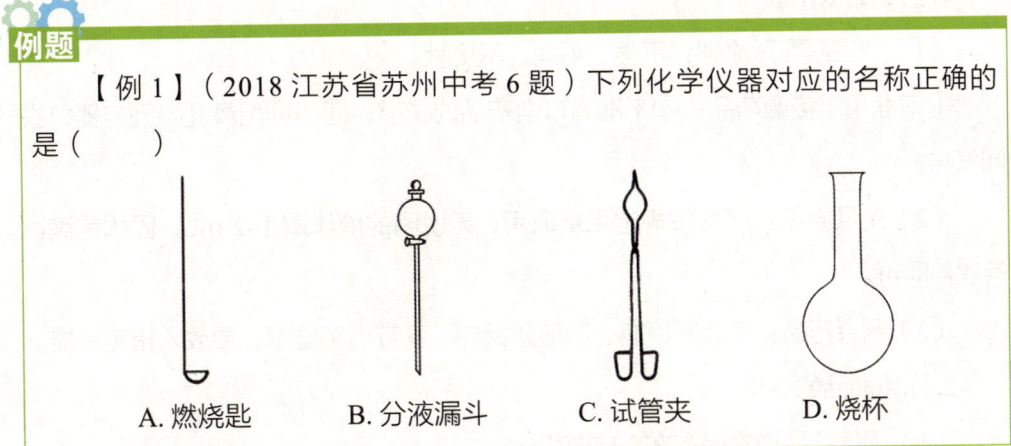

A．燃烧匙　　B．分液漏斗　　C．试管夹　　D．烧杯

答案

A

解析

A 为燃烧匙，B 为长颈漏斗，C 为坩埚钳，D 为圆底烧瓶，故选择 A。

【例2】（2017 江苏省南京中考5题）能用酒精灯直接加热的仪器是（　　）

A．漏斗　　B．量筒　　C．试管　　D．烧杯

答案

C

解析

A. 漏斗不能直接在酒精灯火焰上加热，故选项 A 错误。

B. 量筒不能用作药品反应容器，也不能加热，故选项 B 错误。

C. 试管能直接在酒精灯火焰上加热，故选项 C 正确。

D. 烧杯加热需垫石棉网，不能直接在酒精灯火焰上加热，故选项 D 错误。

故选 C。

二、化学药品的取用

1. 药品的取用规则

（1）"三不准"原则：不尝、不闻、不接触。

①不准用手接触药品；②不准用口尝药品的味道；③不准把鼻孔凑到容器口去闻气味。

（2）用量原则：严格按规定用量取用；无说明的液体取 1~2 mL，固体盖满试管底部即可。

（3）剩余药品：不放回原瓶、不随意丢弃、不带出实验室，要放入指定容器。

2. 固体药品的取用

（1）固体药品通常保存在广口瓶里。

（2）固体粉末一般用药匙或纸槽取用。操作时先使试管倾斜，把药匙小心地送至试管底部，然后使试管直立。（一倾、二送、三直立）

（3）块状药品一般用镊子夹取。操作时先将试管或容器横放，把药品放在试管口或容器瓶口，然后把试管或容器慢慢竖起来，使药品滑到底部。（一横、二放、三慢竖）

3. 液体药品的取用

（1）取用较多量液体时，采用直接倾倒法。

①瓶盖倒放在实验台（防止桌面上的杂物污染瓶塞，从而污染药品）；

②倾倒液体时，应使标签向着手心（防止残留的液体流下腐蚀标签）；

③瓶口紧挨试管口，缓缓地将液体注入试管内（快速倒会造成液体洒落）；

④倾注完毕后，瓶口在试管口靠两下。并立即盖上瓶塞（防止液体的挥发或污染），标签向外放回原处。（一倒二向三挨四靠）

（2）取用一定量的液体时，使用量筒量取。

①接近刻度时改用胶头滴管。

②读数时，视线应与刻度线及凹液面的最低处保持水平。

③若仰视则读数偏低，液体的实际体积＞读数。

若俯视则读数偏高，液体的实际体积＜读数。

（3）取用较少量的液体时，使用胶头滴管。

【例3】（2018 湖北省荆州中考题5题）下列实验操作中，正确的是（　　）

A. 倾倒液体

B. 点燃酒精灯

C. 取用固体粉末

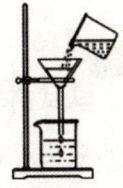
D. 过滤

答案

C

解析

A. 液体药品的取用实验操作步骤注意事项，瓶塞倒放在实验台上，标签向着手心，瓶口紧挨着试管口，故 A 不正确。

B. 用燃着的酒精灯去引燃另一盏酒精灯，易造成失火，故 B 不正确。

C. 取用固体粉末时，将试管横放，用纸槽或药匙将药品送到试管底部，所以 C 操作正确。

D. 过滤操作中应用玻璃棒来引流，故 D 不正确。

故选 C。

例题

【例4】（2018浙江省金华市义乌中考2题）从试剂瓶中取用 $NaCl$ 固体、$AgNO_3$ 溶液，需要用到的器材是（   ）

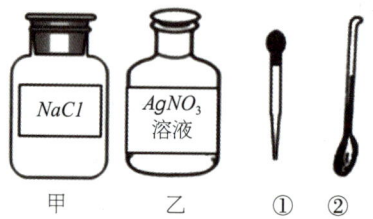

A．甲—①，乙—①   B．甲—①，乙—②

C．甲—②，乙—②   D．甲—②，乙—①

答案 D

解析

从试剂瓶中取用 $NaCl$ 固体，可使用药匙；从试剂瓶中取用 $AgNO_3$ 溶液，可使用胶头滴管。故需要用到的器材是甲—②，乙—①。

故选 D。

三、物质的称量

1．仪器：托盘天平、药匙（托盘天平只能用于粗略的称量，能称准到0.1克）。

2．步骤：调零、放纸片、左物右码、读数、复位。

3．注意事项

（1）左物右码：添加砝码要用镊子不能用手直接拿砝码，并先大后小；称量完毕，砝码要放回砝码盒，游码要回零。左盘质量 = 右盘质量 + 游码质量（$m_{左}=m_{右}+m_{游}$），药品的质量 = 砝码读数 + 游码读数。若左右放颠倒了，药品的质量 = 砝码读数 − 游码读数。

（2）任何药品都不能直接放在盘中称量，干燥固体可放在纸上称量，易潮解药品要放在（烧杯或表面皿等）玻璃器皿中称量。称量一定质量的药品应先放砝码，再移动游码，最后放药品；称量未知质量的药品则应先放药品，再放砝码，最后移动游码。

例题

【例5】（2016广西区贺州中考题）下列化学实验操作错误的是（　　）

A. 用灯帽盖灭酒精灯

B. 用镊子夹取较大的块状固体药品

C. 将药品直接放在托盘天平的托盘上称量

D. 稀释浓硫酸时，将浓硫酸沿器壁缓慢地注入水中，并不断搅拌

C

解析 A. 熄灭酒精灯要用灯帽盖灭，故A实验操作正确。

B. 较大的块状固体药品要用镊子夹取，故B实验操作正确。

C. 把药品直接放到托盘上会使托盘受到腐蚀，因此使用天平称取药品时应在两端放等质量的纸或放到玻璃容器中，而不能直接放到托盘上进行称量，故C实验操作错误。

D. 稀释浓硫酸时，将浓硫酸沿器壁缓慢注入水中，并不断搅拌，故D实验操作正确。

故选C。

四、物质的加热

1. 酒精灯的使用

检查灯芯和酒精容量。禁止向燃着的酒精灯内加酒精，禁止用燃着的酒精灯去点燃另一只酒精灯，禁止用嘴吹灭酒精灯。点燃时用火柴，不用时盖好灯帽。（二检查、三禁止、二注意）

2. 给物质加热

操作要领：试管内液体量不可超过试管容积的$\frac{1}{3}$；试管夹夹持在离试管口$\frac{1}{3}$处，使试管倾斜；加热时先进行预热；试管口不可对着自己或他人；加热后的试管不能立即用冷水冲洗。

【例6】（2016山东省日照中考）化学实验过程必须高度重视实验安全，以下做法不合理的是（　　）

A. 使用酒精灯时不慎打翻着火，迅速用湿布盖灭

B. 浓硫酸不慎溅到皮肤上，迅速抹上碳酸氢钠稀溶液，然后用大量水冲洗

C. 把玻璃管插入带孔橡胶塞时，拿布包住用水湿润的玻璃管稍稍用力旋转插入

D. 易燃物和易爆物不能跟其他物质混存，盛装的容器要牢固、密封

B

解析

A. 洒在桌面上的酒精燃烧起来，立即用湿抹布盖灭，可以有效地隔绝空气、降低温度，故A正确。

B. 少量浓硫酸溅到皮肤上，应迅速用水冲洗，然后涂上碳酸氢钠溶液，故B错误。

C. 玻璃管插入带孔橡皮塞，先把玻璃管的一段用水润湿，然后稍稍用力转动插入，故C正确。

D. 任何条件下易燃易爆物都不可跟其他物质混存，盛装的容器要牢固、密封，防止出现安全事故。故D正确。

故选B。

【例7】（2017江苏省苏州中考8题）下列实验操作图示不正确的是（　　）

A. 过滤悬浊液　　B. 加热液体　　C. 蒸发溶液　　D. 倾倒液体

第一章　走进化学世界

答案

B

解析

A. 过滤液体时，要注意"一贴、二低、三靠"的原则，图中所示操作正确。

B. 给试管中的液体加热时，用酒精灯的外焰加热试管里的液体，且液体体积不能超过试管容积的 $\frac{1}{3}$，图中液体超过试管容积的 $\frac{1}{3}$，图中所示操作错误。

C. 蒸发时，应用玻璃棒不断搅拌，以防止局部温度过高，造成液体飞溅，图中所示操作正确。

D. 向试管中倾倒液体药品时，瓶塞要倒放，标签要对准手心，瓶口紧挨，图中所示操作正确。

故选 B。

五、连接仪器装置

1. 连接规则：连接仪器时，一般按从低到高，从左到右的顺序进行。

2. 基本步骤：把玻璃管插入带孔橡胶塞→连接玻璃管和橡皮管→在容器口塞橡皮塞→检查装置的气密性。

例题

【例8】（2012 广西区南宁中考3题）下列化学实验基本操作正确的是（　　）

A. 把橡胶塞慢慢转动着塞进容器口

B. 向燃着的酒精灯里添加酒精

C. 滴瓶上的滴管用过后，先用水洗净再放回滴瓶

D. 组装仪器时，一般遵循的原则是从右到左，先上后下

答案

A

解题思路

- 试题分析：本题考查化学实验的基本操作。
- 方法指引：熟知基本化学仪器的使用、仪器的连接、酒精灯的加热等。
- 易错事项：禁止向燃着的酒精灯内添加酒精，B错误；滴瓶上的滴管用过之后用水冲洗会稀释或污染试剂，C错误；组装仪器的顺序为从左到右，先下后上。

039

六、过滤

1. 操作注意事项:"一贴二低三靠"。

2. "一贴":滤纸紧贴漏斗的内壁。

3. "二低":(1)滤纸的边缘低于漏斗口。(2)漏斗内的液面低于滤纸的边缘。

4. "三靠":(1)漏斗下端的管口紧靠烧杯内壁。(2)用玻璃棒引流时,玻璃棒下端轻靠在三层滤纸的一边。(3)用玻璃棒引流时,烧杯尖嘴紧靠玻璃棒中部过滤后,滤液仍然浑浊的可能原因有:①承接滤液的烧杯不干净;②倾倒液体时液面高于滤纸边缘;③滤纸破损。

例题

【例9】(2016江苏省苏州中考6题)过滤时不需要的仪器是(　　)

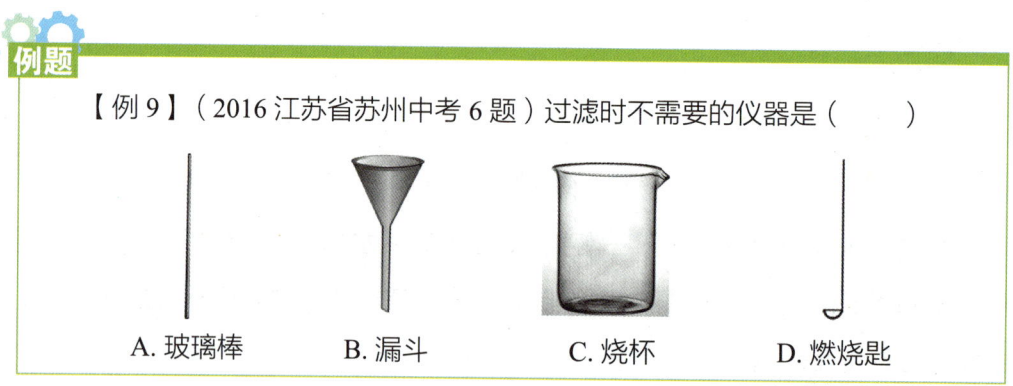

A. 玻璃棒　　B. 漏斗　　C. 烧杯　　D. 燃烧匙

答案

D

解析

过滤是把不溶于液体的固体与液体分离的一种方法,过滤操作的装置由铁架台、烧杯、玻璃棒、漏斗四种仪器组成。

A. 过滤时需用玻璃棒引流,该仪器过滤时需用,故选项A错误。

B. 过滤时需用漏斗完成过滤操作,该仪器过滤时需用,故选项B错误。

C. 过滤时需用烧杯盛放液体,该仪器过滤时需用,故选项C错误。

D. 过滤时无须使用燃烧匙,故选项D正确。

故选D。

七、气密性检查

步骤：连接装置；将导管的一端浸入水中；用手紧握试管加热；过一会儿导管中有气泡产生，当手离开后导管内形成一段水柱。

【例10】（2016江苏省宿迁中考2题）下列实验操作正确的是（　　）

A. 稀释浓硫酸时，将水沿烧杯内壁缓慢注入浓硫酸中。

B. 测定未知溶液的酸碱度时，将pH试纸直接伸到待测溶液中。

C. 实验室制取气体时，先检查装置的气密性，然后再装入药品。

D. 用胶头滴管取用液体药品时，先将其伸入液体内，然后挤压胶头取液。

C

解析

A. 稀释浓硫酸时，应该将浓硫酸沿着烧杯内壁缓慢注入水中，故选项A错误。

B. 测定溶液的pH时，应该用玻璃棒蘸取未知溶液，然后滴在试纸上，故选项B错误。

C. 制取气体时，都是先检查装置的气密性，然后再装入药品，故选项C正确。

D. 用胶头滴管取用液体时，要先将胶头内气体挤尽，然后伸入液体取液，故选项D错误。

故选C。

本节练习

1.（2016山东省莱芜市中考题）在粗盐提纯实验中最后进行NaCl溶液蒸发时，一般有如下操作：①固定铁圈位置；②放置蒸发皿；③放置酒精灯；④加热并搅拌；⑤停止加热，借余热蒸干。正确的操作顺序是（　　）

A. ③①②④⑤　　B. ①③②④⑤　　C. ①②③④⑤　　D. ③②①④⑤

答案 A

解析

进行 NaCl 溶液蒸发，组装仪器时，要按从下到上、从左到右的顺序进行：首先放置酒精灯，固定铁圈位置，放置蒸发皿，然后加热并搅拌，停止加热，借余热蒸干，故正确的操作顺序是③①②④⑤。故选 A。

例题

2.（2018 四川省自贡中考 4 题）下列化学仪器对应的名称书写正确的是（　　）

A. 试管架　　B. 长劲漏斗　　C. 坩埚钳　　D. 锥形瓶

答案 A

解析

长劲漏斗→长颈漏斗；坩锅钳→坩埚钳；椎形瓶→锥形瓶。故选 A。

例题

3.（2016 广西区桂林中考 4 题）下列仪器可以直接加热的是（　　）

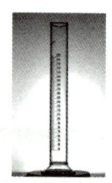   

A. 量筒　　B. 试管　　C. 烧杯　　D. 集气瓶

答案 B

第一章 走进化学世界

解析

A. 量筒不能加热，故选项 A 错误。

B. 试管能直接加热，故选项 B 正确。

C. 烧杯加热时需要垫石棉网，故选项 C 错误。

D. 集气瓶不能加热，故选项 D 错误。

故选 B。

例题

4.（2017 江苏省常州中考 9 题）下列仪器不能作为反应容器的是（　　）

　　A. 试管　　　　B. 量筒　　　　C. 烧杯　　　　D. 烧瓶

答案

B

解析

A. 试管常用做：①少量试剂的反应容器；②也可用做收集少量气体的容器；③或用于装置成小型气体的发生器，故选项 A 不正确。

B. 量筒常用于一定液体的量取，为保持量取的准确性，不可做反应容器，故选项 B 正确。

C. 烧杯主要用于：①溶解固体物质、配制溶液，以及溶液的稀释、浓缩；②也可用做较大量的物质间的反应，故选项 C 不正确。

D. 烧瓶可用于加热液体等反应，故选项 D 不正确。

故选 B。

例题

5.（2018 重庆市中考 A 卷 6 题）化学实验操作应严谨规范，下列操作符合要求的是（　　）

看　　　　听　　　　闻　　　　吹
A　　　　B　　　　C　　　　D

答案

B

解析

量取液体读数时,视线要与液体的凹液面最低处保持水平;收集氢气在试管中,用拇指堵住试管口,管口向下移近酒精灯火焰,松开拇指点火,如果听到尖锐的爆鸣声,表明氢气不纯,需要再收集、再检验,直到听到轻微的响声,才表明氢气已经纯净;闻气体的气味时,应用手轻轻扇闻,不能直接凑到瓶口用鼻子闻;熄灭酒精灯,用灯帽盖,不能用嘴吹,用嘴吹易引发危险。故选 B。

例题

6.(2017 甘肃省中考 6 题)化学实验是进行科学探究的重要途径。下列实验操作符合规范要求的是( )

A. 用燃着的酒精灯引燃另一盏酒精灯

B. 在点燃氢气之前先检验氢气的纯度

C. 与滴瓶配套的胶头滴管使用完毕,清洗后放回原瓶

D. 稀释浓硫酸时,将水沿玻璃棒慢慢注入浓硫酸中,并不断搅拌

答案

B

解析

A. 用燃着的酒精灯点燃另一个酒精灯,容易使酒精溢出发生火灾,应当用火柴点燃酒精灯,故选项 A 错误。

B. 可燃性气体点燃前要验纯,防止发生爆炸事故,故选项 B 正确。

C. 滴管用水清洗后放回原瓶,会稀释原溶液,滴管应当直接放回原试剂瓶,故选项 C 错误。

D. 稀释浓硫酸时,要把浓硫酸缓缓地沿器壁注入水中,同时用玻璃棒不断搅拌,故选项 D 错误。

故选 B。

例题

7.（2018 重庆市中考 B 卷 5 题）下列化学实验操作不符合规范的是（　　）

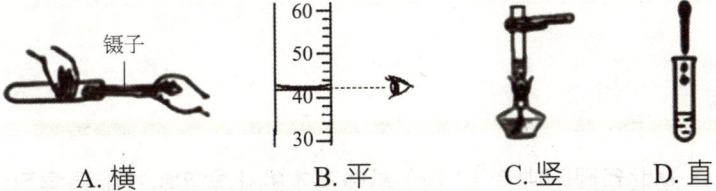

A. 横　　B. 平　　C. 竖　　D. 直

答案

C

解析

取用块状药品，将试管横放，用镊子把药品放入试管口，慢慢把试管竖起，使药品缓缓滑落到试管底部，以免打破试管；用量筒量取液体读数时，将量筒放平，视线与液体凹液面最低处保持水平；给液体加热时，试管应与水平方向呈 $45°$，试管口不能对着自己或他人，试管内液体的量不能超过试管体积的 $\frac{1}{3}$，试管夹应夹持在试管的中上部；用胶头滴管取少量液体时，不要把胶头滴管倾斜或倒置；不要把量取过一种液体的胶头滴管再去量另一种液体。故选 C。

例题

8.（2018 广西区梧州中考题）下列实验操作正确的是（　　）

A. 取少量固体　　B. 塞紧橡皮塞　　C. 称量固体　　D. 点燃酒精灯

答案

A

解析

用药匙取用少量固体药品时，试管横放，把药品放在试管口，慢慢竖起试管，使药品滑落到试管底部；把橡皮塞慢慢转动着塞进试管口，切不可把试管放在桌上再使劲塞进塞子，以免压破试管；用托盘天平称量固体时，遵循"左物右码"原则；绝对禁止用燃着的酒精灯引燃另一酒精灯。故选 A。

例题

9.（2018 湖北省襄阳中考 17 题）具备基本的化学实验技能是学习化学和进行探究活动的基础和保证。

（1）初中化学实验室常用于量度液体体积的仪器是_____；

（2）给试管内液体加热时所盛液体体积不得超过试管容积的_____；

（3）过滤操作中使用的玻璃仪器有_____（任写一种）。

答案

（1）量筒；（2）$\frac{1}{3}$；（3）玻璃棒（或"烧杯、漏斗"等）。

解析

（1）初中化学实验室常用于量度液体体积的仪器是量筒；

（2）给试管内的液体加热时所盛液体体积不得超过试管容积的$\frac{1}{3}$。

（3）过滤操作中使用的玻璃仪器有玻璃棒（或"烧杯、漏斗"等）。

例题

10.（2018 黑龙江省齐齐哈尔中考 24 题）掌握仪器的使用方法并严格按照操作要求进行实验，才能保障实验的成功和安全。根据所学化学知识，回答下列问题：

（1）固体药品通常保存在_____里（填仪器名称）。

（2）取液后的滴管，平放或倒置可能造成的后果是_____（答一点即可）。

（3）过滤液体时，玻璃棒的作用是_____。

（4）用托盘天平称量 12.6 g 氯化钠时，向左盘中加入氯化钠后，发现指针向右偏转，应进行的操作是_____。

答案

（1）广口瓶；（2）腐蚀胶帽（或沾污试剂）；（3）引流；（4）向左盘添加氯化钠（或向左盘添加药品，或添加药品，或添加氯化钠）。

解析

根据基本实验操作解答。

（1）固体药品通常保存在广口瓶里。

（2）取液后的滴管，平放或倒置可能造成的后果是腐蚀胶帽（或沾污试剂）。

（3）过滤液体时，玻璃棒的作用是引流。

（4）用托盘天平称量12.6 g氯化钠时，向左盘中加入氯化钠后，发现指针向右偏转，应进行的操作是向左盘添加氯化钠（或向左盘添加药品，或添加药品，或添加氯化钠）。

例题

11.（2018重庆市中考A卷22题）规范使用仪器是实验成功的保障，结合下图所示玻璃仪器，回答问题。

   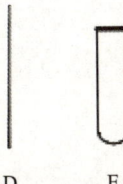 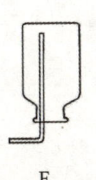

   A   B   C   D   E   F

（1）可用作热源的是_____（填序号），若往仪器E中加入块状固体，则应先将该仪器_____（填"平""立"或"斜"）放。

（2）若用仪器A和D稀释浓硫酸，则D的作用是_____，若用仪器A和D进行过滤操作，还必须用到上述的一种仪器是_____（填名称）。

（3）若某气体只能用F装置收集，则该气体的密度比空气小，且_____。

答案

（1）C；平。（2）搅拌，加速散热；漏斗。（3）易溶于水。

解析

（1）酒精灯可用作为热源；往试管中加入块状固体时，将试管平放，用镊子把药品送到试管口，再把试管慢慢竖起。

（2）浓硫酸溶于水会放出大量的热，稀释浓硫酸时，要用玻璃棒不断地搅拌，使产生的热量加速散失。稀释浓硫酸时玻璃棒的作用是搅拌，加速散热；过滤时需要的仪器有烧杯、玻璃棒和漏斗。

（3）若某气体只能用F装置收集，即只能用向下排空气法收集，不能用排水法收集，说明该气体的密度比空气小，且易溶于水。

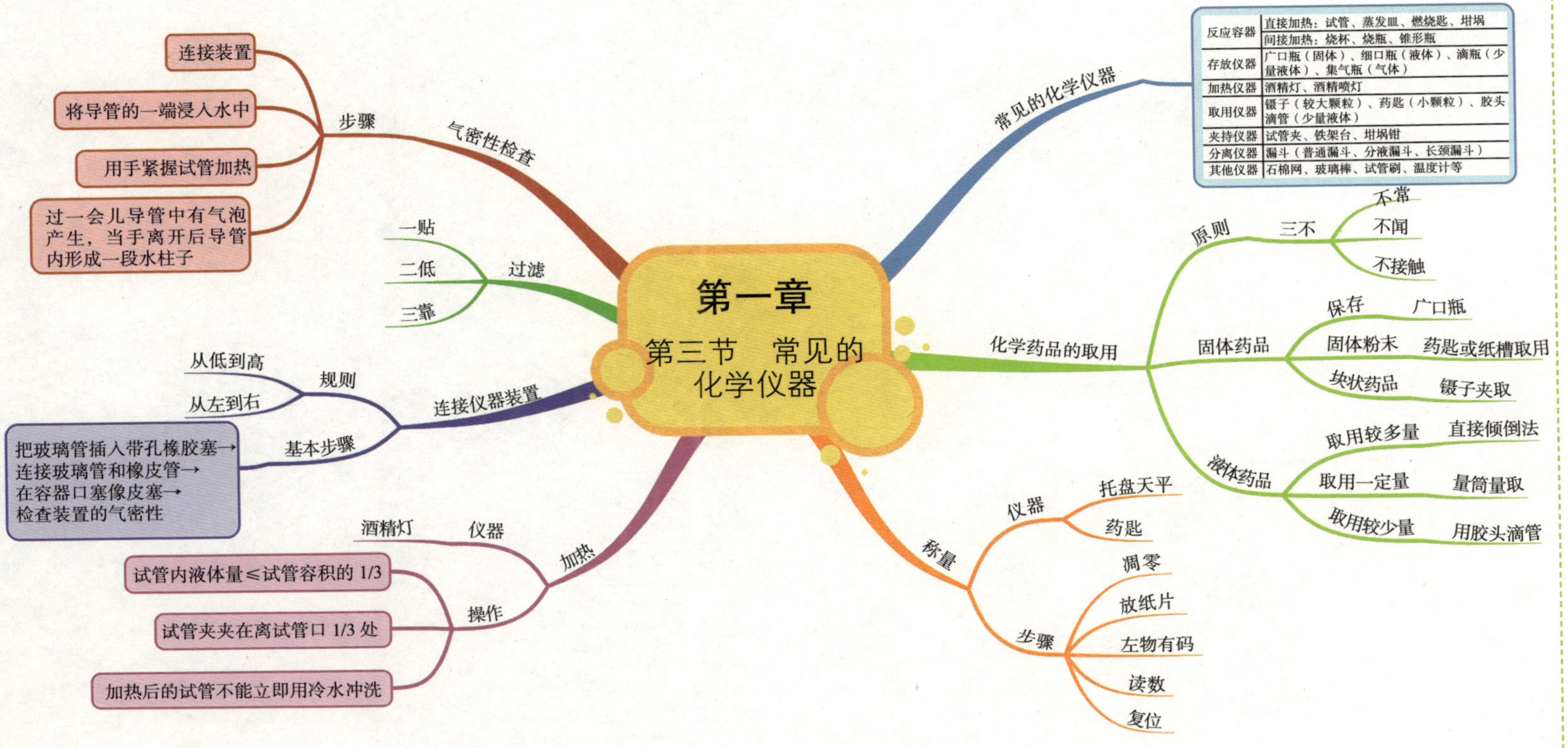

第一章 走进化学世界

第三节 常见的化学仪器

- **第一章 第三节 常见的化学仪器**

- 常见的化学仪器
  - 反应容器：直接加热：试管、蒸发皿、燃烧匙、坩埚；间接加热（固体）：烧杯、锥形瓶
  - 存放仪器：广口瓶（固体）、细口瓶（液体）、集气瓶（气体）、滴瓶（少量液体）、胶头
  - 加热仪器：酒精灯、酒精喷灯
  - 取用仪器：镊子（较大颗粒）、药匙（小颗粒）、胶头滴管（少量液体）
  - 夹持仪器：试管夹、铁架台、坩埚钳
  - 分离仪器：漏斗（普通漏斗、分液漏斗、长颈漏斗）
  - 其他仪器：石棉网、玻璃棒、试管刷、温度计等

- 化学药品的取用
  - 原则：三不——不闻、不尝、不接触
  - 固体药品
    - 保存：广口瓶
    - 固体粉末：药匙或纸槽取用
    - 块状药品：镊子夹取
  - 液体药品
    - 取用较多量：直接倾倒法
    - 取用一定量：量筒量取
    - 取用较少量：用胶头滴管

- 称量
  - 仪器：托盘天平、药匙、放纸片
  - 步骤：调零、左物右码、读数、复位

- 加热
  - 仪器：酒精灯
  - 操作：
    - 试管内液体量≤试管容积的 1/3
    - 试管夹夹在离管口 1/3 处
    - 加热后的试管不能立即用冷水冲洗

- 连接仪器装置
  - 规则：
    - 从低到高
    - 从左到右
  - 基本步骤：把玻璃管插入带孔橡胶塞→连接玻璃管和橡胶塞→在容器口塞上橡胶塞→检查装置的气密性

- 过滤
  - 一贴 二低 三靠

- 气密性检查
  - 步骤：
    - 连接装置
    - 将导管的一端浸入水中
    - 用手紧握试管加热
    - 过一会儿导管中有气泡产生，当手离开后导管内形成一段水柱子

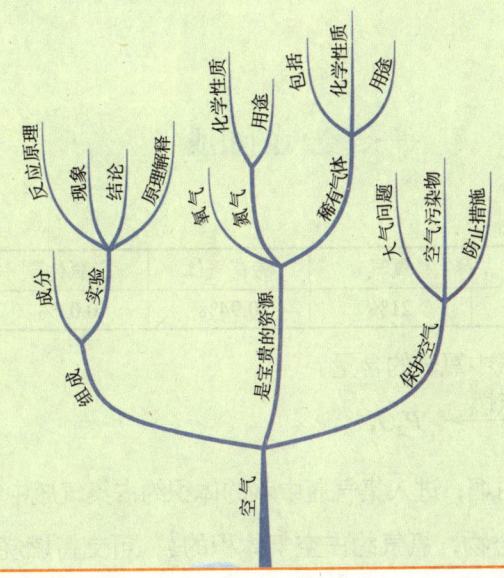

第二章

我们周围的空气

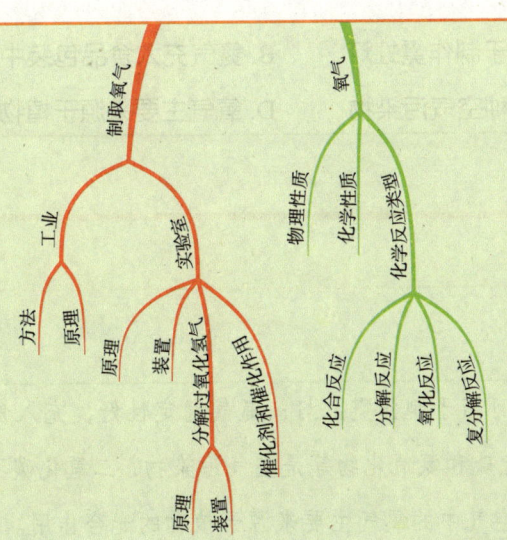

第一节 空气

一、空气的组成

1. 空气的组成

空气成分	氮气	氧气	稀有气体	二氧化碳	其他气体和杂质
体积分数	78%	21%	0.94%	0.03%	0.03%

2. 红磷燃烧测定空气中氧气的含量

反应原理：$P + O_2 \xrightarrow{\text{点燃}} P_2O_5$

现象：冒出大量的白烟；进入集气瓶中水的体积约占集气瓶中气体体积的 $\dfrac{1}{5}$。

3. 结论：空气是混合物，氧气约占空气体积的 $\dfrac{1}{5}$，可支持燃烧；氮气约占空气体积的 $\dfrac{4}{5}$，不可燃，不助燃，不溶于水。

4. 原理解释：红磷燃烧耗尽了集气瓶中的氧气，瓶内压强减少；进入水的体积就是空气中氧气的体积。

5. 进水量小于五分之一的原因：装置漏气；未完全冷却；红磷不足。

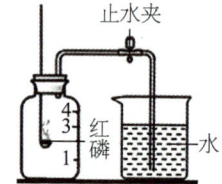

例题

【例1】（2018 河北省中考理综试卷化学部分 3 题）下列有关空气成分的说法不正确的是（　　）

A. 稀有气体可用于制作霓虹灯　　B. 氮气充入食品包装中可以防腐

C. 二氧化碳是一种空气污染物　　D. 氧气主要来源于植物的光合作用

答案

C

解析

空气中稀有气体可用于制作霓虹灯；氮气稳定性好，充入食品包装中可以防腐；一氧化碳、二氧化硫和氮氧化物等是空气污染物，二氧化碳不是空气污染物，可以引起温室效应；空气中的氧气主要来源于植物的光合作用。故选 C。

例题

【例2】（2018 湖南省衡阳中考 9 题）空气是一种宝贵的资源，空气中含量最多且化学性质不活泼的气体是（　　）

A. 氧气　　　　B. 二氧化碳　　　C. 氮气　　　　D. 稀有气体

答案

C

解题思路

- **试题分析**：本题考查空气中的成分及主要成分物质的性质。
- **方法指引**：空气的成分及其在空气中的体积分数为：氮气 78%、氧气 21%、稀有气体 0.94%、二氧化碳 0.03%、其他气体和杂质 0.03%、氮气含量最多且氮气的化学性质不活泼。

例题

【例3】（2017 湖南省邵阳中考题）右图为测定空气中氧气含量的实验装置，下列做法合理的是（　　）

A. 用过量的红磷进行实验
B. 红磷点燃后，缓慢伸入瓶中并塞紧橡皮塞
C. 红磷熄灭后，立即打开止水夹
D. 用木炭代替红磷进行实验

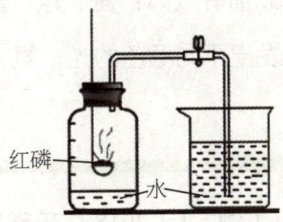

答案

A

解题思路

- **试题分析**：本题考查红磷测定空气中氧气含量的实验操作。
- **方法指引**：该试验的原理是通过红磷与空气中的氧气发生反应，消耗瓶内氧气，使瓶内气体减少，压强变小，水倒流入集气瓶内，倒流的水的体积就等于瓶内氧气的体积。→ 空气中氧气的含量
- **易错事项**：用过量的红磷进行试验，可以将氧气完全反应，使测定结果更准确，A 正确。红磷点燃后，缓慢伸入瓶中并塞紧橡皮塞，易导致气体受热逸出使测定结果偏大，B 错误。红磷熄灭后，立即打开止水夹，气体受热膨胀，使倒流的水偏少，测定结果偏小，C 错误。用木炭代替红磷进行实验，反应生成二氧化碳气体使瓶内的气体量没发生变化，测定不了空气中氧气的含量，D 错误。

例题

【例4】（2018重庆市中考B卷3题）用红磷测定空气中氧气含量的实验结束后，反应容器内剩下的气体主要是（　　）

A. 氮气　　　　B. 五氧化磷　　　　C. 稀有气体　　　　D. 二氧化碳

A

解析

用红磷测定空气中氧气含量的实验，红磷燃烧生成五氧化二磷，实验装置内剩余的主要气体为氮气。故选A。

二、空气是一种宝贵的资源

1. 氧气：供给呼吸、支持燃烧。可用于医疗急救、炼钢、气焊、气割。

2. 氮气：化学性质不活泼。可用作保护气、冷冻麻醉。

3. 稀有气体：氦、氖、氩、氪、氙、氡的总称，化学性质稳定。稀有气体通电时能发出不同颜色的光，氦气可用于制造低温环境。

例题

【例5】（2018广东省广州中考1题）下列关于空气的说法正确的是（　　）

A. 空气中的氮气约占总体积的21%

B. 空气中的氧气能支持燃烧

C. 空气中的稀有气体没有任何用途

D. 空气中的二氧化碳会造成酸雨

B

解析

A. 空气中氮气约占总体积的78%，氧气约占21%，故A错误。

B. 氧气不可燃但支持其他可燃物燃烧，故B正确。

C. 稀有气体可以做保护气、可以做光源，故 C 错误。

D. 导致酸雨的是二氧化硫和氮的氧化物，二氧化碳会导致温室效应，故 D 错误。

故选 B。

【例6】（2018 山东省聊城中考 4 题）空气是一种宝贵的自然资源，下列说法正确的是（　　）

A. 氧气能支持燃烧，可做燃料　　B. 空气成分中体积分数最大的是氮气

C. 空气中各成分的含量恒定不变　　D. 空气污染指数越大，空气质量状况越好

答案

B

解析

A. 氧气能支持燃烧，但不能燃烧，不可用作发射火箭时的燃料，故选项 A 错误。

B. 空气中体积分数最大的是氮气，约占 78%，故选项 B 正确。

C. 空气中各成分的含量并不一定是恒定不变，故选项 C 错误。

D. 空气质量报告中所列的空气污染指数越大，空气质量越差，不是空气质量状况越好，故选项 D 错误。

故选 B。

三、保护空气

1. 面临的大气问题：全球变暖、酸雨、臭氧层破坏。

2. 空气污染物：SO_2、NO_2、CO、可吸入颗粒物、细颗粒物、O_3，其中 SO_2、NO_2 能引起酸雨。

3. 防止措施：加强大气质量检测；使用清洁能源；积极植树、造林、种草；消除污染源。

【例7】(2017广西区来宾中考4题)为了减少空气污染,下列措施不正确的是(　　)

　　A. 使用清洁能源　　　　　　B. 加强大气质量监测
　　C. 积极植树造林　　　　　　D. 加高烟囱将工厂废气排放到大气中

答案 D

解析 使用清洁能源,可减少污染;加强空气质量检测,可及时调控工业布局,减少污染;积极植树造林,减少污染,加高烟囱将工厂废气排放到大气中,不能减少污染。故选D。

【例8】(2017广东省中考模拟题)环境保护,以人为本。国家环境保护部对外公布《环境空气质量标准》意见稿,将于2016年1月开始全面实施$PM_{2.5}$新标准,其中影响空气质量的一组主要污染物是(　　)

　　A. NO_2、N_2和可吸入颗粒物　　　　B. CO_2、N_2、O_2
　　C. CO_2、O_2和SO_2　　　　　　　　D. SO_2、NO_2和可吸入颗粒物

答案 D

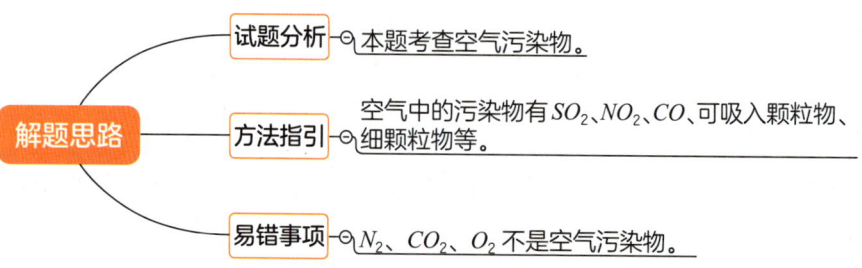

解题思路
- 试题分析：本题考查空气污染物。
- 方法指引：空气中的污染物有SO_2、NO_2、CO、可吸入颗粒物、细颗粒物等。
- 易错事项：N_2、CO_2、O_2不是空气污染物。

例题

【例9】（2018山东省临沂中考14题）2018年6月5日世界环境日，我国的主题为"美丽中国，我是行动者"，强调尊重自然、自觉践行绿色生活。下列做法不符合这一主题的是（　　）

A. 多开空调　　　　　　B. 农业上提倡使用农家肥，合理使用化肥和农药

C. 少开车，多坐公交　　D. 用洗衣服水冲厕所

答案

A

解析

A. 多开空调会浪费电，增加发电对环境的污染，故A正确。

B. 合理使用农药化肥，否则会污染水体，故B错误。

C. 少开车可以减少私家车对环境的污染，故C错误。

D. 用洗衣服水冲厕所属于一水多用，节约用水，故D错误。

故选A。

例题

【例10】（2017天津市中考2题）下列物质中，目前计入"空气污染指数"项目的是（　　）

A. 氮气　　　B. 氧气　　　C. 稀有气体　　　D. 可吸入颗粒物

答案

D

解析

目前计入我国"空气污染指数"的监测项目有：二氧化硫、一氧化碳、二氧化氮、可吸入颗粒及臭氧等。

A. 氮气是空气的主要成分之一，不是我国"空气污染指数"的监测项目，故选项A错误。

B. 氧气是空气的主要成分之一，不是我国"空气污染指数"的监测项目，故选项 B 错误。

C. 稀有气体是空气的成分之一，不是我国"空气污染指数"的监测项目，故选项 C 错误。

D. 可吸入颗粒物属于空气污染物，是我国"空气污染指数"的监测项目，故选项 D 正确。

故选 D。

本节练习

例题

1.（2018 广西区梧州中考 4 题）空气中体积分数约占 21% 的气体是（　　）

A. 稀有气体　　B. 二氧化碳　　C. 氮气　　D. 氧气

答案

D

解析

空气中体积分数：稀有气体 0.94%；二氧化碳 0.03%；氮气 78%；氧气 21%。故选 D。

例题

2.（2018 山西省中考 2 题）空气是一种宝贵的自然资源，下列气体中既能支持燃烧又能供给呼吸的是（　　）

A. 氧气　　B. 氮气　　C. 二氧化碳　　D. 稀有气体

答案

A

解析

氧气既能支持燃烧又能供给呼吸。故选 A。

第二章 我们周围的空气

例题

3.（2018天津市中考6题）有一位同学暑假去西藏发生了严重的高原反应，医生让他吸氧后症状缓解。吸氧可以帮助人缓解高原反应的原因是（　　）

　　A. 氧气是无色无味的气体　　　　B. 氧气可以支持燃烧

　　C. 吸氧为人体呼吸提供了适量的氧气　　D. 氧气可以燃烧

C

解析 吸氧为人体呼吸提供了适量的氧气，可以帮助人们缓解高原反应。故选C。

例题

4.（2017内蒙古呼和浩特中考2题）空气是人类宝贵的自然资源。下列有关说法不正确的是（　　）

　　A. 氧气可用作火箭发射的燃料　　B. 空气可用于工业制备氮气和氧气

　　C. 氮气可用来填充探空气球　　　D. 二氧化碳是植物进行光合作用的基本原料

A

解析 A. 氧气是助燃剂，可以支持燃烧，不是燃料，故选项A错误。

B. 由于氮气和氧气的沸点不同，工业上可以通过液化空气的方法制取氧气和氮气，故选项B正确。

C. 氮气的密度比空气小，可做填充探空气球，故选项C正确。

D. 植物的光合作用需要二氧化碳，故选项D正确。

故选A。

059

> **例题**

5.（2018 山东省威海中考 1 题）据《中国环境报》报道，为应对气候变化，落实《巴黎气候变化协定》，2017 年国家建立了统一的碳排放权交易市场，按国际惯例，这里的"碳"是指（　　）

A. 二氧化碳　　　B. 单质碳　　　C. 碳元素　　　D. 所有含碳化合物

答案

A

解析

2017 年国家建立了统一的碳排放权交易市场，这里的"碳"是指二氧化碳，故选 A。

> **例题**

6.（2017 山东省枣庄中考 2 题）通过创建卫生城市活动，枣庄市空气状况有了明显改善，但测得目前空气的主要污染物仍是 $PM_{2.5}$。下列做法应该继续提倡的是（　　）
①保护青山绿水；②就地焚烧秸秆；③发展共享单车；④减少燃煤使用；⑤燃放烟花爆竹。

A.①③④　　　B.①②④　　　C.①②③④　　　D.②③④⑤

答案

A

解析

保护青山绿水、发展共享单车、减少燃煤使用可以减少污染，就地焚烧秸秆、燃放烟花爆竹增加了空气污染。

第二章 我们周围的空气

7.（2017 江苏省南京中考 8 题）下列会增加空气中 $PM_{2.5}$ 的是（　　）

A. 治理工地扬尘　　　　B. 露天焚烧垃圾

C. 使用公共自行车　　　D. 禁止焚烧秸秆

B

解析

治理工地扬尘、使用公共自行车、禁止焚烧秸秆都是为了减少污染而采取的正确方法；而露天焚烧垃圾会产生粉尘，增加污染。故选 B。

例题

8.（2018 广西区玉林中考 9 题）2018 年中国环境日主题是"美丽中国，我是行动者"，下列行为符合该主题的是（　　）

A. 植树造林　　　　　　B. 随地吐痰

C. 把垃圾丢进河中冲走　　D. 多用一次性筷子

A

解析

A. 植树造林符合该主题。

B. 随地吐痰不符合该主题。

C. 把垃圾丢进河中冲走，污染水源，不符合该主题。

D. 多用一次性筷子不符合该主题。

故选 A。

例题

9.（2018 山东省滨州中考 2 题）绿水青山就是金山银山，要保护好绿水青山，下列做法合理的是（　　）

　　A. 森林着火时，将火焰蔓延线路前的小片树林砍掉

　　B. 我国地域面积广阔，林木可以随意砍伐

　　C. 将塑料袋、矿泉水瓶等随手丢弃河道中

　　D. 随身携带打火机进入泰山旅游景区

答案

A

解析

　　A. 森林火灾时将火焰蔓延线路前的小片树林砍掉，是使可燃物与其他物品隔离灭火，可以保护森林资源，故选项 A 正确。

　　B. 植树造林可以吸收二氧化碳，释放氧气，维持碳——氧平衡，我们不可以随意砍伐所需树木，故选项 B 错误。

　　C. 将塑料袋、矿泉水瓶等随手丢弃河道中，易造成白色污染，故选项 C 错误。

　　D. 随身携带打火机进入泰山旅游景区易引起火灾，故选项 D 错误。

　　故选 A。

例题

10.（2017 山东省菏泽中考 8 题）如图是用红磷燃烧法测定空气里氧气含量的装置图，有关此实验的结论与分析错误的是（　　）

　　A. 此实验证明，氧气约占空气体积的 $\dfrac{1}{5}$

　　B. 此实验证明，反应后集气瓶内剩余的气体，既不易溶于水，也不支持燃烧

　　C. 该实验中的红磷还可以用硫来代替

　　D. 若该实验没有达到预期目的，可能的原因之一是装置气密性不好造成的

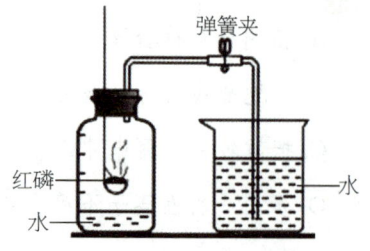

答案

C

解析

A. 通过此实验可知空气中氧气所占体积分数的 $\frac{1}{5}$，故 A 正确。

B. 由红磷的熄灭，说明了氮气不燃烧、不支持燃烧；由冷却，打开弹簧夹，烧杯中的水倒流进集气瓶中，液面上升到一定高度不再上升，说明了氮气的溶解性是难溶于水，故 B 正确。

C. 因红磷与氧气反应生成物为气体，不能用于该实验，故 C 错误。

D. 如果装置漏气时，测定的结果偏小，达不到实验的目的，所以该实验成败的关键之一是装置气密性好，故 D 正确。

故选 C。

例题

11.（2017 江苏省常州中考 23 题）如图是测定空气中氧气含量的实验装置图。实验如下：用注射器抽取 30 mL 空气（活塞拉至 30 mL 刻度处），硬质玻璃管中空气的体积为 50 mL；在硬质玻璃管中放入过量铜粉，在右侧导管口套上瘪的气球；点燃酒精灯，反复推拉注射器和挤压气球，待充分反应后，冷却至室温；将气球中气体全部挤入硬质玻璃管，注射器中气体的体积为 14 mL。

（1）写出铜粉与氧气反应的化学方程式：_____。

（2）实验时，铜粉过量的目的是_____，____（填"能"或"不能"）用木炭代替铜粉进行相同实验。

（3）实验测得空气中氧气的含量为_____。

答案

（1）$2Cu+O_2 \xrightarrow{\triangle} 2CuO$；（2）除去空气中所有的氧气；不能；（3）20%

解析

（1）该实验的原理是：铜粉与氧气反应生成氧化铜；发生反应的化学方程式为 $2Cu+O_2 \xrightarrow{\triangle} 2CuO$。

（2）实验时，为了完全除去空气中的氧气，铜粉必须是过量的，否则得出的结果不准确。铜粉与氧气反应生成固体氧化铜，而木条与氧气反应生成二氧化碳气体，瓶内气压基本不变，无法测量氧气的含量，故不能用木炭代替铜粉进行相同实验。

（3）原装置内气体为 30 mL+50 mL=80 mL；待充分反应后，冷却至室温；将气球中气体全部挤入硬质玻璃管，注射器中气体的体积为 14 mL。则反应消耗氧气的体积为 30 mL−14 mL=16 mL；实验测得空气中氧气的含量为：$\dfrac{16\ mL}{80\ mL}$×100%=20%。

例题

12.（2018 河北省中考 13 题）如图所示是测定空气里氧气含量的装置，气密性良好，在集气瓶内加入少量水，将水面上方空间分为 5 等份。用弹簧夹夹紧橡皮管、点燃红磷后，迅速伸入集气瓶中并塞紧塞子；待燃烧停止并冷却至室温后，打开弹簧夹。

（1）红磷燃烧的化学方程式为_____。

（2）打开弹簧夹后，烧杯中的水能够进入到集气瓶中的原因是：_____。

（3）实验结束，进入集气瓶中水的体积小于瓶内空间的五分之一，可能的一种原因是_____。

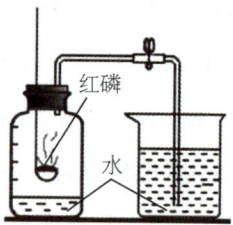

答案

（1）$4P+5O_2 \xrightarrow{点燃} 2P_2O_5$；（2）红磷燃烧将集气瓶内氧气消耗掉，使瓶内压强减少，在大气压作用下，将水压入集气瓶；（3）红磷量不足。

第二章 我们周围的空气

解析

（1）红磷燃烧产生大量白烟，并放出热量，其反应化学方程式：$4P+5O_2 \xrightarrow{\text{点燃}} 2P_2O_5$；

（2）实验结束后，打开弹簧夹，烧杯里的水进入瓶中的原因是集气瓶中的氧气被消耗，压强小于外界压强，在大气压作用下，将水压入集气瓶；

（3）红磷量不足。

例题

13.（2017 山西省中考 21 题）2017 年 3 月，国务院总理李克强在政府工作报告中强调："坚决打好蓝天保卫战。"山西省积极行动，落实整改措施，省城太原首先通过以下三种方式缓解空气污染初见成效。

A.电动出租车

B.垃圾清扫车

C.喷水雾汽车

（1）为了使空气更新，天空更蓝，你作为环保小卫士，认为推广使用上述方式的好处是 _____（任选一项回答）

（2）空气污染严重损害人体健康，影响作物生长，破坏生态平衡引起空气污染的有害气体种类很多，请举一例 _____（用化学式表示）

（3）你认为改善空气质量的措施正确的是 _____。

A. 推广使用新能源

B. 加强企业排污管理

C. 雾霾多发天气，实行私家车限号出行。

答案

（1）减少空气污染，净化空气；

（2）CO；

（3）ABC。

> 【解析】

（1）使用电动出租车可减少空气污染，净化空气；垃圾清扫车可净化环境；喷水雾汽车可减少空气中的尘埃。故答案为：减少空气污染，净化空气。

（2）从世界范围看，造成空气污染的有害气体主要是一氧化碳、二氧化硫、二氧化氮等。

故答案为：CO。

（3）A 推广使用新能源，可减少污染，改善空气质量，选项 A 正确。

B 加强企业排污管理，可减少污染，改善空气质量，选项 B 正确。

C 雾霾多发天气，实行私家车限号出行，可减少污染，改善空气质量，选项 C 正确。

故选 ABC。

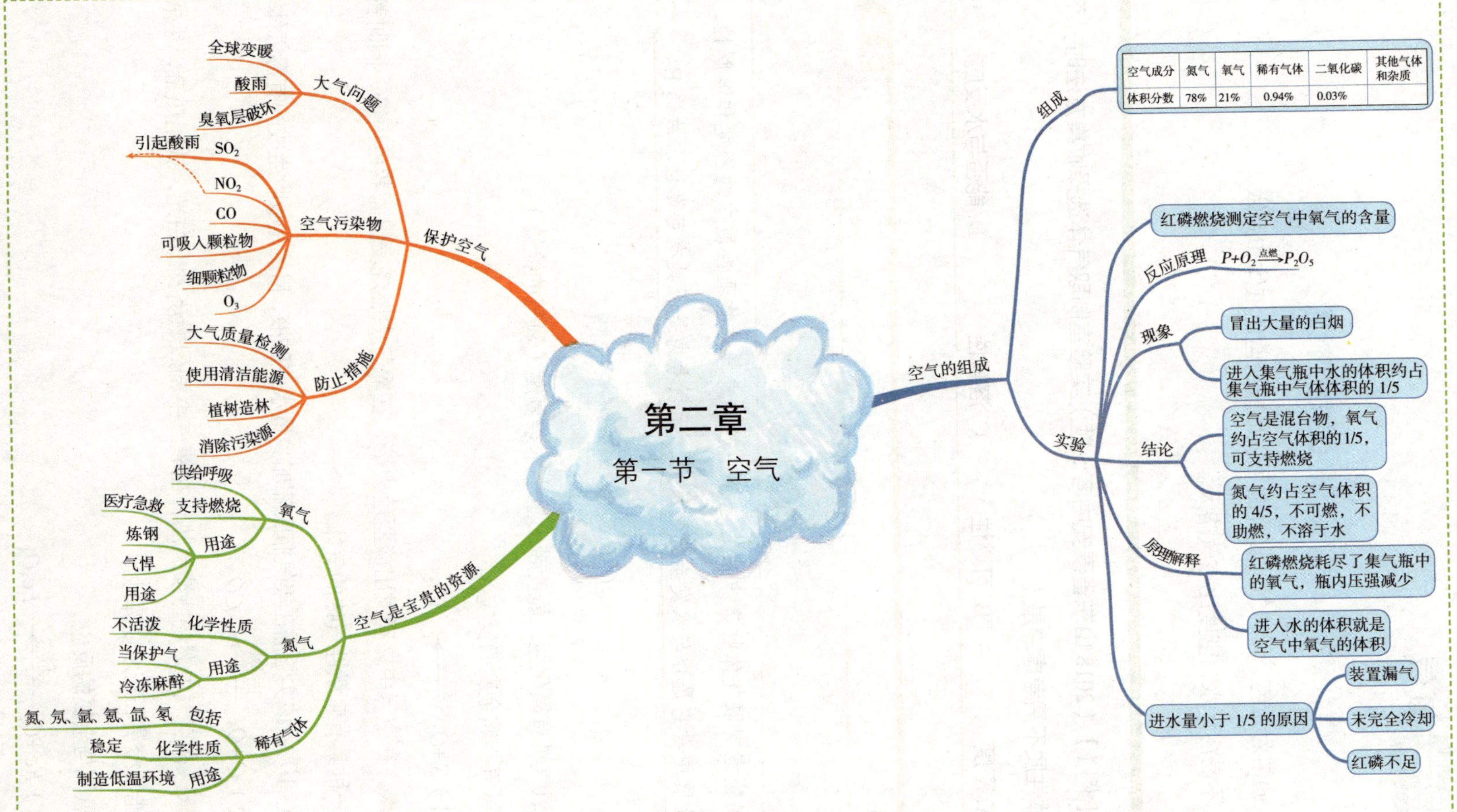

第二章 空气

第一节 空气

空气的组成

空气成分	氮气	氧气	稀有气体	二氧化碳	其他气体和杂质
体积分数	78%	21%	0.94%	0.03%	

红磷燃烧测定空气中氧气的含量

- 反应原理：$P+O_2 \xrightarrow{\text{点燃}} P_2O_5$
- 现象：冒出大量的白烟
- 结论：
  - 进入集气瓶中水的体积约占集气瓶中气体体积的1/5
  - 空气是混合物，氧气约占空气体积的1/5，可支持燃烧
  - 氮气约占空气体积的4/5，不可燃，不助燃，不溶于水
- 原理解释：红磷燃烧耗尽了集气瓶中的氧气，瓶内气压减小，进入集气瓶中水的体积就是空气中氧气的体积
- 进水量小于1/5的原因：
  - 装置漏气
  - 未完全冷却
  - 红磷不足

空气是宝贵的资源

- 氧气
  - 化学性质：支持燃烧
  - 用途：医疗急救、炼钢、气焊
- 氮气
  - 化学性质：不活泼
  - 用途：当保护气、冷冻麻醉、制造低温环境
- 稀有气体：氦、氖、氩、氪、氙、氡
  - 化学性质：稳定
  - 用途：制造低温环境

保护空气

- 大气问题
  - 全球变暖
  - 酸雨
  - 臭氧层破坏
- 空气污染物
  - SO_2、NO_2、CO、可吸入颗粒物、细颗粒物、O_3
  - 引起酸雨
- 防止措施
  - 大气质量检测
  - 使用清洁能源
  - 植树造林
  - 消除污染源

第二节 氧气

一、氧气的物理性质

1. 通常为无色、无味气体。降温可以形成淡蓝色液体和固体。
2. 不易溶于水、密度比空气略大。

例题

【例1】（2018 山东省泰安中考5题）实验室制取气体选择收集方法时，下列气体性质不需考虑的是（　　）

A. 密度　　　　B. 可燃性　　　　C. 溶解性　　　　D. 能否与水反应

答案 B

解析

实验室制取气体收集方法的选择一般考虑气体物理性质中的密度和溶解性，化学性质中看它是否与水发生化学反应，无须考虑是否具有可燃性。故选B。

二、氧气的化学性质

1. 氧气具有氧化性，能使带火星小木条复燃（氧气的检验）。
2. 氧气与非金属的反应

（1）$S + O_2 \xrightarrow{\text{点燃}} SO_2$

现象：在空气中燃烧发出淡蓝色火焰，在氧气中燃烧发出蓝紫色火焰，同时都产生了一种具有刺激性气味的气体。

注意事项：该实验需在集气瓶底部加少量水或碱液，目的是吸收生成的有毒气体。

（2）$C + O_2 \xrightarrow{\text{点燃}} CO_2$

现象：在空气中燃烧持续红热，在氧气中剧烈燃烧发出白光，放出热量，生成的气体能使澄清石灰水变浑浊。

3. 氧气与金属的反应

（1）$Fe + O_2 \xrightarrow{\text{点燃}} Fe_3O_4$

现象：在空气中只红热不燃烧；在氧气中剧烈燃烧火星四射，放出大量的热，有黑色固体生成。

注意事项：集气瓶底部先放一些水或铺一层细沙，防止生成的高温熔化物溅落，炸裂集气瓶。

（2）$Mg + O_2 \xrightarrow{\text{点燃}} MgO$

现象：镁在空气或氧气中燃烧会发出耀眼白光，放出热量，生成白色固体。

4. 结论

（1）氧气是一种化学性质比较活泼的气体，在一定条件下，可以跟多种物质发生化学反应，同时放出热量。

（2）可燃物在氧气中燃烧比在空气中燃烧更剧烈。

（3）某些在空气中不能燃烧的物质可以在氧气中燃烧，如铁。

5. 注意：（1）氧气的浓度越大（反应物的浓度越大），反应越剧烈。

（2）测定空气中氧气含量时药品的选择：不选与氧气生成气体的物质（不选硫和碳）；在空气中能燃烧（不选铁）；只能消耗氧气。

例题

【例2】（2018 山东省德州中考4题）下列有关氧气的描述正确的是（　　）

A. 氧气参与燃烧是高能燃料　　B. 氧气能使带火星木条复燃

C. 红磷与氧气反应产生浓厚白雾　　D. 低温下氧气可以变成无色液体

B

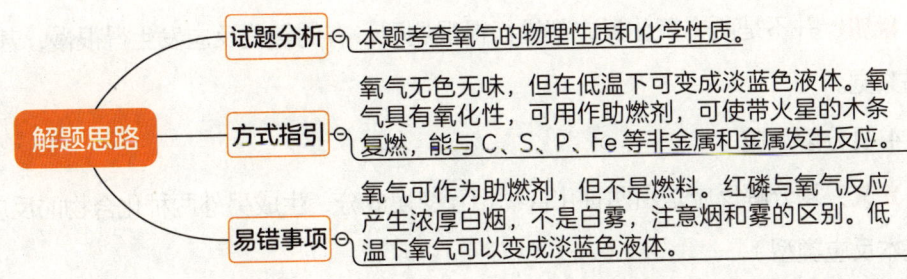

试题分析：本题考查氧气的物理性质和化学性质。

方式指引：氧气无色无味，但在低温下可变成淡蓝色液体。氧气具有氧化性，可用作助燃剂，可使带火星的木条复燃，能与C、S、P、Fe等非金属和金属发生反应。

易错事项：氧气可作为助燃剂，但不是燃料。红磷与氧气反应产生浓厚白烟，不是白雾，注意烟和雾的区别。低温下氧气可以变成淡蓝色液体。

【例3】（2018 天津市中考 7 题）下列说法正确的是（　　）

A. 木炭燃烧后生成黑色固体　　B. 铁丝伸入盛有氧气的集气瓶中剧烈燃烧

C. 红磷在空气中燃烧产生白色烟雾　　D. 硫在氧气中燃烧发出蓝紫色火焰

答案 D

解题思路

- **试题分析**：本题考查金属与非金属在氧气中的燃烧。
- **方法指引**：牢记氧气与 C、S、P、Fe 等发生反应的现象。木炭燃烧后生成二氧化碳气体；加热到发红的铁丝伸入盛有氧气的集气瓶中剧烈燃烧；红磷在空气中燃烧产生白烟；硫在氧气中燃烧发出蓝紫色火焰，在空气中燃烧发出微弱的淡蓝色火焰。
- **易错事项**：注意区分 C、S、P、Fe 等物质在氧气和空气中燃烧的不同现象。要特别留意"烟"和"雾"的区别。

三、化学反应类型

1. 化合反应

定义：两种或两种以上的物质生成另一种物质的反应。（基本反应类型）

说明：化合反应的生成物只有一种，A+B+⋯→C。

2. 分解反应

定义：由一种反应物生成两种或两种以上其他物质的反应。（基本反应类型）。

说明：分解反应的反应物只有一种，A→B+C+⋯。

3. 氧化反应

定义：物质与氧气发生的反应。氧化反应不属于基本反应类型。

说明：并不是所有氧化反应都进行得很剧烈，有的氧化反应发生得很慢，甚至不易察觉。

4. 复分解反应

定义：复分解反应是由两种化合物相互交换成分，生成另外两种化合物的反应。（基本反应类型）

说明：生成物中有沉淀或有气体或有水，AB+CD=AD+CB

例题

【例4】（2017浙江省台州中考6题）汽车安全气囊中有一种物质，能在汽车碰撞时迅速反应，右图反应过程的微观示意图。该反应类型属于（　　）

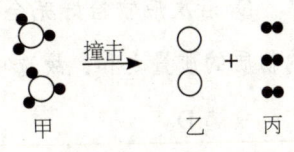

A. 化合反应　　　　B. 分解反应

C. 置换反应　　　　D. 复分解反应

答案

B

解析

NaN_3 受热分解产生 N_2 和 Na，其化学方程式为 $2NaN_3 \xrightarrow{\triangle} 2Na+3N_2\uparrow$；该反应是由一种物质生成多种物质的反应，故属于分解反应。故选 B。

例题

【例5】（2017上海市中考46题）关于化学反应类型说法正确的是（　　）

A. 有单质生成的反应是分解反应

B. 两种化合物之间的反应是复分解反应

C. 元素存在形态发生改变的反应是置换反应

D. 化合反应中生成物的物质的质量可能等于反应物的物质的质量和

答案

D

解析

A. 有单质生成的反应不一定是分解反应，也可能是置换反应等，故选项 A 说法错误。

B. 两种化合物之间的反应不一定是复分解反应，如 $CO_2+2NaOH=\!\!=\!\!Na_2CO_3+H_2O$，故选项 B 说法错误。

C. 元素存在形态发生改变的反应不一定是置换反应，置换反应的反应物和生成物必须是一种是单质，另一种是化合物，故选项C说法错误。

D. 若反应物恰好完全反应，化合反应中生成物的物质的质量可能等于反应物的物质的质量之和，故选项D说法正确。

故选 D。

例题

【例6】（2018 湖北省荆州市中考10题）下列各组物质在水溶液中能大量共存且形成无色溶液的是（　　）

A. $NaCl$　　$BaCl_2$　　Na_2CO_3　　B. KNO_3　　HCl　　$CaCl_2$

C. H_2SO_4　　$FeCl_3$　　$NaNO_3$　　D. $NaOH$　　HNO_3　　NH_4NO_3

答案 B

解析

A. $BaCl_2$、Na_2CO_3 在溶液中能相互交换成分生成碳酸钡沉淀，不能大量共存，故选项 A 错误。

B. 三者之间不反应，能大量共存，且不存在有色离子，故选项 B 正确。

C. 三者之间不反应，能大量共存；但 $FeCl_3$ 的水溶液黄色，故选项 C 错误。

D. $NaOH$ 与 HNO_3、NH_4NO_3 在溶液中能相互交换成分，分别生成硝酸钠和水，硝酸钠、水和氨气，不能大量共存，故选项 D 错误。故选 B。

本节练习

例题

1.（2018 山东省德州中考4题）下列有关氧气的描述正确的是（　　）

A. 氧气参与燃烧是高能燃料　　B. 氧气能使带火星木条复燃

C. 红磷与氧气反应产生浓厚白雾　　D. 低温下氧气可以变成无色液体

答案

B

解析

氧气参与燃烧可作助燃剂，不属于高能燃料；氧气具有助燃性，能使带火星木条复燃；红磷与氧气反应产生浓厚白烟；低温下氧气可以变成淡蓝色液体。故选 B。

例题

2.（2018 天津市中考 7 题）下列说法正确的是（　　）

A. 木炭燃烧后生成黑色固体　　B. 铁丝伸入盛有氧气的集气瓶中剧烈燃烧

C. 红磷在空气中燃烧产生白色烟雾　　D. 硫在氧气中燃烧发出蓝紫色火焰

答案

D

解析

木炭燃烧后生成无色气体二氧化碳；加热到发红的铁丝伸入盛有氧气的集气瓶中剧烈燃烧；红磷在空气中燃烧产生白烟；硫在氧气中燃烧发出蓝紫色火焰，在空气中燃烧发出微弱的淡蓝色火焰。故选 D。

例题

3.（2018 山东省枣庄中考 3 题）氧气与世间万物如影随形。下列关于氧气说法错误的是（　　）

A. 空气中的氧气与水中溶解的氧气化学性质同样活泼

B. 工业上可以利用分离液态空气法制取氧气

C. 氧气可以支持燃烧，说明氧气具有可燃性

D. 氧气能供给呼吸，它和体内物质反应，释放能量，维持生命活动

答案 C

解析

A. 空气中的氧气与水中溶解的氧气是同一种物质,化学性质同样活泼,故 A 正确。

B. 工业上可以利用分离液态空气法制取氧气,故 B 正确。

C. 氧气可以支持燃烧,说明氧气具有助燃性,不是可燃性,故 C 错误。

D. 氧气能供给呼吸,它和体内物质反应,释放能量,维持生命活动,故 D 正确。

故选 C。

例题

4.(2017 湖南省益阳中考 3 题)下列反应属于置换反应的是( )

A. 丙烷燃烧:$C_3H_8 + 5O_2 \xrightarrow{\text{点燃}} 3CO_2 + 4H_2O$

B. 铝的冶炼:$2Al_2O_3 \xrightarrow{\text{电解}} 4Al + 3O_2\uparrow$

C. 湿法炼铜:$Fe + CuSO_4 = Cu + FeSO_4$

D. Cl^- 的检验:$AgNO_3 + NaCl = NaNO_3 + AgCl\downarrow$

答案 C

解析

A. $C_3H_8 + 5O_2 \xrightarrow{\text{点燃}} 3CO_2 + 4H_2O$,该反应的生成物均为化合物,不属于置换反应,故选项 A 错误。

B. $2Al_2O_3 \xrightarrow{\text{电解}} 4Al + 3O_2\uparrow$,该反应符合"一变多"的特征,属于分解反应,故选项 B 错误。

C. $Fe + CuSO_4 = Cu + FeSO_4$,该反应是一种单质和一种化合物反应生成另一种单质和另一种化合物的反应,属于置换反应,故选项 C 正确。

D. $AgNO_3 + NaCl = NaNO_3 + AgCl\downarrow$,该反应是两种化合物相互交换成分生成两种新的化合物的反应,属于复分解反应,故选项 D 错误。

故选 C。

例题

5.（2018 湖北省襄阳中考9题）下列各组离子能在 pH=3 的溶液中大量共存的是（　　）

A. NH_4^+、Na^+、NO_3^-、CO_3^{2-}　　B. NO_3^-、Cu^{2+}、SO_4^{2-}、OH^-

C. Mg^{2+}、K^+、SO_4^{2-}、Cl^-　　D. Ca^{2+}、Na^+、HCO_3^-、Cl^-

答案 C

解析

pH=3 的溶液中含有氢离子。

A. CO_3^{2-} 能与 H^+ 结合产生二氧化碳气体和水，不能共存，故选项 A 错误。

B. OH^- 能与 H^+ 结合产生水，Cu^{2+} 与 OH^- 结合生成氢氧化铜的沉淀，不能共存，故选项 B 错误。

C. 四种离子相互间不能结合生成沉淀、气体和水，故选项 C 正确。

D. HCO_3^- 和 H^+ 能结合产生二氧化碳气体和水，不能大量共存，故选项 D 错误。

故选 C。

例题

6.（2018 山东省潍坊中考题）下列属于置换反应的是（　　）

A. $2H_2O \xrightarrow{通电} 2H_2\uparrow + O_2\uparrow$　　B. $S + O_2 \xrightarrow{点燃} SO_2$

C. $NaOH + HCl = NaCl + H_2O$　　D. $2Al + 6HCl = 2AlCl_3 + 3H_2\uparrow$

答案 D

解析

A. $2H_2O \xrightarrow{通电} 2H_2\uparrow + O_2\uparrow$，该反应符合"一变多"的特征，属于分解反应，故选项 A 错误。

B. $S+O_2 \xrightarrow{\text{点燃}} SO_2$，该反应符合"多变一"的特征，属于化合反应，故选项B错误。

C. $NaOH+HCl = NaCl+H_2O$，该反应是两种化合物相互交换成分生成两种新的化合物的反应，属于复分解反应，故选项C错误。

D. $2Al+6HCl = 2AlCl_3+3H_2\uparrow$，该反应是一种单质和一种化合物反应生成另一种单质和另一种化合物的反应，属于置换反应，故选项D正确。

故选D。

例题

7.（2018山东省临沂中考7题）下列化学反应中，属于复分解反应的是（　　）

A. $4Al+3O_2 = 2Al_2O_3$

B. $Ca(OH)_2+Na_2CO_3 = CaCO_3\downarrow +2NaOH$

C. $H_2CO_3 = H_2O+CO_2\uparrow$

D. $H_2+CuO \xrightarrow{\triangle} Cu+H_2O$

答案

B

解析

A. $4Al+3O_2 = 2Al_2O_3$，该反应符合"多变一"的特征，属于化合反应，故选项A错误。

B. $Ca(OH)_2+Na_2CO_3 = CaCO_3\downarrow +2NaOH$，该反应是两种化合物相互交换成分生成两种新的化合物的反应，属于复分解反应，故选项B正确。

C. $H_2CO_3 = H_2O+CO_2\uparrow$，该反应符合"一变多"的特征，属于分解反应，故选项C错误。

D. $H_2+CuO \xrightarrow{\triangle} Cu+H_2O$，该反应是一种单质和一种化合物反应生成另一种单质和另一种化合物的反应，属于置换反应，故选项D错误。

故选B。

例题

8.（2017湖南省襄阳中考4题）小杰学习时获知"元素化合价发生变化（升或降）的化学反应是氧化还原反应"。据此判断下列基本反应类型一定是氧化还原反应的是（　　）

A. 化合反应　　B. 分解反应　　C. 置换反应　　D. 复分解反应

答案

C

解析

A. 化合反应中元素的化合价不一定发生改变，比如二氧化碳和水的反应，故化合反应不一定是氧化还原反应，选项A错误。

B. 分解反应中元素的化合价不一定发生改变，比如碳酸分解的反应，故化合反应不一定是氧化还原反应，选项B错误。

C. 置换反应中有单质参加和生成，元素的化合价一定改变，故置换反应一定是氧化还原反应，选项C正确。

D. 复分解反应中元素的化合价一定不变，不会是氧化还原反应，选项D错误。

故选C。

例题

9.（2018 四川省雅安市中考6题）海带中富含碘元素，可利用反应 $2NaI+Cl_2=\!=\!=2NaCl+I_2$

从海带中提取碘单质。此反应属于（　　）

A. 化合反应　　B. 置换反应　　C. 复分解反应　　D. 分解反应

答案

B

A. 化合反应是有两种或两种以上的物质生成一种物质的化学反应，故选项 A 错误。

B. 置换反应是一种单质和一种化合物反应生成另一种单质和另一种化合物的化学反应，$2NaI+Cl_2 =\!=\!= 2NaCl+I_2$ 属于置换反应，故选项 B 正确。

C. 复分解反应是两种化合物互相交换成分生成另外两种化合物的反应，故选项 C 错误。

D. 分解反应是由一种物质生成两种或两种以上的物质的反应，故选项 D 错误。

故选 B。

例题

10.（2018 江苏省苏州中考 23 题）下图所示的化学反应基本类型是（　　）

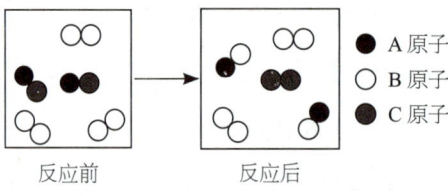

A. 化合反应　　B. 分解反应　　C. 置换反应　　D. 复分解反应

答案

C

解析

从图中可以看出反应前是一种单质（两个 B 原子构成）和一种化合物（A、C 两种原子构成），而反应后变成了另外一种单质（两个 C 原子构成）和另外一种化合物（A、B 两种原子构成），所以属于置换反应。故选 C。

例题

11.（2017 贵州省黔东南中考 10 题）请用 H、O、Cl、Na、Fe 五种元素中的一种或几种，按要求完成下列各题：

（1）写出符合下列要求的化学符号：

①两个氢原子＿＿＿＿＿＿；②五个铁离子＿＿＿＿＿＿。

（2）写出符合下列要求物质的化学式：

①能使带火星木条复燃的气体＿＿＿＿＿＿＿＿＿＿＿＿；

②可用于除去铁锈的酸＿＿＿＿＿＿＿＿＿＿＿＿。

（3）请用上述元素中一种或几种组成的物质，写出符合下列要求的一个化学方程式：

①只有单质生成的分解反应＿＿＿＿＿＿＿＿＿＿＿＿＿＿；

②有沉淀生成的复分解反应＿＿＿＿＿＿＿＿＿＿＿＿＿。

答案

（1）① $2H$；② $5Fe^{3+}$

（2）① O_2；② Hd

（3）① $2H_2O \xrightarrow{\text{通电}} 2H_2\uparrow + O_2\uparrow$；② $FeCl_3 + 3NaOH == Fe(OH)_3\downarrow + 3NaCl$。

解析

（1）①原子的表示方法就是用元素符号来表示一个原子，表示多个该原子，就在其元素符号前加上相应的数字，所以2个氢原子，就表示为 $2H$；

②离子的表示方式：在表示该离子的元素符号右上角，标出该离子所带的正负电极数，数字在前，正负符号在后，故5个铁离子的表示为：$5Fe^{3+}$。

（2）①能使带火星木条复燃的气体是氧化，化学式为 O_2；

②由 H、O、U、Na、Fe 五种元素可组成的用于除去铁锈的酸是盐酸，其化学式为：HCl。

（3）①水在通电的情况下分解生成氢气和氧气，反应的化学方程式为：$2H_2O \xrightarrow{\text{通电}} 2H_2\uparrow + O_2\uparrow$；

②氯化铁与氢氧化钠反应生成氢氧化铁沉淀和氯化钠，反应的化学方程式为：$FeCl_3 + 3NaOH == Fe(OH)_3\downarrow + 3NaCl$；

例题

12.（2018 四川省达州市）在 pH=7 的无色溶液中，下列离子可以大量共存的是（　　）

A. Na^+　　　Ca^{2+}　　　NO_3^-　　　CO_3^{2-}

B. NH_4^+　　　Cu^{2+}　　　Cl^-　　　SO_4^{2-}

C. Ba^{2+}　　　K^+　　　OH^-　　　NO_3^-

D. Na^+　　　K^+　　　NO_3^-　　　Cl^-

答案

D

解析

pH=7 的无色溶液显中性。

A. Ca^{2+} 与 CO_3^{2-} 两种离子能结合成碳酸钙沉淀，不能大量共存，故选项 A 错误。

B. 四种离子间不能结合成沉淀、气体或水，能大量共存，但铜离子的水溶液显蓝色，故选项 B 错误。

C. 水溶液中含有氢氧根离子，显碱性，故选项 C 错误。

D. 四种离子间不能结合成沉淀、气体或水，能大量共存，且不存在有色离子，故选项 D 正确。

故选 D。

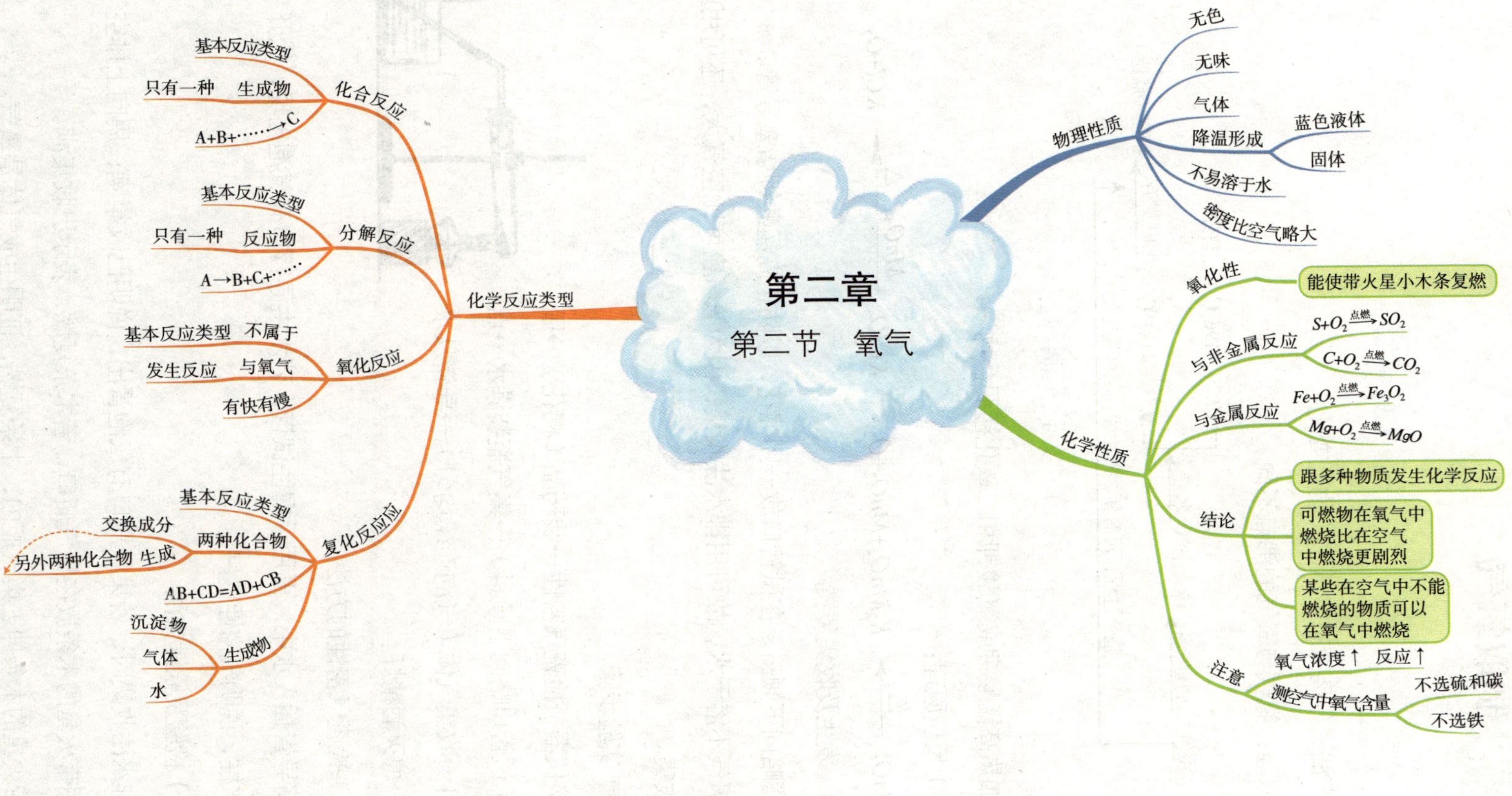

第二章 我们周围的空气

第二节 氧气

物理性质
- 无色
- 无味
- 气体
- 降温形成蓝色液体
- 不易溶于水
- 密度比空气略大

化学性质
- 氧化性
  - 能使带火星小木条复燃
  - 与非金属反应
    - $S+O_2 \xrightarrow{点燃} SO_2$
    - $C+O_2 \xrightarrow{点燃} CO_2$
  - 与金属反应
    - $Fe+O_2 \xrightarrow{点燃} Fe_3O_4$
    - $Mg+O_2 \xrightarrow{点燃} MgO$
  - 结论：跟多种物质发生化学反应
  - 注意
    - 可燃物在氧气中燃烧比在空气中燃烧更剧烈
    - 某些在空气中不能燃烧的物质可以在氧气中燃烧
    - 氧气浓度↑，燃烧更剧烈
    - 测空气中氧气含量，不选硫和碳，不选铁

化学反应类型
- 化合反应
  - 基本反应类型：只有一种生成物
  - $A+B+\cdots \rightarrow C$
- 分解反应
  - 基本反应类型：只有一种反应物
  - $A \rightarrow B+C+\cdots$
- 氧化反应
  - 基本反应类型：发生反应
  - 与氧气
  - 有快有慢
- 复分解反应
  - 基本反应类型：两种化合物
  - $AB+CD=AD+CB$
  - 交换成分
  - 另外两种化合物生成
  - 沉淀物
  - 气体
  - 水

第三节 制取氧气

一、工业制氧气

1. 方法：分离液态空气法（物理变化）
2. 原理：氮气与氧气的沸点不同

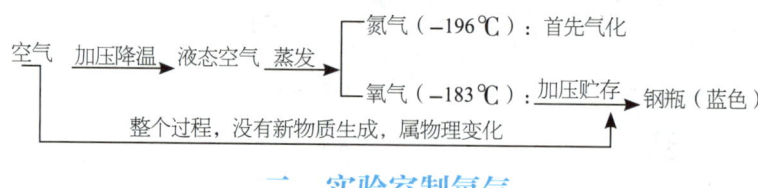

二、实验室制氧气

1. 加热高锰酸钾或氯酸钾和二氧化锰混合物

（1）反应原理：

$$KMnO_4 \xrightarrow{\triangle} K_2MnO_4 + MnO_2 + O_2 \qquad KClO_3 \xrightarrow{MnO_2, \triangle} KCl + O_2$$

（2）发生及收集装置

试管略向下倾斜，在试管口放一团棉花，以防止高锰酸钾堵塞导管。

因氧气不溶于水，故可用排水法收集；因为氧气密度比空气大，还可用向上排空气法收集。

（3）实验步骤

连接仪器→检查气密性→装药品（棉花）→固定装置（试管口略向下倾斜）→集气瓶装满水→点燃酒精灯→收集气体（气泡连续均匀）→导管从水中撤离→熄灭酒精灯。

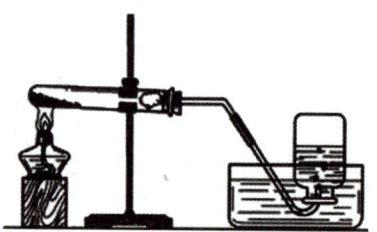

（4）检查气密性的方法

先将导管插入水中，再用手握住试管，若水中导管口有气泡出现，松开手后形成一段水柱，说明气密性良好。

（5）检验及验满方法

用排水法收集时，若集气瓶口有气泡冒出，说明已收集满；用向上排空气法收集时，用带火星的木条放在集气瓶口，若木条复燃，表示已收集满。

用带火星的木条伸进集气瓶内，木条复燃，证明生成气体是氧气。

2. 分解过氧化氢

（1）反应原理

$$H_2O_2 \xrightarrow{MnO_2} H_2O + O_2$$

（2）发生及收集装置

长颈漏斗下端要伸到液面以下，防止气体从漏斗下端逸出，分液漏斗不需要伸到液面以下。可用排水法和排空气法收集。

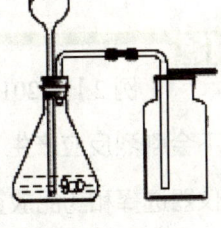

（3）实验步骤

检查气密性→向锥形瓶中加入二氧化锰→塞好双孔塞→向漏斗中加入过氧化氢溶液→收集气体。

3. 催化剂和催化作用

（1）催化剂：在化学反应里能改变其他物质的化学反应速率，而本身的化学性质和质量在反应前后不发生变化的物质。

（2）催化作用：催化剂在化学反应中所起的作用。

（3）说明："一变两不变"—改变其他物质的反应速率；本身的质量和化学性质不变。"改变"包括加快和减慢两种含义。

例题

【例1】（2018安徽省中考4题）实验室可通过加热高锰酸钾固体制取氧气，下列实验操作正确的是（　　）

A. 组装好装置后，检查装置的气密性

B. 加入药品后，直接将酒精灯火焰对准药品加热

C. 水槽中有气泡冒出时，立即收集气体

D. 实验结束时，先移走酒精灯再从水槽中移出导管

答案

A

解析

A. 用高锰酸钾制取氧气时，组装好装置后，检查装置的气密性，故选项A正确。

B. 加入药品后，要先预热，后对准药品加热，故选项B错误。

C. 收集气体时，待气泡连续均匀冒出时，开始收集，故选项 C 错误。

D. 实验结束时，要先将导管从水中移出，后停止加热，故选项 D 错误。

故选 A。

例题

【例2】（2018浙江省舟山中考4题）15% 的 H_2O_2 溶液在二氧化锰催化作用下会剧烈反应产生 O_2。实验室欲利用 15% 的 H_2O_2 溶液制取 O_2，则下列装置中，仪器选择和药品放置最合理的是（　　）

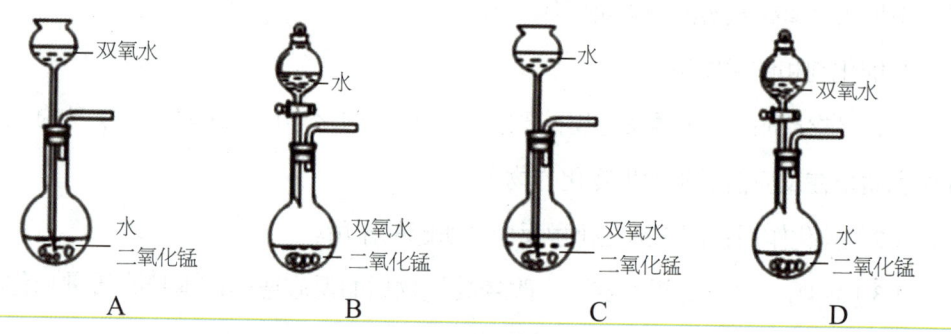

答案

D

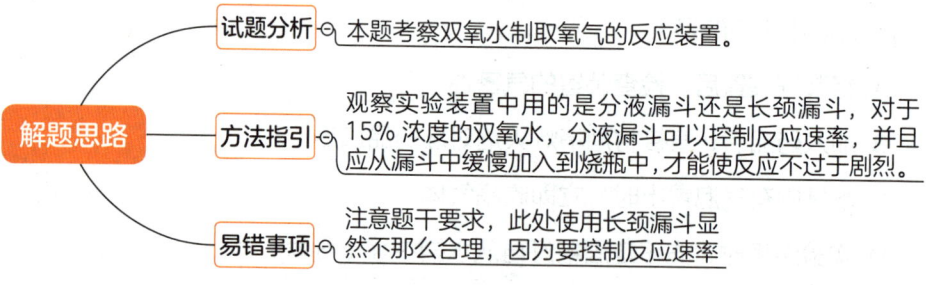

例题

【例3】（2016广西梧州中考13题）在过氧化氢溶液制取氧气实验中用到了二氧化锰。关于二氧化锰的说法错误的是（　　）

A. 作该反应的催化剂　　B. 反应前后其质量发生改变

C. 化学性质没有改变　　D. 能加快过氧化氢的分解速率

答案 B

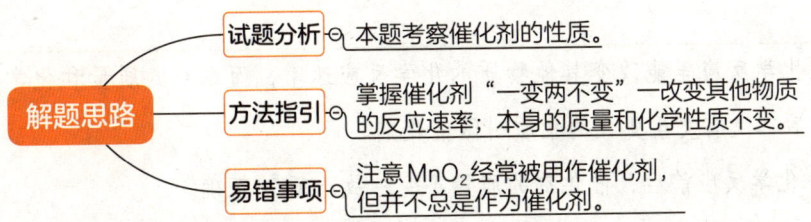

例题

【例4】（2018 重庆市中考 A 卷 13 题）实验室常用 $2KClO_3 \xrightarrow[\triangle]{MnO_2} 2KCl+3O_2\uparrow$ 来制取 O_2，下列说法错误的是（　　）

A. MnO_2 加快了反应速率

B. 该反应属于分解反应

C. 固体减少的质量等于生成 O_2 的质量

D. 反应前后氯元素呈现的化合价分别为 +3 价和 –1 价

答案 D

解析　实验室氯酸钾和二氧化锰混合加热生成氯化钾和氧气，二氧化锰是催化剂，加快了反应速率，该反应属于分解反应；根据质量守恒定律，固体减少的质量等于产生氧气的质量；在氯酸钾中，钾元素显 +1 价，氧元素显 –2 价，根据在化合物中正负化合价代数和为零，判断氯酸钾中氯的化合价为 +5 价，在氯化钾中氯的化合价 –1 价。故选 D。

例题

【例5】（2018 湖北省襄阳中考 2 题）下列关于催化剂的说法正确的是（　　）

A. 化学反应前后催化剂的质量不变　　B. 化学反应前后催化剂的性质不变

C. 催化剂只能加快化学反应速率　　　D. 没有催化剂化学反应不能发生

答案

A

解析

在化学反应里能改变其他物质的化学反应速率，而本身的质量和化学性质在反应前后都没有发生变化的物质叫做催化剂。

A.化学反应前后，催化剂的质量不变，故选项 A 正确。

B.化学反应前后，催化剂的化学性质不变，物理性质可能改变，故选项 B 错误。

C.催化剂能加快反应速度也能减慢反应速度，故选项 C 错误。

D.并不是所有的化学反应都需要催化剂，如酸和碱的反应，不需要使用催化剂，故选项 D 错误。

故选 A。

例题

【例6】（2017 云南省中考 26 题）化学是一门以实验为基础的科学，请结合下列装置图回答问题：

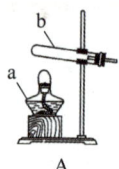  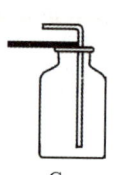 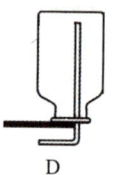 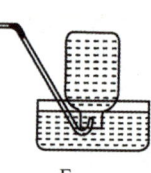

　A　　　　　B　　　　　C　　　　　D　　　　　E

（1）写出标注仪器的名称：a_____；b_____；

（2）实验室用高锰酸钾制取氧气，应选择的发生装置是_____（填字母），反应的化学方程式是_____，该反应属于基本反应类型中的_____反应。若用 C 装置收集氧气，验满的方法是_____。

（3）选用 E 装置收集气体时，下列实验操作正确的是_____（填序号）。

①反应前，将集气瓶注满水，用玻璃片盖着瓶口，倒立在盛水的水槽中

②导管口开始有气泡放出时，立即将导管口移入集气瓶

③收集气体后，将集气瓶盖上玻璃片再移出水槽

（4）实验室中一般用锌粒和稀硫酸在常温下制取氢气，制取氢气应选择的发生装置是_____（填字母）。

第二章 我们周围的空气

解析

（1）酒精灯；试管；（2）A；$2KMnO_4 \xrightarrow{\triangle} K_2MnO_4+MnO_2+O_2\uparrow$；分解；将带火星的木条放在集气瓶口，观察木条是否复燃；（3）①③；（4）B；（5）密度比空气小。

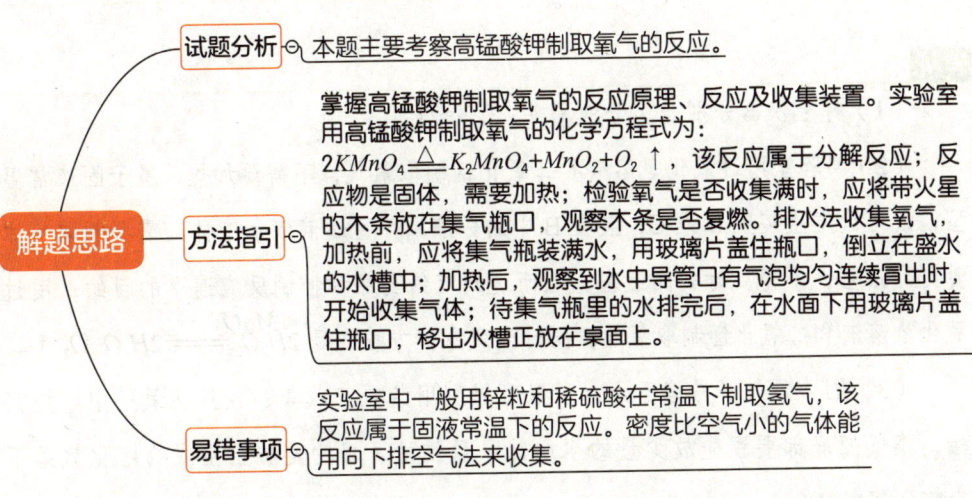

解题思路

- **试题分析**：本题主要考察高锰酸钾制取氧气的反应。

- **方法指引**：掌握高锰酸钾制取氧气的反应原理、反应及收集装置。实验室用高锰酸钾制取氧气的化学方程式为：$2KMnO_4\xrightarrow{\triangle}K_2MnO_4+MnO_2+O_2\uparrow$，该反应属于分解反应；反应物是固体，需要加热；检验氧气是否收集满时，应将带火星的木条放在集气瓶口，观察木条是否复燃。排水法收集氧气，加热前，应将集气瓶装满水，用玻璃片盖住瓶口，倒立在盛水的水槽中；加热后，观察到水中导管口有气泡均匀连续冒出时，开始收集气体；待集气瓶里的水排完后，在水面下用玻璃片盖住瓶口，移出水槽正放在桌面上。

- **易错事项**：实验室中一般用锌粒和稀硫酸在常温下制取氢气，该反应属于固液常温下的反应。密度比空气小的气体能用向下排空气法来收集。

本节练习

  例题

1.（2016青岛中考4题）根据下列装置，回答问题：

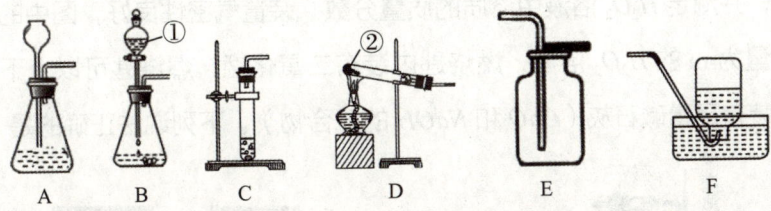

（1）写出图中标号仪器的名称：① _____ ；② _____ 。

（2）实验室用过氯化氢溶液和二氧化锰制取氧气时，发生反应的化学方程式为 _____ ，从控制反应速率和节约药品的角度考虑，发生装置最好选用 _____ （填装置序号）。

（3）因为氧气不易溶于水，所以可以利用装置 _____ （填装置序号）收集。如果要做铁丝在氧气中燃烧的实验，用这种装置收集氧气时应注意 _____ 。

答案

(1) ①分液漏斗；②试管；

(2) $2H_2O_2 \xrightarrow{MnO_2} 2H_2O+O_2\uparrow$；B 或 C

(3) F；集气瓶底部要留少量的水。

解析

(1) 标号仪器分别是①分液漏斗；②试管。

(2) 实验室用过氧化氢溶液和二氧化锰制取氧气，不需要加热，属于固液常温型，故可选发生装置 B 或 C；装置 B 中的分液漏斗可逐滴滴加液体，需要制取气体时打开活塞，不需要时关闭活塞，从而达到节约药品和控制反应速率的目的；用过氧化氢溶液和二氧化锰制取氧气，同时生成水，方程式是 $2H_2O_2 \xrightarrow{MnO_2} 2H_2O+O_2\uparrow$。

(3) 因为氧气不易溶于水，所以可以利用装置 F 收集，铁丝在氧气中燃烧实验，集气瓶底部要预先放少量的水或铺一层细沙，目的是防止生成物熔化溅落下来炸裂集气瓶。

例题

2.（2018 湖北省武汉中考 6 题）某化学兴趣小组用下图所示的装置来制取干燥的氧气，并测定 H_2O_2 溶液中溶质的质量分数。装置气密性良好，图中的锥形瓶内盛有质量为 m 的 H_2O_2 溶液，燃烧匙内装有二氧化锰，燃烧匙可以上下移动，干燥管内装有足量碱石灰（CaO 和 NaOH 的混合物）。下列说法正确的是

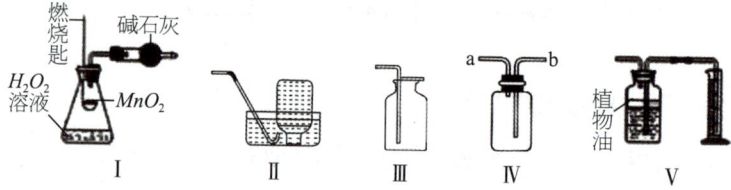

A. 将装置 I 分别与装置 II、III、IV、V 连接，均能达到实验目的

B. 称量装置 I 反应前及完全反应冷却后的质量，可计算出 H_2O_2 溶液中溶质的质量分数

C. 若用装置 IV 收集氧气，可将带火星的木条放置在 b 导管口处验满

D. 若用装置 V 测量生成氧气的体积，集气瓶上方原有的空气会使测量结果偏大

答案

B

解析

A. 装置Ⅱ无法收集到干燥的氧气，故选项A错误。

B. 称量装置Ⅰ反应前及完全反应冷却后的质量，计算出质量差，该质量差即为生成的氧气的质量，通过氧气的质量，可计算出H_2O_2溶液中溶质的质量分数，故选项B正确。

C. 由于氧气的密度比空气大，用装置Ⅳ收集氧气，氧气应从"b进a出"，故应将带火星的木条放置在a导管口处验满，故选项C错误。

D. 用装置Ⅴ测量生成氧气的体积，通过增大压强将集气瓶中的植物油压入量筒，集气瓶上方原有的空气不会影响测量结果，故选项D错误。

故选B。

例题

3.（2017湖南省益阳中考22题）实验室利用下列装置制取并收集O_2（试管中的棉花根据反应的需要选择是否添加）。

（1）若要顺利制得O_2，除选择$KClO_3$与MnO_2混合物作为药品外，还可以选择的药品是_____（填化学式）。

（2）如果选择$KClO_3$与MnO_2混合物作为制备O_2的药品，则反应后MnO_2的质量将_____（填"增加"、"减小"或"不变"等）。

（3）简述检查该装置气密性的方法_____。

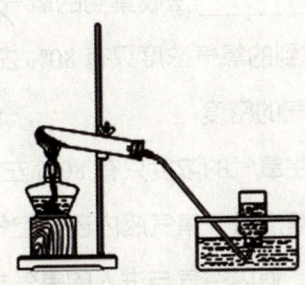

答案

（1）$KMnO_4$；

（2）不变；

（3）先把导管的一端放入水中，然后两手紧握试管的外壁，观察导管口是否有气泡冒出。

解析

（1）如果用高锰酸钾或氯酸钾制氧气就需要加热，故答案为：$KMnO_4$。

（2）如果选择 $KClO_3$ 与 MnO_2 混合物作为制备 O_2 的药品，则反应后 MnO_2 的质量不变，因为催化剂在化学反应前后质量和化学性质都不变。故答案为：不变。

（3）检验装置的气密性的方法是：先把导管的一端放入水中，然后两手紧握试管的外壁，观察导管口是否有气泡冒出。故答案为：先把导管的一端放入水中，然后两手紧握试管的外壁，观察导管口是否有气泡冒出。

例题

4.（2018 浙江省衢州中考 27 题）小柯为了研究用向上排空气法和排水法收集的氧气浓度是否有差异，做了如下实验：加热高锰酸钾固体，分别用两种方法各收集三瓶氧气，并使用传感器测定收集到的氧气浓度，数据见表。

收集方法	向上排空气法			排水法		
氧气浓度 %	79.6	79.7	79.9	90.0	89.8	89.3
氧气平均浓度 %	79.7			89.7		

（1）小柯用向上排空气法收集氧气时 _____ 为氧气集满的标准。

（2）以上两种方法中 _____ 法收集到的氧气更纯净。

（3）向上排空气法收集到的氧气浓度只有 80% 左右的原因有 _____。

A. 氧气的密度略大于空气的密度

B. 加热高锰酸钾固体产生氧气的浓度只有 80% 左右

C. 当观察到带火星木条复燃时，集气瓶内还有空气

D. 当氧气进入集气瓶时，瓶内空气与进入的氧气相互扩散

答案

（1）当气泡从瓶口冒出时或观察到瓶中水排尽时；

（2）排水；

（3）ACD。

解析

（1）用排水法收集氧气时，当气泡从瓶口冒出时或观察到瓶中水排尽时，说明该瓶内的气体已集满。

故答案为：当气泡从瓶口冒出时或观察到瓶中水排尽时。

（2）氧气的密度比空气的密度大，不易溶于水，因此能用向上排空气法和排水法收集，排水法收集的氧气比较纯净，由以上信息中也可得到同样结论。

故答案为：排水。

（3）用向上排空气法收集到的氧气浓度只有80%左右的原因有很多，如：氧气密度只是略大于空气，很容易出现排不净空气或少量混合的情况；当用带火星木条验满复燃时，只能说明瓶中的氧气浓度大，不能说明集气瓶内一点空气也没有；在收集氧气时，氧气与空气可能进行少量的扩散混合，这些都会造成氧气浓度的减小；而加热高锰酸钾固体产生氧气的浓度只有80%左右的说法是错误的。

故答案为：ACD。

例题

5.（2018山西省中考16题）下图是实验室用高锰酸钾制取氧气的装置，请回答问题。

（1）仪器a的名称_____。

（2）用高锰酸钾制取O_2的化学方程式是_____。

（3）实验室收集氧气的方法是_____。

（4）将高锰酸钾粉末装入试管的操作是_____。

（5）试管口放一团棉花的作用是_____。

答案

（1）铁架台；（2）$2KMnO_4 \xlongequal{\Delta} K_2MnO_2+MnO_2+O_2\uparrow$；（3）向上排空气法（或排水法）；（4）将试管倾斜（或横放），把盛有药品的药匙（或纸槽）送至试管底部，然后使试管直立起来；（5）防止加热时高锰酸钾粉末进入导管或防止高锰酸钾粉末进入水槽使水变红（合理即可）。

解析

（1）仪器a的名称是铁架台。

（2）高锰酸钾在加热的条件下分解生成锰酸钾、二氧化锰和氧气，反应的化学方程式为 $2KMnO_4 \xlongequal{\Delta} K_2MnO_2+MnO_2+O_2\uparrow$。

（3）氧气的密度比空气大，可以用向上排空气法收集（氧气不易溶于水，可以用排水法收集）。

（4）将高锰酸钾粉末装入试管的操作是将试管倾斜（或横放），把盛有药品的药匙（或纸槽）送至试管底部，然后使试管直立起来。

（5）试管口放一团棉花的作用是防止加热时高锰酸钾粉末进入导管（或防止高锰酸钾粉末进入水槽使水变红）。

例题

6.（2017 山东省济南中考 16 题）如图所示为实验室中常见气体制备、净化、干燥、收集和进行实验探究的部分仪器（组装实验装置时，可重复选择仪器），某化学小组的同学欲利用其进行下列各实验。

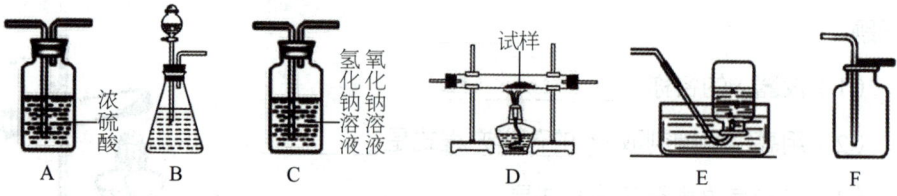

（1）以过氧化氢溶液为原料（二氧化锰作催化剂），在实验室中制取并收集干燥的氧气，按照要求设计实验装置，连接仪器，并检查装置的气密性。

①所选装置的连接顺序为_____（从左到右填写装置序

号字母）。

②制取氧气所发生反应的化学方程式为 _____。

③下列关于氧气制取和性质的叙述中，不正确的是 _____（填"A""B""C"或"D"之一）。

A. 实验室制氧气时，应先加入药品，再检查装置的气密性

B. 在此反应前后，二氧化锰的质量和化学性质都不发生改变

C. 铁丝在纯氧中剧烈燃烧时，火星四射，生成黑色固体

D. 氧气是一种化学性质比较活泼的气体

（2）用干燥纯净的氧气对纤维素的组成进行分析探究实验（资料显示纤维素只含 C、H、O 三种元素）。所选装置按"气体→D→A→C→碱石灰干燥管"的顺序连接（实验前检查装置的气密性，假设所发生的化学反应都完全充分进行）。装置D的玻璃管中放入纤维素试样的质量为 w g，充分反应后，测得装置A的质量增加 a g，装置C的质量增加 b g，则纤维素中碳元素的质量分数为 _____（计算结果用含字母的代数式表示）。

若实验中使用的氧气未干燥，这样测算出的纤维素中的碳元素与氢元素的质量比与实验值比较将 _____（填"偏大""偏小""基本一致"或"无法确定"之一）。

答案

（1）① BAF；② $2H_2O_2 \xrightarrow{MnO_2} 2H_2O + O_2 \uparrow$；③ A；

（2）$\dfrac{3b}{11w}$；偏小。

解析

（1）①实验室用过氧化氢溶液制取氧气可选择装置B作发生装置，用浓硫酸作干燥剂，选用装置A作干燥装置，氧气的密度比空气大，用向上排空气法，选择装置F作收集装置，故所选装置的连接顺序为BAF。②用过氧化氢制取氧气时，二氧化锰为催化剂，反应的化学方程式为 $2H_2O_2 \xrightarrow{MnO_2} 2H_2O + O_2 \uparrow$。③实验室制取氧气时，应先检查装置的气密性，再装入药品，故A错误。

（2）装置C增加的质量为生成二氧化碳的质量，根据元素守恒，可得二氧化碳中碳元素的质量就是纤维素中碳元素的质量，所以wg纤维素中碳元素的质量为 $bg \times \dfrac{12}{44} = \dfrac{3b}{11}$ g，所以wg纤维素中碳元素的质量分数为 $\dfrac{3b}{11w}$。若实验中气体未干燥，则测得水的质量偏大，所得纤维素中氢元素的质量偏大，所以测算出的纤维素中的碳元素与氢元素的质量比与实际值比较将偏小。

例题

7.（2018江苏省扬州中考23题）氧气是我们身边无法离开的物质，某兴趣小组对氧气的研究如下：

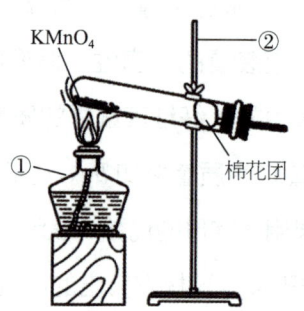

I. 氧气的制备：

（1）写出上图中有标号仪器的名称：① _____，② _____。

（2）写出用 $KMnO_4$ 制取 O_2 的化学反应方程式 _____。该装置中棉花团的作用是 _____，图中装置一处明显的错误是 _____。

II. 氧气的收集：

[实验1] 用向上排空气法收集氧气，当放置在集气瓶口带火星木条复燃时停止收集，测定瓶中氧气的含量，重复实验3次。

[实验2] 用向上排空气法收集氧气，当放置在集气瓶口带火星木条复燃后，继续收集40秒，测定瓶中氧气的含量，重复实验3次。

[实验3] 用排水法收集氧气，测定瓶中氧气的含量，重复实验3次。

实验数据：

	实验1			实验2			实验3		
氧气的体积分数（%）	79.7	79.6	79.9	88.4	89.0	87.9	90.0	89.8	89.3
氧气的平均体积分数(%)	79.7			88.4			89.7		

数据分析：

（3）由实验1、2可知，用向上排空气法收集氧气时，为提高获得的氧气体积分数，可采取的措施是＿＿＿＿＿＿。

（4）不考虑操作因素，实验3获得的氧气体积分数不能达到100%的主要原因是＿＿＿＿＿＿。

Ⅲ.铁丝在氧气中燃烧

（5）铁丝在纯净氧气中燃烧的化学反应方程式为＿＿＿＿＿＿。

（6）铁丝燃烧时火星四射，经研究表明产生火星四射现象的原因，可能是同时生成了某种气体，推测该气体是＿＿＿＿＿＿（填化学式）。将燃烧后的黑色固体粉碎后，滴加稀盐酸，若产生气泡，则原因是＿＿＿＿＿＿（用化学反应方程式表示）。

答案

（1）①酒精灯；②铁架台；（2）$2KMnO_4 \xrightarrow{\Delta} K_2MnO_4+MnO_2+O_2\uparrow$；防止高锰酸钾粉末进入导管；试管口向上倾斜；③延长收集时间；④反应物不纯（合理即可）；⑤ $3Fe+2O_2 \xrightarrow{点燃} Fe_3O_4$；⑥ CO_2；$Fe+2HCl=FeCl_2+H_2\uparrow$。

解析

本题主要考查了仪器的名称、实验室用高锰酸钾制取氧气，铁丝在氧气中燃烧的实验，同时也考查了化学方程式的书写、注意事项等，综合性比较强。

（1）上图中有标号仪器的名称分别是：①酒精灯，②铁架台。

（2）高锰酸钾受热分解生成锰酸钾和二氧化锰和氧气，反应的化学反应方程式为：$2KMnO_4 \xrightarrow{\Delta} K_2MnO_4+MnO_2+O_2\uparrow$；加热高锰酸钾时，试管口要放一团棉花，以防止高锰酸钾粉末进入导管；给固体加热时，试管口要略向下倾斜，以防冷凝水回流使试管炸裂，图中装置一处明显的错误是试管口向上倾斜。

（3）根据实验1、2的操作可知，实验2延长了氧气收集的时间，瓶中氧气的体积分数有所提升。如果想提高获得的氧气体积分数，可以采取的措施是延长氧气的收集时间。

（4）如果各项操作没有问题，实验3获得的氧气体积分数不能达到100%的主要原因可能是反应物不纯。

（5）铁丝在氧气中燃烧生成四氧化三铁，反应的化学方程式为：$3Fe+2O_2 \xlongequal{点燃} Fe_3O_4$。

（6）日常生活中的钢铁制品都含有少量碳杂质，含碳细铁丝燃烧时，其中的碳粒生成的CO_2气体在熔融液态物质中形成气泡，熔融液态物质因气泡炸裂引起"火星四射"的现象；将燃烧后的黑色固体粉碎后，滴加稀盐酸，若产生气泡，原因是铁燃烧时溅落下来的黑色物质中还含有铁；铁与稀盐酸反应生成氯化亚铁和氢气，反应的化学方程式为：$Fe+2HCl=FeCl_2+H_2\uparrow$。

第二章 我们周围的空气

第三节 制取氧气

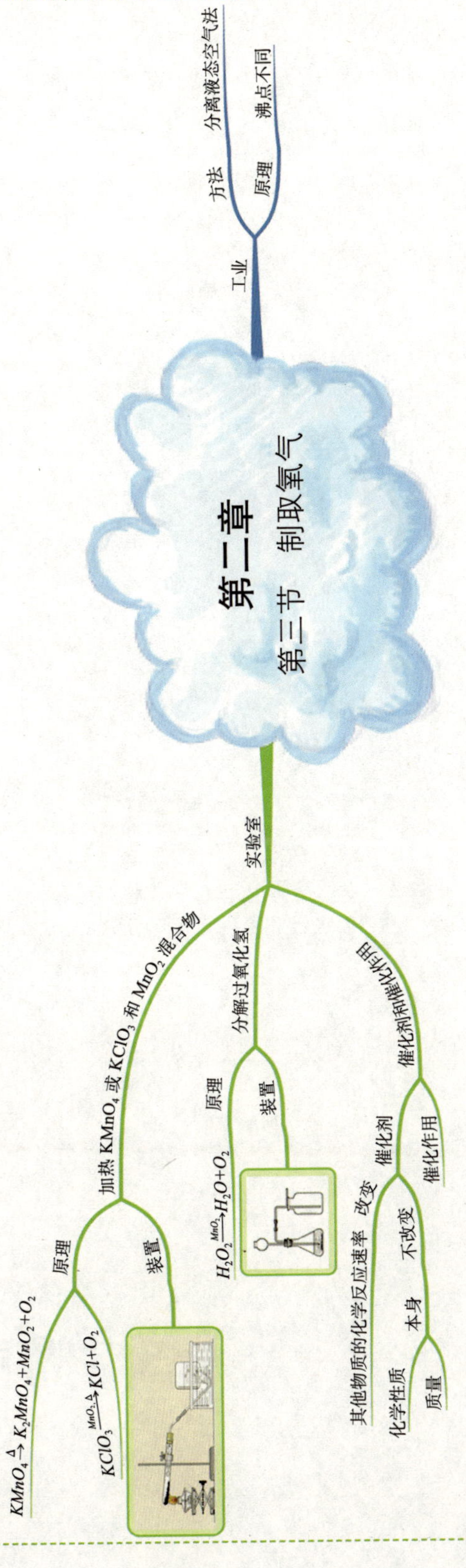

- 第二章 第三节 制取氧气
  - 工业
    - 方法：分离液态空气法
    - 原理：沸点不同
  - 实验室
    - 加热 $KMnO_4$ 或 $KClO_3$ 和 MnO_2 混合物
      - 原理：$KMnO_4 \xrightarrow{\Delta} K_2MnO_4 + MnO_2 + O_2$
      - $KClO_3 \xrightarrow{MnO_2,\Delta} KCl + O_2$
      - 装置
    - 分解过氧化氢
      - 原理：$H_2O_2 \xrightarrow{MnO_2} H_2O + O_2$
      - 装置
    - 催化剂和催化作用
      - 催化剂
        - 改变：其他物质的化学反应速率
        - 不改变：本身
          - 化学性质
          - 质量
      - 催化作用

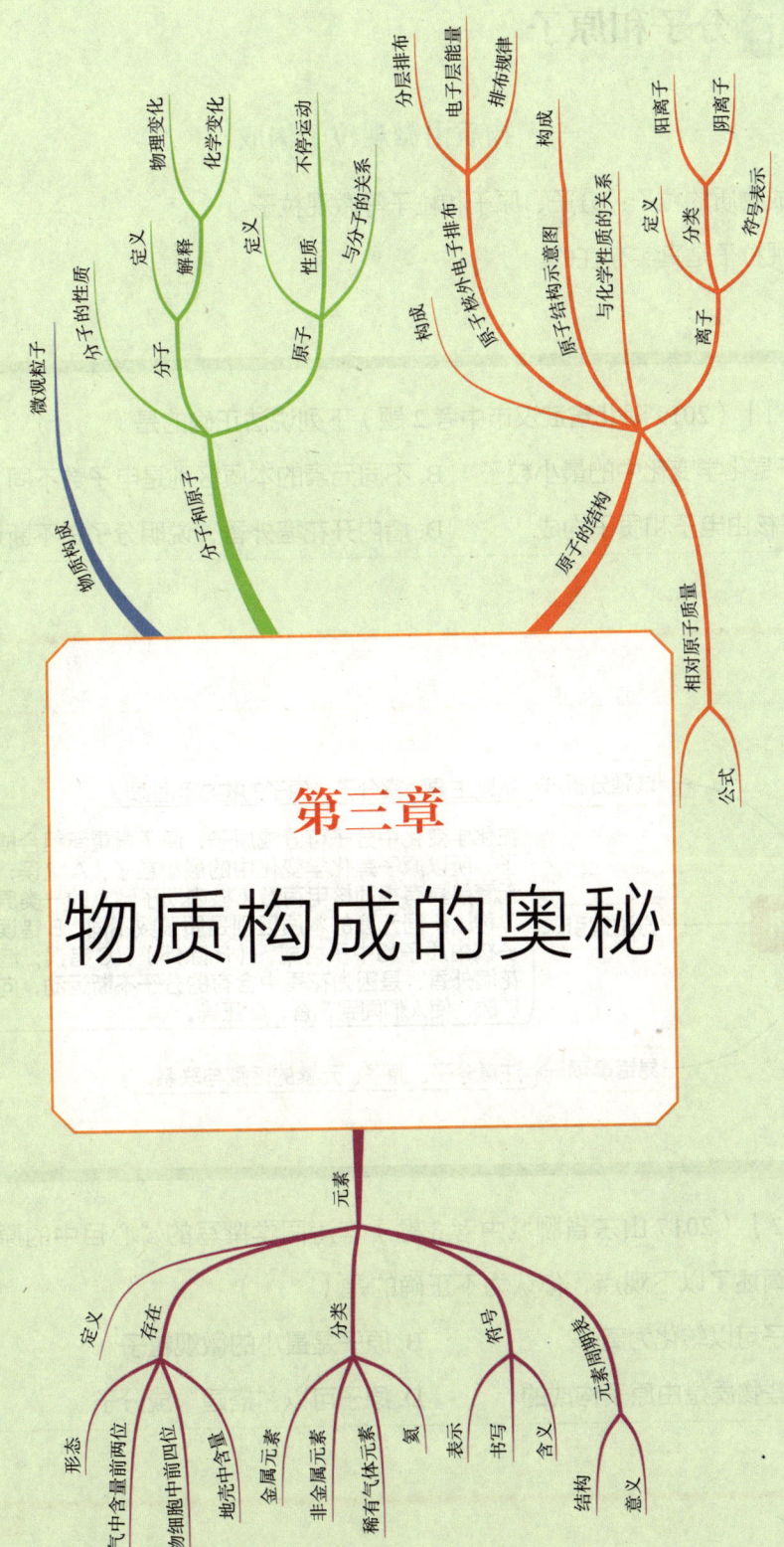

第三章
物质构成的奥秘

第一节 分子和原子

一、物质由微观粒子构成

1. 构成物质的粒子：分子、原子和粒子等微观粒子。
2. 微观粒子是真实存在的。

例题

【例1】（2019 湖北省武汉市中考 2 题）下列说法正确的是（　　）

A. 分子是化学变化中的最小粒子
B. 不同元素的本质区别是电子数不同
C. 原子核由电子和质子构成
D. 墙内开花墙外香，说明分子在不断运动

答案　D

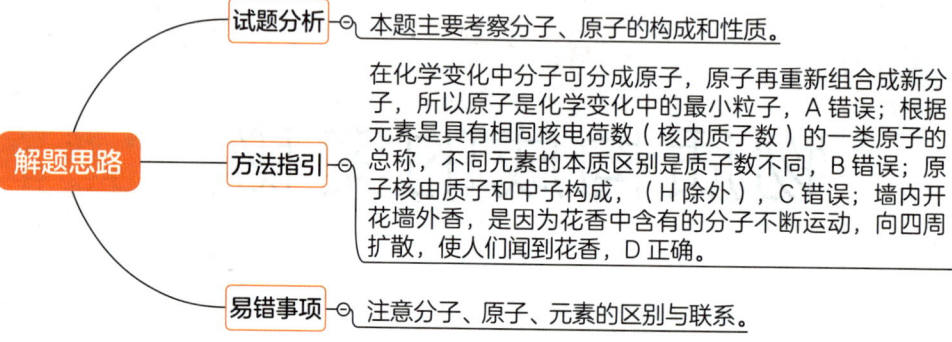

解题思路
- 试题分析：本题主要考察分子、原子的构成和性质。
- 方法指引：在化学变化中分子可分成原子，原子再重新组合成新分子，所以原子是化学变化中的最小粒子，A 错误；根据元素是具有相同核电荷数（核内质子数）的一类原子的总称，不同元素的本质区别是质子数不同，B 错误；原子核由质子和中子构成，（H 除外），C 错误；墙内开花墙外香，是因为花香中含有的分子不断运动，向四周扩散，使人们闻到花香，D 正确。
- 易错事项：注意分子、原子、元素的区别与联系。

例题

【例2】（2017 山东省聊城中考 3 题）李涛同学撰写的"心目中的原子"短文中，阐述了以下观点，你认为不正确的是（　　）

A. 原子可以转化为离子
B. 原子是最小的微观粒子
C. 有些物质是由原子构成的
D. 原子可以"搭建"成分子

答案　B

解析 A.原子通过得失电子可以转化为离子,故选项A说法正确。

B.原子是化学变化中最小的微观粒子,不在化学变化中,原子可以再分,故选项B说法错误。

C.物质是由分子、原子、离子构成的,有些物质是由原子构成的,故选项C说法正确。

D.分子是由原子构成的,故选项D说法正确。

答案 B。

二、分子的性质

1. 分子的质量和体积都很小。

2. 微观粒子(如分子)总是在不断运动着。实例:春暖花开,花香味扑鼻而来。

3. 分子之间有间隔。实例:气体可压缩储存于钢瓶中。

4. 同种物质的分子化学性质相同,不同种物质的分子化学性质不同。实例:固态氢和液态氢都具有可燃性。

例题

【例3】(2018山东省烟台中考6题)下列对分子、原子和离子的认识正确的是(　　)

A.分子和原子在化学变化中都能够再分

B.只有分子能保持物质的化学性质

C.原子的质量主要集中在原子核上

D.离子之间存在着相互作用,分子之间没有相互作用

C

解析 A.分子在化学变化中能够再分,原子在化学变化中不能再分,故选项A错误。

B.分子、原子、离子都能保持物质的化学性质,故选项B错误。

C. 原子的质量主要集中在原子核上，故选项 C 正确。

D. 离子、分子、原子之间都存在着相互作用，故选项 D 错误。

故选 C。

三、分子

1. 定义：分子是保持物质化学性质的最小粒子。

2. 用分子的观点解释物理变化与化学变化：由分子构成的物质，发生物理变化时，物质的分子本身没有发生改变，只是分子间的间隔发生改变，发生化学变化时，物质的分子发生了改变，变成了其他物质的分子。

例题

【例4】（2018江苏省扬州中考4题）下列物质由分子组成的是（ ）
  A. 铁　　　　B. 氯化钠　　　　C. 水　　　　D. 硝酸钾

答案

C

解析

A. 铁是金属单质，是由铁原子直接构成的，故选项 A 错误。

B. 氯化钠是由钠离子和氯离子构成的，故选项 B 错误。

C. 水是由水分子构成的，故选项 C 正确。

D. 硝酸钾是由钾离子和硝酸根离子构成的，故选项 D 错误。

故选 C。

例题

【例5】（2017山东省威海中考3题）在化学变化中，下列说法正确的是（ ）

①原子不能被创造也不能被消灭

②原子核不能被创造但能被消灭

③分子既可以被创造也可以被消灭

④电子不能被创造但能被消灭

A.②④   B.①④   C.①③   D.②③

C

解析

①在化学变化中原子既不能被创造也不能被消灭，只是分子分裂为原子，原子重新组成新的分子的过程，故①正确。

②在化学变化过程中原子核既不能被创造也不能被消灭，故②错误。

③在化学变化中分子被分裂为原子，原子重新组合成新分子，故③正确。

④在化学变化中，电子既不能被创造也不能被消灭，故④错误。

故选C。

四、原子

1. 定义：化学变化中的最小粒子。

2. 原子的性质

（1）原子的质量和体积都很小。

（2）原子处在不停地运动之中。

（3）原子间有一定的间隔。

（4）原子可以构成分子，也可以直接构成物质。

3. 原子与分子的关系

项目	原子	分子
相同	都是构成物质的一种微粒。	
区别	是化学变化中的最小粒子，在化学变化中不能再分。	是保持物质化学性质的最小粒子，在化学反应中可分成原子。
联系	分子由原子构成，分子比构成它的原子大。	

【例6】（2019山东省威海中考4题）下列对分子、原子、离子的认识正确的是（　　）

A. 同种分子排列方式不同，化学性质不同

B. 在干冰中，分子因相互作用而静止不动

C. 同种原子按不同方式结合，可以构成不同的物质

D. 原子得失电子形成离子后，原子核发生了变化

C

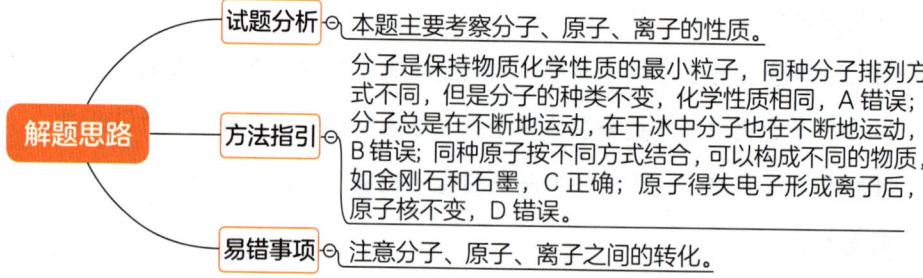

本节练习

1.（2017山东省临沂中考11题）核电荷数多于核外电子数的粒子一定是（　　）

A. 分子　　　B. 原子　　　C. 阴离子　　　D. 阳离子

D

解析

A. 分子是由原子构成的，原子不显电性，则分子不显电性，故选项A错误。

B. 原子不显电性，故选项B错误。

C. 阴离子中，核电荷数=质子数<核外电子数，故选项C错误。

D. 阳离子中，核电荷数＝质子数＞核外电子数，故选项 D 正确。

故选 D。

例题

2.（2017 江苏省泰州中考 4 题）科学家最近研发出用铝镓合金制备氧气的新工艺，镓原子的质子数为 31，相对原子质量为 70。则镓原子的核外电子数为（　　）

A．31　　　　　B．39　　　　　C．70　　　　　D．101

A

解析

因为在原子中：核电荷数＝质子数＝核外电子数，由题意镓原子的质子数为 31，则镓原子的核外电子数为 31。

故选 A。

例题

3.（2017 广西区来宾中考 7 题）下列各种粒子，带负电荷的是（　　）

A．电子　　　　B．中子　　　　C．质子　　　　D．原子核

A

解析

A．电子带负电荷，故选项 A 正确。

B．中子不带电荷，呈电中性，故选项 B 错误。

C．质子带正电荷，不带负电，故选项 C 错误。

D．原子核带正电，故选项 D 错误。

故选 A。

例题

4.（2017江苏省常州中考15题）道尔顿、汤姆生和卢瑟福等科学家对原子结构进行了不断探索。下列叙述正确的是（　　）

①原子由原子核和核外电子构成；②原子的质量主要集中在原子核上；③原子核在原子中所占的体积极小。

A. ①②　　　　B. ①③　　　　C. ②③　　　　D. ①②③

答案

D

解析

道尔顿、汤姆生和卢瑟福等科学家对原子结构进行了不断探索，得出以下结论：①原子由位于中心的原子核和周围的核外电子构成；②原子的质量主要集中在原子核上，电子的质量可以忽略不计；③原子核在原子中所占的体积极小。故选D。

例题

5.（2018浙江省温州中考6题）我国用新技术提纯了稀有金属铼（Re），为航空航天发动机核心部件的制造提供了重要原料。

（1）铼原子的相对原子质量为186，原子核内有75个质子，则其核外电子数为_____。

（2）高铼酸钠（$NaReO_4$）是铼的重要来源之一，高铼酸钠中铼元素的化合价为_____。

答案

（1）75；（2）+7。

解析

（1）根据质子数=核外电子数可知，其核外电子数为75。

（2）钠元素显+1价，氧元素显-2价，设铼元素的化合价是x，根据在化合物中正负化合价代数和为零，可得：（+1）+x+（-2）×4=0，则x=+7价。

例题

6.（2018 山东省威海中考 11 题）征服原子——揭开原子的神秘面纱

伟大的科学家费曼说："假如只允许把人类的科学史压缩成一句话，它就会是一切东西都是由原子构成"。人类在探索物质是由什么构成的历史长河中，充满了智慧。

（1）1803 年，近代化学之父，英国科学家道尔顿（Dalton J）在前人研究的基础上，提出"道尔顿原子论"：一切物质都由原子构成，原子很小、呈圆球状、不可再分……但由于受当时实验条件限制，道尔顿无法用事实证明自己的观点。

1811 年，意大利化学家阿伏伽德罗提出：有些物质也是由分子构成，原子的基本工作形式是分子。

1897 年，汤姆森通过实验发现了_____，进一步发展了原子、分子论。汤姆森主要是纠正了"道尔顿原子论"_____中的观点。

1911 年，卢瑟福又通过实验，推测原子是由_____构成，并提出了沿用至今的现代原子结构理论。

（2）道尔顿的原子论，不是事实的归纳，而是思维的产物，体现了直觉和想象在科学创造中的作用。在科学研究中，像汤姆森和卢瑟福这样，对实验现象进行解释的过程叫做____。

原子是一种看不见、摸不着的微粒，为了帮助人们理解原子的结构，这三位科学家都运用了_____来表达他们的理论成果。

> （1）电子；原子不可再分；原子核和核外电子；（2）推理；模型。

解析

（1）汤姆森通过实验发现了电子。汤姆森主要是纠正了"道尔顿原子论"中原子不可再分的观点。卢瑟福通过实验，推测出原子是由原子核和核外电子构成的。（2）在科学研究中，像汤姆森和卢瑟福这样，对实验现象进行解释的过程叫做推理。原子是一种看不见、摸不着的微粒，为了帮助人们理解原子的结构，这三位科学家都运用了模型来表达他们的理论成果。

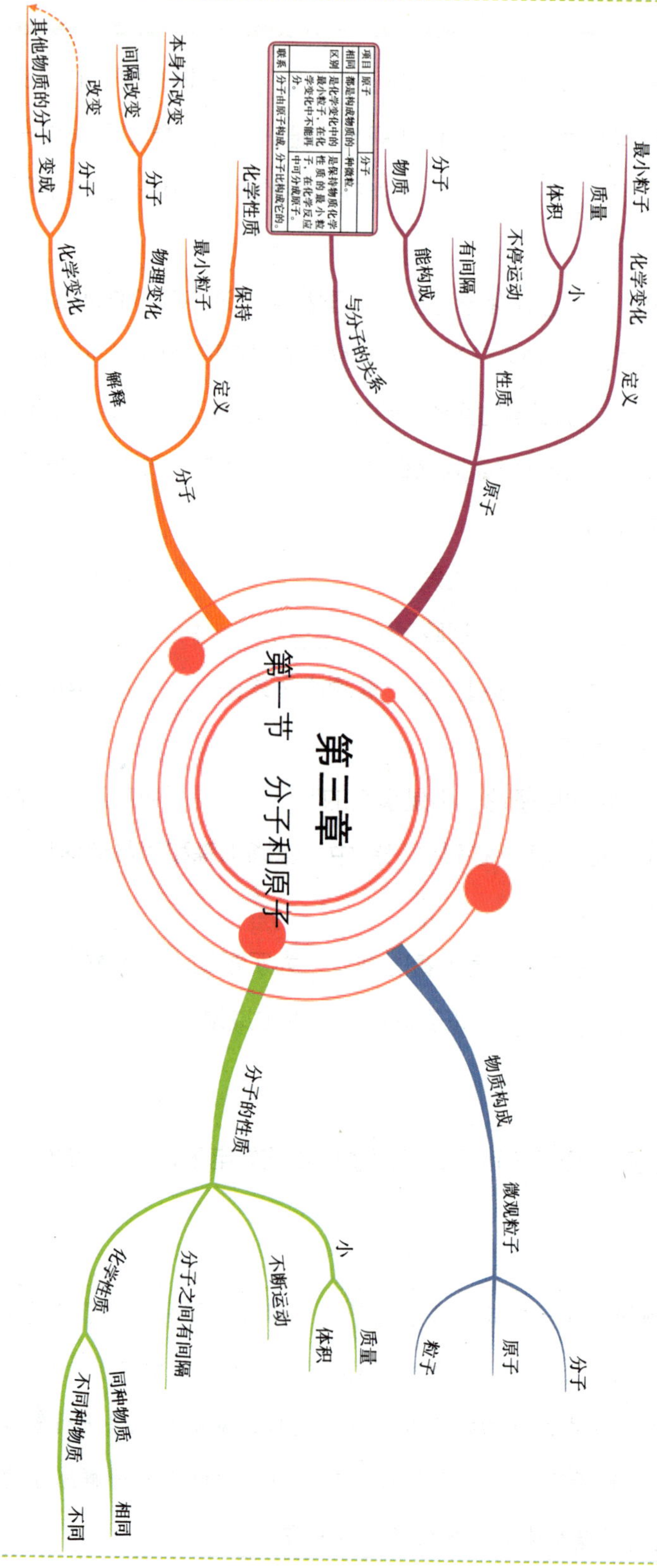

第三章 第一节 分子和原子

思维导图：

- **物质构成**：微观粒子 — 分子、原子、粒子
- **分子的性质**：
  - 小（质量、体积）
  - 不断运动
  - 分子之间有间隔
  - 化学性质（同种物质相同、不同种物质不同）
- **原子**：
  - 与分子的关系
  - 性质：
    - 分子：最小粒子（化学变化）、质量小、体积小、不停运动、有间隔、能构成物质
  - 化学性质（最小粒子、保持）
    - 定义
    - 解释：物理变化、化学变化
      - 本身不改变 → 分子
      - 间隔改变 → 分子
      - 改变 → 其他物质的分子变成

项目	分子	原子
相同	都是构成物质的一种微粒	
区别	是化学变化中的最小粒子，在化学变化中不能再分	是保持物质化学性质的最小粒子，在化学反应中不可再分
联系	分子由原子构成，分子在化学变化中可分成原子，而原子不可再分	

第一节　分子和原子

108

第二节 原子的结构

一、原子的构成

1. 原子不显电性

2. 核电荷数 = 核内质子数 = 核外电子数

3. 相对原子而言，原子核体积小，质量大

4. 区分原子种类的依据是原子的质子数

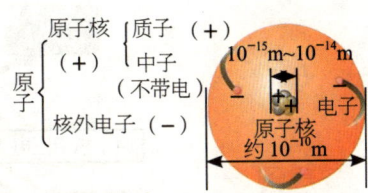

【例1】（2018 云南省中考 14 题）下列粒子结构示意图表示原子的是（　　）

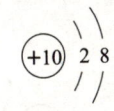 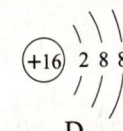

A　　　　B　　　　C　　　　D

答案 C

解析

A. 质子数 =12，核外电子数 =10，质子数 > 核外电子数，为阳离子，故选项 A 错误。

B. 质子数 =9，核外电子数 =10，质子数 < 核外电子数，为阴离子，故选项 B 错误。

C. 质子数 = 核外电子数 =10，为原子，故选项 C 正确。

D. 质子数 =16，核外电子数 =18，质子数 < 核外电子数，为阴离子，故选项 D 错误。

故选 C。

二、原子核外电子排布

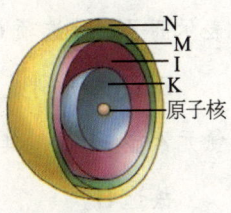

1. 分层排布：核外电子的分层运动

2. 电子层能量：离核越远，电子能量越高

3. 排布规律：尽量排布在能量较低的电子层（第一层最多排 2 个，第二层和最外层最多排 8 个）

三、原子结构示意图

构成： 由原子核及核内质子数、电子层及各层电子数等组成。

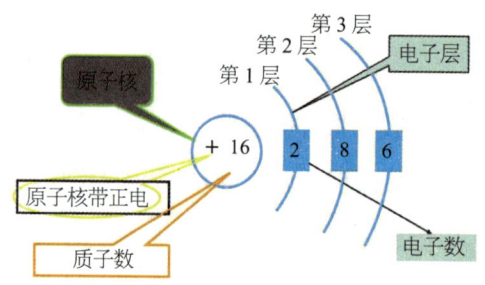

【例2】（2018 山东省泰安中考 16 题）如图是五种粒子的结构示意图，下列说法正确的是（　　）

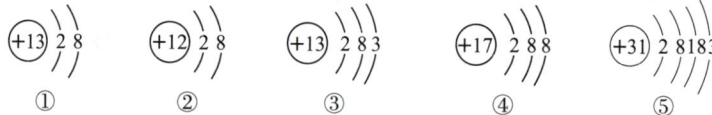

A. ①②属于同种元素　　　　　　B. ③⑤化学性质相似

C. ②③④均表示离子　　　　　　D. ②④形成的化合物是 $MgCl$

答案

B

解析

A. ①②的核内质子数不同，不属于同种元素，故选项 A 错误。

B. 决定元素化学性质的是最外层电子数，③⑤的最外层电子数相同，化学性质相似，故选项 B 正确。

C. ③质子数 = 核外电子数 =13，为原子，②④的质子数不等于核外电子数，表示离子，故选项 C 错误。

D. ②④分别是镁元素、氯元素，形成的化合物是氯化镁，镁元素显 +2 价，氯元素显 -1 价，其化学式为 $MgCl_2$，故选项 D 错误。

故选 B。

例题

【例3】（2018 河南省中考 8 题）硅是信息技术的关键材料。如图为硅的原子结构示意图，下列说法正确的是（　　）

A. 硅属于稀有气体元素

B. 图中 n 的值为 8

C. 硅的相对原子质量为 14

D. 硅元素位于第三周期

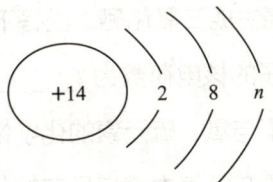

答案

D

解析

A. 硅不属于稀有气体元素，故选项 A 说法不正确。

B. 图中 n 的值为：14-2-8=4，故选项 B 说法不正确。

C. 硅的相对原子质量不是 14，故选项 C 说法不正确。

D. 硅元素的原子核外电子层数是 3，位于第三周期，故选项 D 说法正确。

故选 D。

例题

【例4】（2017 天津中考 17 题）化学是在分子、原子层次上研究物质的科学。

（1）构成物质的粒子有分子、原子和 _____ 。

（2）下图为三种元素的原子结构示意图。

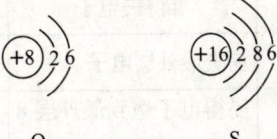

①氧原子在化学反应中容易 _____ 电子（填"得到"或"失去"）。

②二氧化硫和二氧化碳都能与氢氧化钠溶液反应生成盐和水。将二氧化硫气

体通入氢氧化钠溶液中生成亚硫酸钠（Na_2SO_3）和水，写出该反应的化学方程式 _____ 。

③硒元素能增强人体免疫力，延缓衰老，山药等食物中富含硒元素。硒（Se）在氧气中燃烧生成二氧化硒。回答下列问题：

A. 硒原子的核电荷数为 _____ 。

B. 硒元素与氧、硫元素的化学性质相似，原因是它们的原子 _____ 相同。

C. 写出硒在氧气中燃烧反应的化学方程式 _____ 。

答案

（1）离子；（2）①得到；② $2NaOH+SO_2 == Na_2SO_3+H_2O$；③ A. 34；B. 最外层电子数；C. $Se+O_2 == SeO_2$。

解析

（1）构成物质的粒子有分子、原子和离子。（2）①氧原子最外层电子数为6，在化学反应中容易得到2个电子，变成氧离子 O^{2-}；②二氧化硫气体 SO_2 类似于 CO_2，通入氢氧化钠溶液中生成亚硫酸钠和水，反应的化学方程式：$2NaOH+SO_2 == Na_2SO_3+H_2O$；③ A. 硒原子的核电荷数 = 质子数 = 34；B. 硒元素与氧、硫元素的化学性质相似，原因是它们的原子最外层电子数相同均为6，最外层电子数决定元素的化学性质；C. 硒在氧气中燃烧生成二氧化硒，反应的化学方程式：$Se+O_2 \xrightarrow{点燃} SeO_2$。

四、原子结构与化学性质的关系

原子的分类	最外层电子数	得失电子趋势	化学性质
稀有气体原子	=8（He=2）	难得失电子	稳定
金属原子	<4	易失最外层电子	不稳定
非金属原子	≥4	易得电子达到最外层8电子稳定结构	不稳定

结论：原子的化学性质取决于最外层电子数，原子最外层电子数为8（氦为2）的结构称为稳定结构。

五、离子

1. 定义：带电的原子或原子团。

2. 分类

阳离子：带正电荷的离子，如 Na^+、Mg^{2+}

阴离子：带负电荷的离子，如 Cl^-、O_2^-

3. 离子符号表示方法：在元素符号右上角标明离子所带电荷，数值在前，正负号在右。

4. 金属离子带正电荷，非金属离子带负电荷；离子所带的电荷 = 该元素的化合价。

例题

【例5】（2018 江苏省南京中考7题）下列粒子结构示意图中，表示阳离子的是（　　）

A. (+1) 2　　B. (+2) 2　　C. (+11) 2 8　　D. (+17) 2 8 8

答案

C

解析

A. 质子数 =1，核外电子数 =2，质子数 < 核外电子数，为阴离子，故选项 A 错误。

B. 质子数 = 核外电子数 =2，为原子，故选项 B 错误。

C. 质子数 =11，核外电子数 =10，质子数 > 核外电子数，为阳离子，故选项 C 正确。

D. 质子数 =17，核外电子数 =18，质子数 < 核外电子数，为阴离子，故选项 D 错误。

故选 C。

六、相对原子质量

1. 定义：以碳12原子质量作为标准，其他原子质量跟它相比较所得的比。

2. 公式：Ar= $\dfrac{\text{其他原子的质量}}{w（\text{碳}12\text{的质量} \times \dfrac{1}{12}）}$

3. 原子的质量主要集中在原子核上，相对原子质量≈质子数+中子数

例题

【例6】（2019江西省中考7题）考古学家通过测定碳14的含量等方法将人类生活在黄土高原的历史推前至距今212万年。碳14原子的核电荷数为6，相对原子质量为14，则该原子核外电子数为（　　）

A.6　　　　B.8　　　　C.14　　　　D.20

答案 A

解题思路
- 试题分析：本题考查核电荷数与核外电子数的关系。
- 方法指引：在原子中，核内质子数＝核电荷数＝核外电子数，因为碳14原子的核电荷数为6，所以核外电子数也为6。

例题

【例7】（2018重庆市中考A卷10题）碳12是指含6个中子的碳原子。下列对氧16和氧18两种氧原子的说法正确的是（　　）

A.质子数相同　　B.质量相同　　C.电子数不相同　　D.16和18表示原子个数

答案 A

解析
氧16和氧18两种氧原子属于同种元素，质子数相同，氧16和氧18两种氧原子的质子数相同，但中子数不同，质量不同；氧16和氧18两种氧原子的质子数相同，电子数相同；16和18表示原子中质子数和中子数之和。故选A。

本节练习

例题

1.（2018 山东省临沂中考 8 题）如图为某粒子结构示意图，下列说法错误的是（　　）

A. 该元素属于非金属元素
B. 该元素位于元素周期表第三横行
C. 该粒子核外电子数是 17
D. 在化学反应中，该元素原子易得电子形成 Cl^-

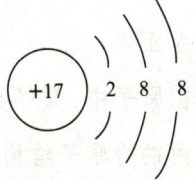

答案

C

解析

A. 该元素的核内质子数为 17，为氯元素，属于非金属元素，故选项 A 说法正确。

B. 该粒子是原子得到 1 个电子得到的，周期数 = 原子核外电子层数，该元素的原子核外有 3 个电子层，则在元素周期表中，该元素位于第 3 周期，故选项 B 说法正确。

C. 该粒子核外电子数是 2+8+8=18，故选项 C 说法错误。

D. 该粒子是原子得到 1 个电子得到的，其原子的最外层电子数为 7，在化学反应中易得到 1 个电子而形成带 1 个单位正电荷的阴离子，其离子符号为 Cl^-，故选项 D 说法正确。

故选 C。

例题

2.（2018 四川省雅安中考题）如图为钠的原子结构示意图。下列说法错误的是（　　）

A. 钠原子的质子数为 11　　B. n=8
C. 钠原子在反应中容易失电子　　D. 钠元素位于第二周期

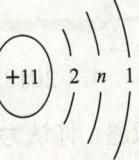

答案 D

解析

A.由钠的原子结构示意图,圆圈内的数字是11,该元素原子核内有11个质子,故选项A正确。

B.在原子中,质子数=核外电子数,图中 n 的值为11-2-1=8,故选项B正确。

C.由钠的原子结构示意图,最外层电子数是1,在化学反应中易失去1个电子而形成带1个单位正电荷的阳离子,故选项C正确。

D.由钠的原子结构示意图可知:原子核外有三个电子层,电子层数决定周期数,钠元素位于第三周期,故选项D错误。

故选 D。

例题

3.(2018湖南省邵阳中考17题)某原子得到两个电子后的结构示意图为 ,则 x 的值是( )

A.14　　　　　B.16　　　　　C.18　　　　　D.20

答案 B

解析

该图示是某原子得到两个电子后的状况,该元素的原子核外电子数为16,依据原子中质子数等于电子数,其核内质子数 x 为16。故选B。

例题

4.(2018湖南省衡阳中考8题)下列是几种粒子的结构示意图,有关它们的叙述,你认为正确的是( )

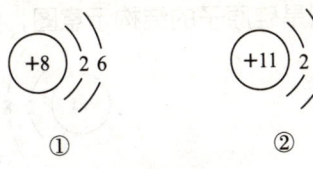  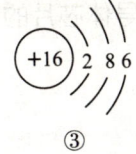 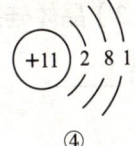

A．②表示的是阴离子　　　　　　　B．①②③④表示的是四种不同元素

C．③属于金属元素　　　　　　　　D．①③所表示的粒子化学性质相似

答案

D

解析

A．②质子数=11，核外电子数=10，质子数>核外电子数，为阳离子，故选项A错误。

B．①②③④的核内质子数分别为：8、11、16、11，②④属于同种元素，①②③④表示的是三种不同元素，故选项B错误。

C．由③粒子的结构示意图可知，核内的质子数是16，属于硫元素，元素的名称带有"石"字旁，属于非金属元素，故选项C错误。

D．①③的最外层电子数均为6，化学性质相似，故选项D正确。

故选D。

例题

5．（2018 湖北省荆州中考15题）图中A、B、C、D是四种粒子的结构示意图，请回答下列问题：

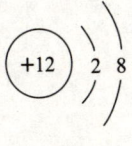 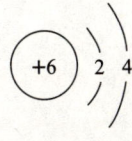 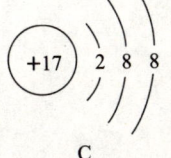 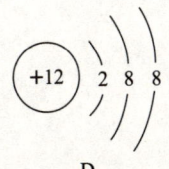

　　A　　　　　　　B　　　　　　　C　　　　　　　D

（1）图中A、B、C、D粒子共表示_____种元素。

（2）A、B、C、D中的阳离子与阴离子所形成的化合物的化学式为_____。

（3）晶体硅是制造半导体芯片的原料，如图是硅原子的结构示意图，图中 x 的值是 ___。

（4）硅元素的化学性质与 A、B、C、D 中 ___（填字母序号）对应的元素的化学性质相似。

答案

（1）三；（2）$MgCl_2$；（3）14；（4）B。

解析

（1）决定元素种类的是质子数（核电荷数），不同种元素最本质的区别是质子数不同，图中 A、B、C、D 粒子的核内质子数分别是 12、6、17、12，共表示三种元素。

（2）A、B、C、D 中的阳离子与阴离子分别是 A 和 C，表示的分别是镁离子和氯离子，所形成的化合物为氯化镁，其化学式为：$MgCl_2$。

（3）当质子数 = 核外电子数，为原子，则 x=2+8+4=14。

（4）决定元素化学性质的是最外层电子数，原子的最外层电子数相同，具有相似的化学性质；硅元素原子的最外层电子数为 4，则与其化学性质相似的粒子结构示意图中最外层电子数也应为 4，故 B 符合要求。

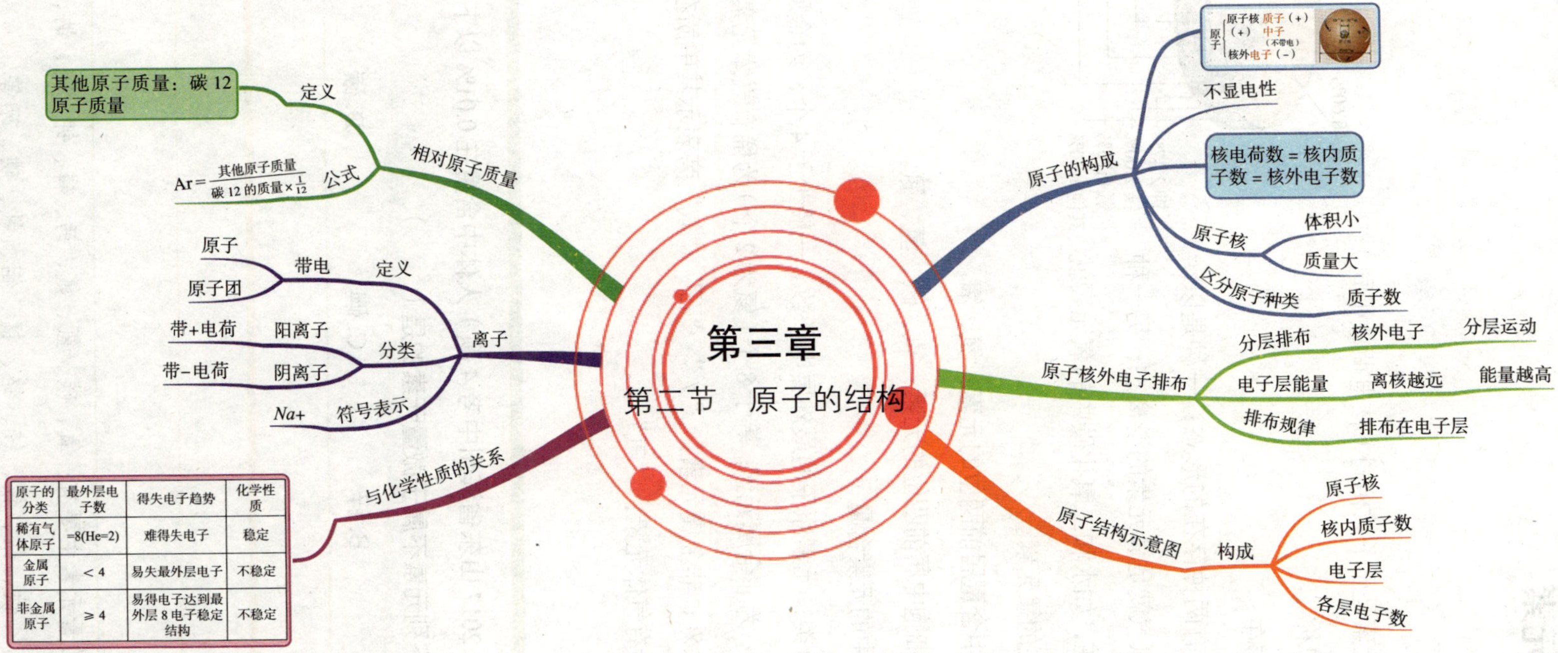

第三章 物质构成的奥秘

第二节 原子的结构

思维导图（第三章 第二节 原子的结构）：

- **原子的构成**
  - 原子核（+）、中子（不带电）、核外电子（-）
  - 不显电性
  - 核电荷数 = 核内质子数 = 核外电子数
  - 原子核：体积小、质量大
  - 区分原子种类

- **原子核外电子排布**
  - 分层排布
  - 电子层能量：离核越远，能量越高
  - 排布规律：排布在电子层

- **原子结构示意图**
  - 构成：原子核、核内质子数、电子层、各层电子数

- **相对原子质量**
  - 定义
  - 公式：$Ar = \dfrac{其他原子质量}{碳12的质量 \times \frac{1}{12}}$
  - 基准：碳12

- **离子**
  - 定义：带电的原子或原子团
  - 分类：阳离子（带+电荷）、阴离子（带-电荷）
  - 符号表示：Na^+
  - 与化学性质的关系

原子的分类	最外层电子数	得失电子趋势	化学性质
稀有气体原子	=8(He=2)	难得失电子	稳定
金属原子	<4	易失最外层电子	不稳定
非金属原子	≥4	易得电子达到最外层8电子稳定结构	不稳定

119

第三节 元素

一、元素

1. 定义：元素是质子数相同（核电荷数相同）的一类原子的总称。

2. 元素的存在

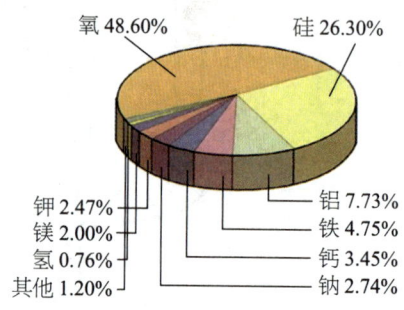

（1）元素有两种存在的形态：一种是以游离态存在，如氧气就是氧元素的游离态；另一种是以化合态存在，如水和二氧化碳中的氧元素就是以化合态存在的氧元素。

（2）空气中含量居前两位的元素：氮、氧。

（3）生物细胞中居前四位的元素：氧、碳、氢、氮。

（4）地壳中的元素含量

3. 元素的分类：元素原子的最外层电子数。一般少于4个，为金属元素；一般多于或等于4个，为非金属元素；等于8个（氦为2个）为稀有气体元素。金属元素："钅"旁，汞除外；非金属元素："氵""石""气"旁表示其单质在通常状态下存在的状态；稀有气体元素："气"。

例题

【例1】（2017山东省滨州中考4题）人体中含量在0.01%以下的元素，称为微量元素，下列元素不属于微量元素的是（　　）

A. 铁　　　　　B. 锌　　　　　C. 碘　　　　　D. 碳

D

解析

人体中的常量元素主要有：氧、碳、氢、氮、钙、磷、钾、硫、钠、氯、镁等；微量元素主要有：铁、钴、铜、锌、铬、锰、钼、氟、碘、硒等。

A. 铁元素属于微量元素。

B. 锌元素属于微量元素。

C. 碘元素属于微量元素。

D. 碳元素属于常量元素，不是微量元素。

故选D。

【例2】（2018湖南省岳阳中考2题）地壳中含量最多的元素是（　　）

A. Si　　　　B. Al　　　　C. O　　　　D. Fe

C

解析

地壳中元素含量由高到低依次为氧、硅、铝、铁、钙等，因此含量最多的元素是氧元素。

故选C。

【例3】（2018重庆市中考A卷10题）碳12是指含6个中子的碳原子。下列对氧16和氧18两种氧原子的说法正确的是（　　）

A. 质子数相同　　B. 质量相同　　C. 电子数不相同　　D. 16和18表示原子个数

A

解析

氧16和氧18两种氧原子属于同种元素，质子数相同；氧16和氧18两种氧原子的质子数相同，但中子数不同，质量不同；氧16和氧18两种氧原子的质子数相同，电子数相同；16和18表示原子中质子数和中子数之和。故选A。

例题

【例4】（2018 甘肃省中考6题）元素观、微粒观是化学的重要观念。下列有关元素和微粒的说法不正确的是（　　）

　　A. 分子、原子和离子都是组成物质的粒子

　　B. 同种元素的原子核内质子数与中子数一定相等

　　C. 元素的原子序数与该元素原子核电荷数在数值上相同

　　D. 在物质发生化学变化时，原子的种类不变，元素的种类也不会改变

答案 B

解析

　　分子、原子和离子都是组成物质的粒子；质子数决定元素的种类，即同种元素的质子数一定相等，中子数不一定相等；元素周期表是按照原子序数依次增多的顺序排列起来的，原子序数即原子核电荷数＝质子数＝核外电子数；在物质发生化学变化时，原子的种类不变，元素的种类也不会改变。故选B。

例题

【例5】（2016 山东省临沂中考12题）与元素的化学性质关系最密切的是（　　）

　　A. 原子的最外层电子数　　　　B. 元素的相对原子质量

　　C. 元素的核电荷数　　　　　　D. 原子的核外电子数

答案 A

解题思路
- **试题分析**：本题考查原子的结构与元素性质的关系。
- **方法指引**：元素性质与原子核外电子的排布，特别是最外层上的电子数目有密切关系，决定元素化学性质的是最外层电子数。
- **易错事项**：注意：与元素化学性质关系最密切的是最外层电子数。

例题

【例6】(2018 山东省临沂中考5题)市场上有"葡萄糖酸锌""高钙牛奶""绿色碘盐"等商品,这里的"锌、钙、碘"指的是(　　)

A. 元素　　　B. 分子　　　C. 单质　　　D. 原子

A

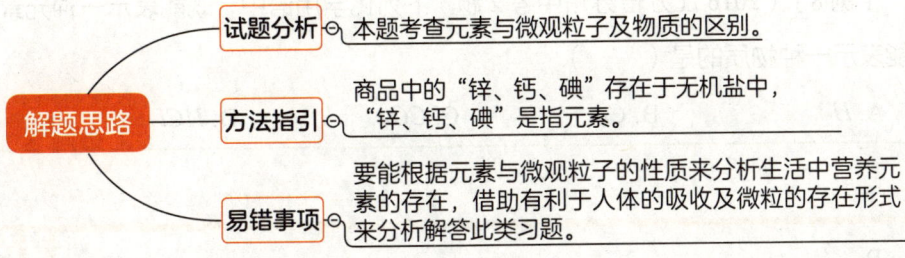

二、元素符号

1. 表示方法:用元素的拉丁文名称的第一个大写字母来表示元素。

2. 书写方法:由一个字母表示的元素符号要大写,如:H、O、S、C、P 等。

由两个字母表示的元素符号,第一个字母要大写,第二个字母要小写("一大二小"),如:Ca、Na、Mg、Zn 等。

3. 元素符号的含义:(1)表示一种元素;(2)表示这种元素的一个原子。

例题

【例7】(2017 江苏省苏州中考2题)下列元素名称与元素符号书写都正确的是(　　)

A. 锌 Zn　　　B. 硅 SI　　　C. 氯 cl　　　D. 贡 Hg

A

解析

A. 锌元素的元素符号为 Zn，故选项 A 元素符号书写正确。

B. 硅元素的元素符号为 Si，故选项 B 元素符号书写错误。

C. 氯元素的元素符号为 Cl，故选项 C 元素符号书写错误。

D. Hg 的元素名称应为汞，故选项 D 元素名称书写错误。

故选 A。

例题

【例8】（2016江苏省苏州中考2题）下列化学用语中，既能表示一种元素，又能表示一种物质的是（　　）

A. H_2　　　　B. Cu　　　　C. CO_2　　　　D. HCl

答案

B

解题思路

- 试题分析：元素符号能表示一种元素，还能表示该元素的一个原子；化学式能表示一种物质，当元素符号又是化学式时，就同时具备了多层意义。
- 方法指引：Cu 属于金属元素，可表示铜元素，还能表示铜这一纯净物，B 正确。H_2 是氢气的化学式，不是元素符号，A 错误；CO_2 是二氧化碳的化学式，不是元素符号，C 错误；HCl 是氯化氢的化学式，不是元素符号，D 错误。

三、元素周期表

1. 元素周期表的结构

（1）周期表每一横行叫做一个周期，共有7个周期。

（2）周期表每一个纵行叫做一族，共有16个族（8、9、10三个纵行共同组成一个族）。

2. 元素周期表的意义

（1）是学习和研究化学知识的重要工具。

（2）为寻找新元素提供了理论依据。

（3）由于在元素周期表中位置越靠近的元素，性质越相似，可以启发人们在元素周期表的一定区域寻找新物质（如农药、催化剂、半导体材料等）。

例题

【例9】（2017江苏省连云港中考6题）如图是元素周期表的一部分。下列说法正确的是（ ）

5 B 硼 10.81	6 碳 12.01
13 Al 铝 26.98	

A. 硼为金属元素　　　　　　B. 碳的原子序数是 12.01

C. 铝是地壳中含量最高的元素　　D. 三种原子中质量最大的是铝

答案

D

解析

A. 根据元素周期表中的一格中获取的信息，该元素的名称是硼，属于非金属元素，故选项 A 错误。

B. 根据元素周期表中的一格中获取的信息，碳的原子序数是6，相对原子质量是12.01，故选项 B 错误。

C. 氧是地壳中含量最高的元素，铝是地壳中含量最高的金属元素，故选项 C 错误。

D. 三种原子中铝的相对原子质量最大，则铝原子的质量最大，故选项 D 正确。

例题

【例10】（2018云南省中考11题）钛享有"未来的金属"的美称，它是火箭、导弹和航天飞机不可缺少的材料。下列说法错误的是（ ）

A. 钛原子的核内质子数为 22　　B. 钛属于金属元素

C. 钛元素的元素符号是 *Ti*　　D. 钛的相对原子质量是 47.87 g

答案

D

解析

A. 钛原子的核内质子数为 22，故选项 A 正确。

B. 钛属于金属元素，故选项 B 正确。

C. 钛元素的元素符号是 Ti，故选项 C 正确。

D. 钛的相对原子质量是 47.87，故选项 D 不正确。

故选 D。

例题

【例 11】（2018 山东省聊城中考 6 题）如图所示，甲是溴（Br）的原子结构示意图，乙摘自元素周期表。下列说法正确的是（　　）

A. 甲元素属于金属元素

B. 甲、乙两种元素形成化合物的化学式是 NaBr

C. 乙原子的核内中子数为 11

D. 甲原子核外共有 5 个电子层

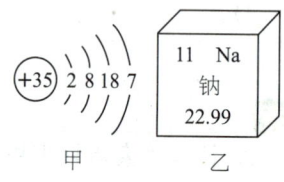

答案

B

解析

A. 根据元素周期表中的一格可知，中间的汉字表示元素名称，甲元素的名称是溴，带"氵"字旁，属于非金属元素，故选项 A 错误。

B. 甲是溴（Br），溴的原子最外层电子数为 7，在化学反应中易得到 1 个电子形成稳定结构，通常显 −1 价，乙元素是钠元素，原子最外层电子数为 1，在化学反应中易失去 1 个电子形成稳定结构，通常显 +1 价，甲、乙两种元素形成化合物的化学式是 NaBr，故选项 B 正确。

C. 根据元素周期表中的一格可知，乙的原子序数为 11，根据原子序数 = 质子数，乙原子的核内质子数为 11，不是中子数为 11，故选项 C 错误。

D. 根据原子结构示意图可知，甲原子核外共有 4 个电子层，故选项 D 错误。

故选 B。

例题

【例12】（2018 山东省青岛中考14题）根据图中提供的信息判断，下列说法正确的是（　　）

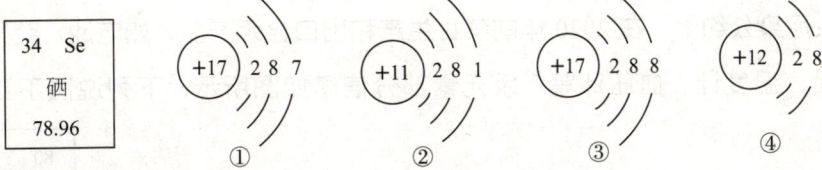

A. ③④属于同种元素

B. ②表示的元素在形成化合物时化合价为 +1 价

C. ①③的化学性质相似

D. 硒元素的相对原子质量为 78.96 g

答案

B

解析

A. 质子数决定元素的种类，③④核内质子数不相同，不属于同种元素，故选项 A 错误。

B. 化合价的数值等于离子所带电荷的数值，且符号一致；题干②图是钠原子失去 1 个电子得到的，带 1 个单位的正电荷，钠元素在形成化合物时的化合价为 +1，故选项 B 正确。

C. 最外层电子数决定元素的化学性质，①③的最外层电子数不同，化学性质不相似，故选项 C 错误。

D. 根据元素周期表中的一格可知，汉字下面的数字表示相对原子质量，该元素的相对原子质量为 78.96，故选项 D 错误。

故选 B。

本节练习

1.（2018 山东省泰安中考 13 题）全球近 140 个国家将根据签署的《国际防治汞污染公约》，在 2020 年前禁止生产和出口含汞产品，如电池、荧光灯、化妆品、温度计、血压计等。汞元素部分信息如图所示，下列说法不正确的是（　　）

A. 汞为非金属元素　　　　B. 汞原子的核外电子数是 80
C. 汞原子的质子数为 80　　D. 汞的相对原子质量为 200.6

80	Hg
	汞
	200.6

答案　A

解析

A. 汞属于金属元素，故 A 错误。

B 和 C，根据元素周期表中的一格可知，左上角的数字 80 为该元素的原子序数，原子序数 = 核外电子数 = 质子数，故 B 和 C 正确。

根据元素周期表中的一格可知，汉字下面的数字表示相对原子质量，元素原子的相对原子质量为 200.6，故 D 正确。

故选 A。

2.（2018 河南省中考 5 题）下列各组元素中，元素符号的第一个字母不相同的一组是（　　）

A. 锰、钛　　　B. 氯、金　　　C. 铅、铂　　　D. 氦、汞

答案　A

解析

A. 锰：Mn，钛：Ti，第一个字母不相同，故 A 正确。

B. 氩：Ar，金：Au，第一个字母相同，故 B 错误。

C. 铅：Pb，铂：Pt，第一个字母相同，故 C 错误。

D. 氦：He，汞：Hg，第一个字母相同，故 D 错误。

故选 A。

例题

3.（2017 广西区玉林中考 5 题）不同元素最本质的区别是（　　）

A. 质子数不同　　　　　　B. 核外电子数不同

C. 中子数不同　　　　　　D. 相对原子质量不同

A

解析

不同种元素最本质的区别是质子数不同。故选 A。

例题

4.（2017 广西区桂林中考 6 题）下列属于非金属元素的是（　　）

A. 钠　　　　B. 镁　　　　C. 铜　　　　D. 硅

D

解析

A. 钠是"钅"字旁，属于金属元素，故选项 A 错误。

B. 镁是"钅"字旁，属于金属元素，故选项 B 错误。

C. 铜是"钅"字旁，属于金属元素，故选项 C 错误。

D. 硅是"石"字旁，属于固态非金属元素，故选项 D 正确。

故选 D。

例题

5.（2017 湖南省株洲中考 9 题）下列元素中，摄入不足或摄入过量均会引起人体甲状腺肿大的是（　　）

　　A. I　　　　B. Fe　　　　C. Ca　　　　D. Zn

答案

A

解析

　　A. 碘是合成甲状腺激素的主要元素，缺少或过量均会患甲状腺肿大，故选项 A 正确。

　　B. 铁是合成血红蛋白的主要元素，缺乏会患贫血，故选项 B 错误。

　　C. 儿童缺钙会引起软骨病，老年人会骨质疏松，故选项 C 错误。

　　D. 儿童缺锌会引起食欲不振、发育不良，故选项 D 错误。

故选 A。

例题

6.（2018 天津市中考 3 题）人体内含量最高的金属元素是（　　）

　　A. 铁　　　　B. 锌　　　　C. 钾　　　　D. 钙

答案

D

解析

　　人体内金属元素含量：钙＞钠＞镁＞铁＞钴＞铜＞锌等。故选 D。

例题

7.（2017 重庆市中考 A 卷 11 题）地壳中，含量最多的金属元素与含量最多的非金属元素组成的化合物属于（　　）

　　A. 酸　　　　B. 碱　　　　C. 盐　　　　D. 氧化物

答案

D

解析

地壳中含量最多的金属元素是 Al，含量最多的非金属元素是 O，所以它们组成的化合物是 Al_2O_3，氧化铝是由铝元素和氧元素组成的化合物，属于氧化物。

故选 D。

例题

8.（2018 湖北省襄阳中考 6 题）同素异形体是指由同种元素组成的不同单质。下列和氧气互为同素异形体的是（　　）

　　A. 臭氧　　　　B. 液氧　　　　C. 石墨　　　　D. 二氧化碳

答案

A

解析

由同种元素形成的不同种单质互为同素异形体，互为同素异形体的物质要符合以下两个条件：同种元素形成，不同单质。

A. 氧气与臭氧均是氧元素形成的不同单质，互为同素异形体，故选项 A 正确。

B. 氧气与液氧是同一种物质的不同状态，液氧和氧气不是互为同素异形体，故选项 B 错误。

C. 氧气与石墨不是由同一种元素组成的，石墨与氧气不是互为同素异形体，故选项 C 错误。

D. 氧气是单质，二氧化碳是化合物，二氧化碳与氧气不是互为同素异形体，故选项 D 错误。

故选 A。

例题

9.（2018 山东省枣庄中考 1 题）科学发展，薪火相传。在前人研究的基础上，发现元素周期律并编制出第一张元素周期表的科学家是（　　）

A．诺贝尔

B．门捷列夫

C．拉瓦锡

D．徐寿

答案 B

解析 门捷列夫在化学上的主要贡献是发现了元素周期律，并编制出元素周期表。故选 B。

例题

10.（2018 四川省达州中考 10 题）图甲是铝元素在元素周期表中的相关信息，图乙是几种微粒的结构示意图，仔细分析答题：

图甲

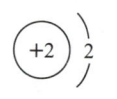
A
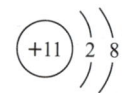
B
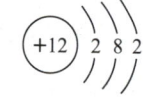
C
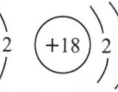
D

图乙

（1）图甲中，铝元素的信息有一处错误，请加以改正　　　　　　；

（2）铝原子的相对原子质量　　　　　　；

（3）图乙中，属于稳定结构的原子是　　　　（填序号，下同）；

（4）图乙中，与铝不属于同一周期元素的是　　　　。

答案 （1）Al；（2）26.98；（3）AD；（4）A。

解析

（1）根据图甲中元素周期表可知：铝元素的元素符号错误，应为：Al。

（2）根据元素周期表中的一格可知，汉字下面的数字表示相对原子质量，元素的相对原子质量为26.98。

（3）图乙粒子中，A中质子数＝核外电子数，为氦原子，D中质子数＝核外电子数，且为原子，最外层电子数为8，属于稳定结构。

（4）电子层数决定周期数，图乙中，与铝不属于同一周期元素的是A。

例题

11.（2018 四川省乐山中考43题）元素周期表是学习和研究化学的重要工具。下面是元素周期表的部分信息：

1 H 氢							2 He 氦
3 Li 锂	4 Be 铍	5 B 硼	6 C 碳	7 N 氮	8 O 氧	9 F 氟	10 Ne 氖
11 Na 钠	12 Mg 镁	13 Al 铝	14 Si 硅	15 P 磷	16 S 硫	X Cl 氯	18 Ar 氩
19 K 钾	20 Ca 钙	……					

认真分析信息，回答：

（1）地壳中含量最多的元素的原子序数是_____；

（2）分析上表规律，可推知，表中X＝_____；

（3）⊕+20 2 8 8 表示的是（写粒子符号）_____；

（4）写出一个由1、7、8、16号四种元素组成的化合物的化学式_____。

答案

（1）8；（2）17；（3）Ca^{2+}；（4）$(NH_4)_2SO_4$。

解析

（1）地壳中含量最多的元素为氧元素，由元素周期表可知，氧元素的原子序数是8。

（2）分析上表规律，可推知 $16<X<18$，故可知 $X=17$。

（3）由可 +20 2 8 8 可知，其核内质子数为20，则可推测元素符号为 Ca；由原子的最外层电子数为2，可知其失去2个电子，故可知其带2个正电荷，根据离子的书写方法，故可书写离子符号 Ca^{2+}。

（4）由元素周期表可知，1、7、8、16号四种元素的元素符号分别为 H、N、O、S；则可推测该化合物为铵根和硫酸根组成，利用化合价数值交叉法书写化学式，故其化学式为 $(NH_4)_2SO_4$。

例题

12.（2018湖南省娄底中考40题）元素周期表是学习化学的重要工具。如图是元素周期表中的一部分，请回答下列问题：

第一周期	1 H							2 He
第二周期	3 Li	4 Be	5 B	6 C	①	8 O	9 F	10 Ne
第三周期	11 Na	12 Mg	13 Al	14 Si	15 P	16 S	17 Cl	18 An

（1）表中，①所示元素的名称是_____，相对分子质量最小的氧化物的化学式_____。

（2）X^{2-} 与 Ar 的核外电子排布相同，则 X 的元素符号是_____，它处在元素周期表中第_____周期。

（3）元素周期表中同族和同周期元素具有一定的相似性和变化规律，同族元素化学性质相似的原因是_____相同。

答案（1）氮元素；H_2O；（2）S；三；（3）最外层电子数。

解析

（1）表中，①所示元素的名称是氮元素，相对分子质量最小的氧化物是 H_2O。

故填：氮元素；H_2O。

（2）X^{2-} 与 Ar 的核外电子排布相同，说明 X 元素核外电子数是16，则 X 元素是硫元素，元素符号是S，硫元素核外电子层数是3，处在元素周期表中第三周期。

故填：S；三。

（3）元素周期表中同族和同周期元素具有一定的相似性和变化规律，同族元素化学性质相似的原因是最外层电子数相同。

故填：最外层电子数。

例题

13.（2018 广西北部湾经济开发区中考23题）元素周期表是学习和研究化学的重要工具。请分析图中的信息并回答下列问题。

（1）原子序数为3的元素属于_____（填"金属"或"非金属"）元素，位于第3周期第ⅥA族的元素是_____（填元素符号）。

（2）氮元素和磷元素的化学性质相似，是因为氮原子和磷原子的_____相同。

（3）在化学反应中，原子序数为17的元素的原子容易_____（填"得到"或"失去"）电子。

（4）由原子序数为1、8、12三种元素组成的碱的化学式是_____。

（1）金属；S；（2）最外层电子数；（3）得到；（4）$Mg(OH)_2$。

解析

（1）原子序数为3的元素是锂元素，属于金属元素；位于第3周期第ⅠA族的元素是硫元素，元素符号为S。故答案为：金属；S。

（2）元素的化学性质由最外层电子数决定，化学性质相似，则最外层电子数一样。故答案为：最外层电子数。

（3）原子序数为17的元素为氯元素，原子结构示意图为：，最外层电子数为7，大于4，容易得到电子。故答案为：得到。

（4）原子序数为1、8、12三种元素分别为H、O、Mg，组成的碱为$Mg(OH)_2$。故答案为：$Mg(OH)_2$。

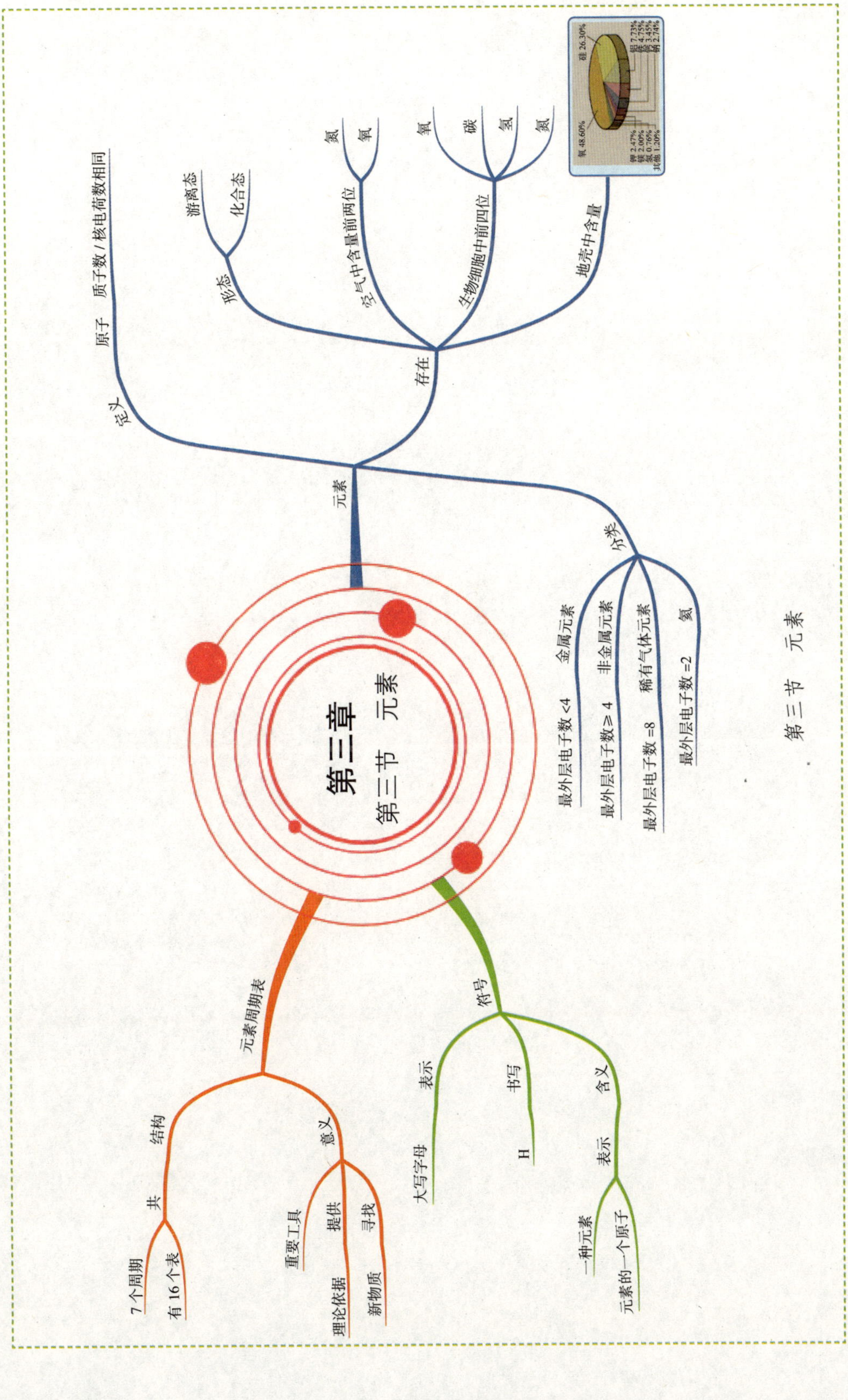

第三章 第三节 元素

- 元素
  - 定义：原子 质子数/核电荷数相同
  - 存在
    - 形态
      - 游离态
      - 化合态
    - 空气中含量前两位
      - 氮
      - 氧
    - 生物细胞中前四位
      - 氧
      - 碳
      - 氢
      - 氮
    - 地壳中含量
  - 分类
    - 金属元素：最外层电子数<4
    - 非金属元素：最外层电子数≥4
    - 稀有气体元素：最外层电子数=8 氦 最外层电子数=2
  - 元素周期表
    - 结构
      - 共
        - 7个周期
        - 有16个表
    - 意义
      - 重要工具
      - 提供理论依据
      - 寻找新物质
  - 符号
    - 书写
      - 大写字母 表示 H
    - 含义
      - 表示一种元素
      - 表示元素的一个原子

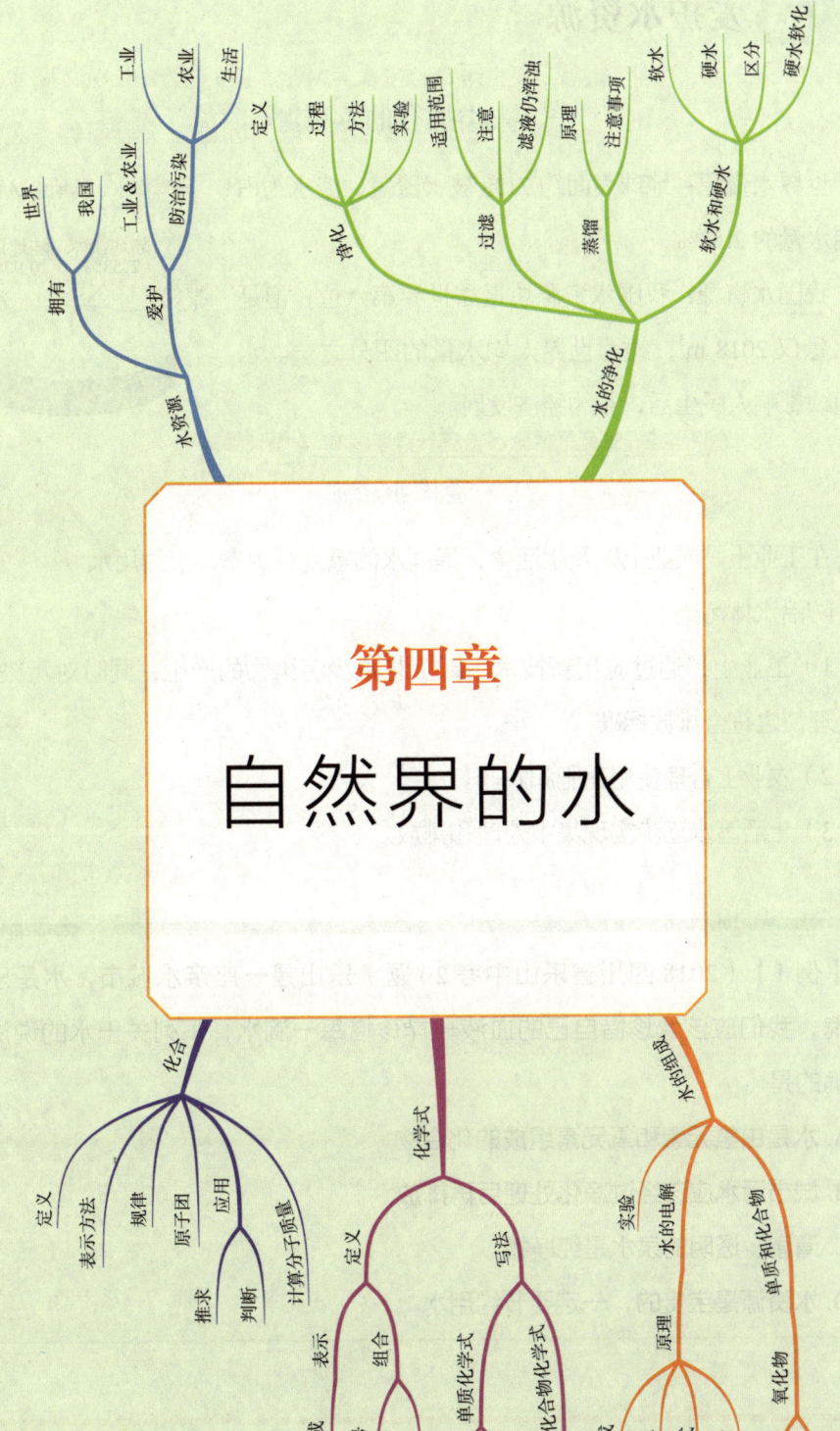

第四章

自然界的水

第一节 爱护水资源

一、人类拥有的水资源

1. 世界水资源：地球表面约71%被水覆盖，淡水约占全球储水量的2.53%。

2. 我国水资源：我国水资源总量居世界第六位，但是人均水量仅2018 m³，约为世界人均水量的四分之一。水资源短缺影响人民生活，制约经济发展。

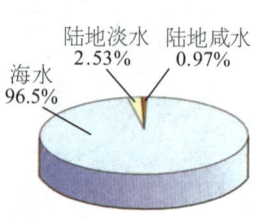

全球海水、陆地水储量比

二、爱护水资源

1. 在工业上、农业上以及生活中，提高水的重复利用率，节约用水。

2. 防治水体污染

（1）工业上，通过应用新技术、新工艺减少污染物的产生，同时对污染的水体做处理使之符合排放标准。

（2）农业上合理使用化肥和农药。

（3）生活污水逐步实现集中处理和排放。

例题

【例1】（2018 四川省乐山中考20题）乐山是一座亲水城市，水是乐山的灵魂，我们应该像珍惜自己的血液一样珍惜每一滴水；下列关于水的说法中不正确的是（　　）

　　A. 水是由氢元素和氧元素组成的化合物

　　B. 城市污水应该经过净化处理后再排放

　　C. 清澈、透明的泉水是纯净物

　　D. 水资源是宝贵的，一定要节约用水

答案 C

解析

A. 水通电可以分解出氢气和氧气，说明水是由氢、氧两种元素组成的化合物，故 A 正确。

B. 城市污水中含有很多工业和生活污水，如果不经净化处理就排放，会产生污染，所以要经过净化后才可以排放，故 B 正确。

C. 只含一种物质则为纯净物，含两种或两种以上的物质，则为混合物。泉水虽然外观清澈透明，但其中含有多种矿物质，并非纯净物，故 C 不正确。

D. 水是人及一切生物生存所必需的，我们很多地方处于水资源短缺的状态，所以要从自身做起节约用水，保护水资源，故 D 正确。

故选 C。

【例2】（2018 天津市中考17题）生活离不开水，我们可以从组成、结构、性质等角度认识水。

（1）组成：右图所示电解水的实验中，试管 a、b 中产生气体的体积比约为 _____，该实验证明水是由 _____ 组成的。

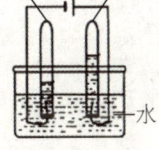

（2）结构：每个水分子是由 _____ 构成的。

（3）性质：水能与许多物质发生化学反应，写出水与氧化钙反应的化学方程式 _____。

（1）2:1；（2）氢元素和氧元素，两个氢原子和一个氧原子；

（3）$CaO + H_2O == Ca(OH)_2$。

解析

（1）电解水时，正氧负氢，氢二氧一，试管 a、b 中产生的气体分别是氢气、氧气，它们的体积比约为 2:1，该实验证明水是由氢元素和氧元素组成的。

（2）每个水分子是由两个氢原子和一个氧原子构成的。

（3）水与氧化钙反应生成氢氧化钙，反应方程式：$CaO + H_2O == Ca(OH)_2$。

第一节　爱护水资源

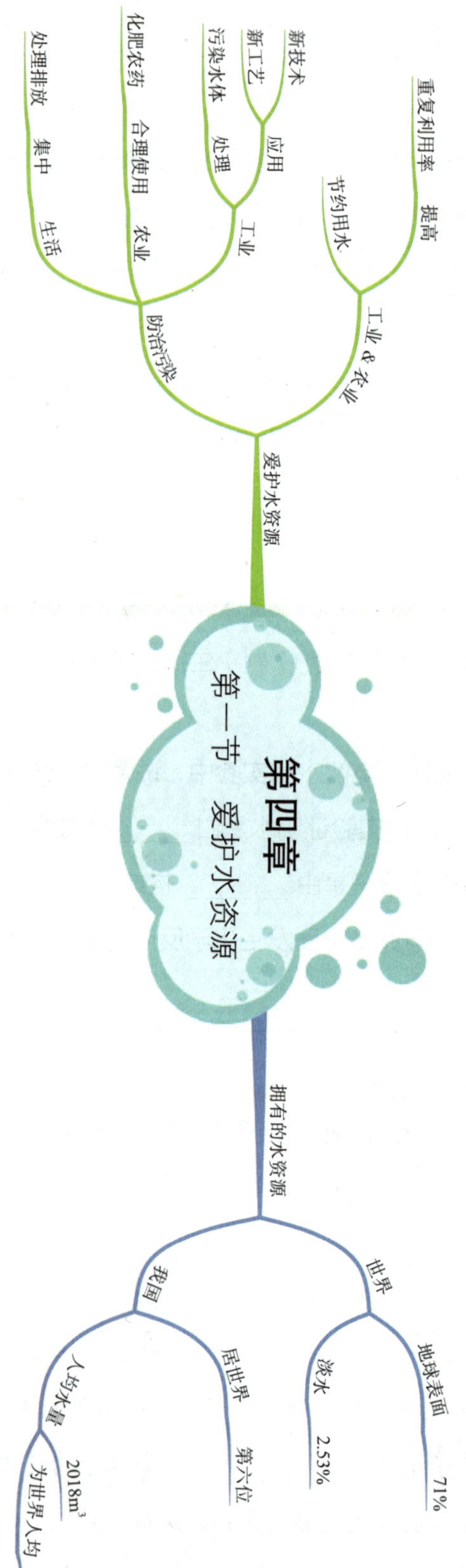
第四章
第一节　爱护水资源
爱护水资源
工业 & 农业
提高
重复利用率
节约用水
防治污染
工业
应用
新技术
新工艺
处理
污染水体
农业
合理使用
化肥农药
生活
集中
处理排放
拥有的水资源
世界
地球表面
71%
淡水
2.53%
我国
居世界
第六位
人均水量
2018m³
为世界人均 1/4

第二节 水的净化

一、水的净化

1.定义：水净化是指从原水中除去污染物的净化过程，其目的是以特定的程序达到把水净化的效果，并用水作不同的用途。

2.自来水厂净水过程

取→加→沉→滤→吸→投

3.常用的净水方法：沉淀、过滤、吸附、蒸馏

4.明矾净水实验

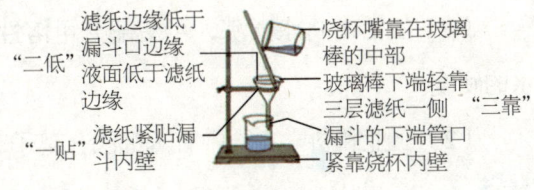

现象：（1）未加入明矾的烧杯中出现不溶物，且水仍然浑浊。（2）加入明矾的烧杯中出现不溶物，水变澄清。

结论：明矾有净水作用。

二、过滤

1.适用范围：不溶性固体和液体或两种颗粒大小不同的固体的分离。

2.操作注意事项：如右图。

3.滤液仍然浑浊的原因：滤纸破损；液面超过滤纸边缘；漏斗或烧杯不干净等。

三、蒸馏

1.原理：利用液体混合物中各组分挥发度的差别，使液体混合物部分汽化并随之使蒸气部分冷凝，从而实现其所含组分的分离。将液体加热至沸腾，使液体变为蒸气，然后使蒸气冷却再凝结为液体，这两个过程的联合操作称为蒸馏。很明显，蒸馏可将易挥发和不易挥发的物质分离开来，也可将沸点不同的液体混合物分离开来。

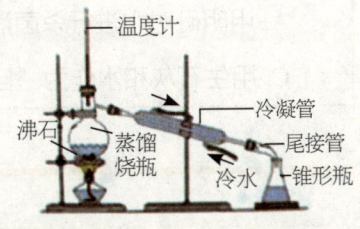

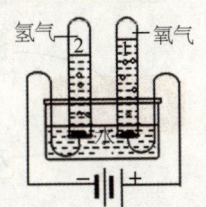

2.注意事项：

（1）在蒸馏烧瓶中放少量碎瓷片，防止液体暴沸。

（2）温度计水银球的位置应与支管口下端位于同一水平线上。

（3）蒸馏烧瓶中所盛放液体不能超过其容积的$\frac{2}{3}$，也不能少于$\frac{1}{3}$。

（4）冷凝管中冷却水从下口进，上口出。

（5）加热温度不能超过混合物中沸点最高物质的沸点。

四、软水和硬水

1. 定义：软水是指不含或含较少可溶性钙、镁化合物的水。自然水中，雨水和雪水属软水；常见的有蒸馏水。硬水是指含有较多可溶性钙、镁化合物的水。

2. 区分方法

（1）取一杯热水，倒入肥皂水，轻轻搅拌。水面上出现泡沫的为软水，水面上出现浮渣的为硬水，浮渣越多，水的硬度越大。

（2）用烧杯加热，在杯壁留下较多水垢的是硬水。因为硬水是含有较多的可溶性钙，镁物质的水，加热后，这些可溶性的钙镁物质转化成不可溶性的物质，沉淀杂质多的是硬水，杂质越多，水的硬度越大。

3. 硬水的软化

（1）生活中将水煮沸，可使部分可溶性钙、镁化合物变成沉淀物析出，降低水的硬度。

（2）工业和科学实验中有蒸馏法、离子交换法等。

例题

【例1】（2019广东省广州中考7题）下列物质的使用能够达到目的的是（　　）

A. 用明矾对水进行杀菌消毒　　B. 用碱液清洗水垢

C. 用生石灰和水作为"自热米饭"的热源　　D. 用活性炭将硬水软化

答案 C

解题思路

试题分析：本题主要考查硬水软化的原理和方法。

方法指引：明矾在自来水净水中的作用是吸附杂质、使杂质沉降，起不到杀菌消毒的作用；食醋呈酸性，能与水垢的主要成分碳酸钙反应，生活中常用来清洗水垢，而不是用碱液；生石灰和水反应放热，可以作热源；活性炭具有吸附性，可以除去水中的色素和异味，但是不能除去水中可溶性的钙镁化合物，不能将硬水软化。

【例2】（2019新疆中考7题）下列有关水的说法正确的是（　　）

A. 液态水变成水蒸气时，水分子变大

B. 过滤和加热均能使硬水转化为软水

C. 蒸馏或用活性炭吸附均可使海水转化为淡水

D. 电解水生成氢气和氧气的体积比为2∶1

答案

D

解题思路

试题分析：本题考查水的性质、组成、净化以及硬水的软化。

试题分析：水变成水蒸气是水分子之间的间隔增大，水分子本身并没有改变，A错误。硬水中溶解了较多的可溶性钙、镁化合物，而过滤只能除去水中的不溶性杂质，不能除去水中的可溶性杂质，因而，过滤不能把硬水转化为软水，B错误。活性炭具有吸附性，能吸附水中的色素和异味，而不能除去海水中的氯化钠等可溶性物质，C错误。电解水时，负极生成的氢气的体积与正极生成的氧气的体积比约为2∶1，D正确。

试题分析：牢记水的重要知识点可直接对该类题目做出判断。

本节练习

1.（2017广西区桂林中考7题）区分硬水与软水可用（　　）

A. 蔗糖水　　　B. 肥皂水　　　C. 食盐水　　　D. 食醋

答案

B

解析

鉴别硬水和软水使用的是肥皂水，硬水与肥皂水混合有浮渣产生，而软水与肥皂水混合有泡沫产生。

故选B。

例题

2.（2018 广东省广州中考 5 题）下列有关水的说法不正确的是（　　）

A. 水质浑浊时可加入明矾使悬浮杂质沉降除去

B. 水的硬度较大时可用过滤的方法降低水的硬度

C. 水中有异味时可加入活性炭除味

D. 可用蒸馏的方法将自来水进一步净化

答案 B

解析

A. 水质浑浊可以用明矾来沉降悬浮杂质，故选项 A 符合题意。

B. 过滤只能除去不溶杂质，不能除去可溶性杂质，故不能降低水的硬度，故选项 B 不符合题意。

C. 活性炭可除色素和异味，故可以除水中异味，故选项 C 不符合题意。

D. 蒸馏可以降低水的硬度，故可以进一步净水，故选项 D 不符合题意。

故选 B。

例题

3.（2017 重庆市 A 卷 7 题）在进行过滤操作时，下列仪器不会使用到的是（　　）

A. 　　B. 　　C. 　　D.

答案 A

第四章 自然界的水

解析 过滤需要的仪器有：烧杯、玻璃棒、铁架台、漏斗，不需要加热，所以不需要酒精灯。故选 A。

例题

4.（2018吉林省中考3题）生活中可以使硬水软化成软水的常用方法是（ ）

A. 沉降　　　B. 消毒　　　C. 煮沸　　　D. 过滤

C

解析 生活中通过加热煮沸的方法把硬水软化成软水。故选 C。

例题

5.（2018江苏省南京中考5题）下列做法有利于保护水资源的是（ ）

A. 生活污水直接排放　　　B. 生活中节约用水

C. 大量开采使用地下水　　　D. 大量使用化肥和农药

B

解析

A. 生活污水直接排放，会造成水体污染，不利于保护水资源，故选项 A 错误。

B. 生活中节约用水，有利于保护水资源，故选项 B 正确。

C. 大量开采使用地下水，不利于保护水资源，故选项 C 错误。

D. 大量使用化肥和农药，不利于保护水资源，故选项 D 错误。

故选 B。

147

例题

6.（2017 山东省莱芜中考 16 题）河水净化的主要步骤如图所示，有关说法错误的是（　　）

A. 步骤Ⅰ可除去难溶性杂质　　B. 试剂 X 可以是活性炭

C. 步骤Ⅲ属于物理变化　　D. 净化后的水仍是混合物

答案 C

解析

A. 步骤Ⅰ可除去难溶性杂质，故选项 A 正确。

B. 木炭具有吸附性，X 可以是木炭，故选项 B 正确。

C. 液氯具有杀菌性，可以用于消毒，有新物质生成，属于化学变化，故选项 C 错误。

D. 净化后的水含有可溶性杂质，属于混合物，故选项 D 正确。

故选 C。

例题

7.（2018 广东省深圳中考 5 题）下列实验均与水有关，其相应描述正确的是（　　）

 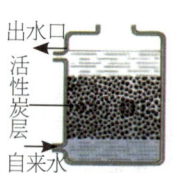 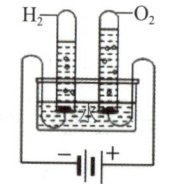 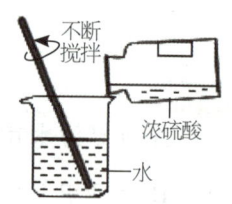

A. 属于化学变化　　B. 净化后可得纯水　　C. 证明水的组成　　D. 吸收大量热

答案 C

第四章 自然界的水

解析
　　A. 试管中的水由液体变成气体的水蒸气，再由水蒸气变成液体的水，这是物理变化，故 A 错误。
　　B. 过滤只除去不溶性杂质，活性炭的吸附只除去有颜色和气味的可溶性物质，但水的其他可溶性杂质没有除去，故 B 错误。
　　C. 通过电解水得到氧气和氢气，可以证明水的组成，故 C 正确。
　　D. 稀释浓硫酸过程中，水是作为溶剂使用的，故 D 错误。
　　故选 C。

例题

8.（2017 辽宁省辽阳中考 3 题）自来水厂对天然水进行净化的过程中，通常不采用的方法是（　　）
　　A. 蒸馏　　　　B. 沉淀　　　　C. 过滤　　　　D. 消毒

答案
A

解析
　　自来水厂生产自来水时，使用的净水方法有沉淀、过滤、吸附、消毒等，一般用不到蒸馏。
　　故选 A。

例题

9.（2018 山东省滨州中考 6 题）水是生命之源，是人类生产生活中不可缺少的物质。下列有关水的说法正确的是（　　）
　　A. 水的天然循环主要是通过化学变化完成的
　　B. 活性炭可以吸附黄泥水中的泥沙
　　C. 通过过滤操作可以把硝酸钾从它的水溶液中分离出来
　　D. 天然水的人工净化过程中，通过蒸馏操作得到的水是纯净物

答案 D

解析

A. 水的天然循环主要是通过物理变化完成的，故 A 错误。

B. 活性炭可以吸附黄泥水中的色素和异味等，不能吸附泥沙，故 B 错误。

C. 硝酸钾是易溶于水的，过滤不可以把硝酸钾从它的水溶液中分离出来，故 C 错误。

D. 天然水的人工净化过程中，蒸馏得到的水是纯水，是纯净物，故 D 正确。故选 D。

例题

10.（2017 山东省枣庄中考 10 题）上善若水，水育万物，水与我们的生活息息相关。

（1）海水中含量排第六位的钾元素约有 600 万亿吨，可以从中求提取氯化钾作为肥料，如果农作物缺少钾元素，会出现 _____（填序号）。

A. 叶色不浓绿　　B. 茎秆不粗壮　　C. 根系不发达

（2）2017 年 3 月 22 日是第二十五届"世界水日"，宣传主题是"Wastewater"（废水），天然水的循环是重要的水体自净方式，其能量来自 _____，属于 _____（填"物理"或"化学"）变化。

（3）自来水是通过水厂生成出来符合相应标准的供人们生活、生产使用的水，其生产过程中加入液氯的作用为 _____。

答案（1）B；（2）太阳；物理；（3）杀菌消毒。

解析

（1）钾肥的作用：保证各种代谢过程的顺利进行、促进植物生长、增强抗病虫害和抗倒伏能力等功能，缺少钾肥，会使茎秆不粗壮。

（2）水的天然循环是在太阳能的作用下进行的，水的三态变化属于物理变化。

（3）自来水厂中加入液氯杀菌消毒。

例题

11．（2018 山东省聊城中考19题）人类的日常生活和工农业生产离不开水。请回答：

（1）某地下水中含有较多可溶性钙、镁矿物质，该水属于____（填"软水"或"硬水"）。

（2）自然界中的水一般要净化后才能使用，在沉降、过滤、吸附蒸馏等净水方法中，单一操作相对净化程度最高的是____。

（3）从海水中提炼出来的重水（化学式为 D_2O）中重氢原子（D）的相对原子质量是2，则重水中氧元素的质量分数为____。

（4）下列关于水的说法中，不正确的是____

A. 水是由氢气和氧气组成

B. 洗菜、洗衣后的水用来冲洗厕所

C. 水通电分解时，水分子的能量没有发生变化

D. 合理施用农药、化肥，以减少水体污染

答案

（1）硬水；（2）蒸馏；（3）80%；（4）A、C。

解析

（1）含有较多可溶性钙、镁化合物的水通常称为硬水。某地下水中含有较多可溶性钙、镁矿物质，该水属于硬水。

（2）通过蒸馏除去了水中所有的杂质，所得到的水为纯净物，净化程度最高。

（3）重水中氧元素的质量分数 $\dfrac{16}{2\times 2+16}\times 100\%=80\%$。

（4）A. 水是由氢元素和氧元素组成，故A错误；B.洗菜、洗衣后的水用来冲洗厕所，可节约用水，故B正确；C.水通电分解时、水分子的能量发生变化，故C错误；D.合理施用农药、化肥，以减少水体污染，故D正确。故选A、C。

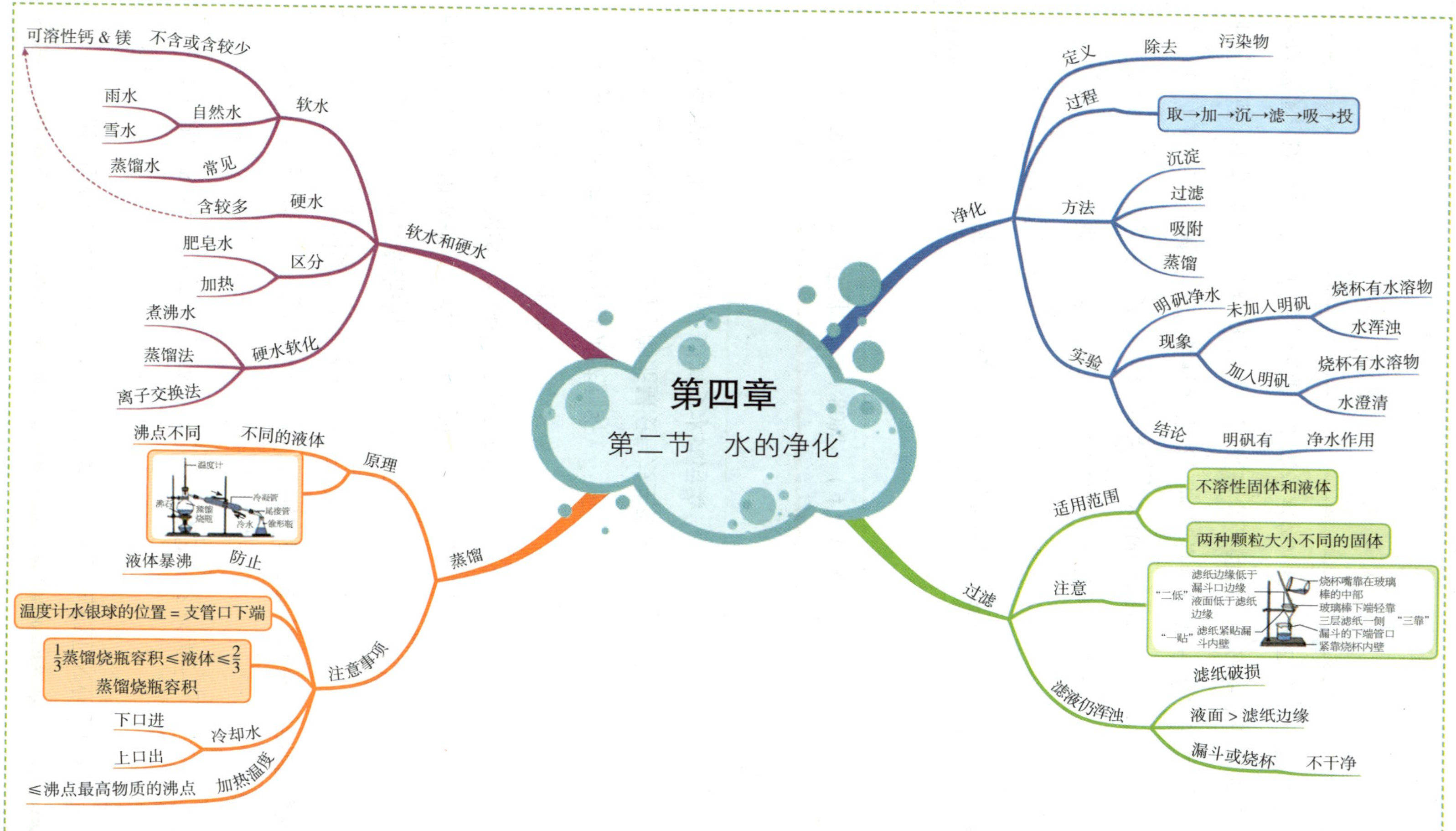
第四章
第二节 水的净化
软水和硬水
软水
不含或含较少
可溶性钙 & 镁
自然水
雨水
雪水
常见
蒸馏水
硬水
含较多
区分
肥皂水
加热
硬水软化
煮沸水
蒸馏法
离子交换法
蒸馏
原理
不同的液体
沸点不同
温度计
冷凝管
沸石
蒸馏烧瓶
尾接管
冷水
锥形瓶
注意事项
防止
液体暴沸
温度计水银球的位置 = 支管口下端
$\frac{1}{3}$蒸馏烧瓶容积≤液体≤$\frac{2}{3}$蒸馏烧瓶容积
冷却水
下口进
上口出
加热温度
≤沸点最高物质的沸点
净化
定义
除去
污染物
过程
取→加→沉→滤→吸→投
方法
沉淀
过滤
吸附
蒸馏
实验
明矾净水
现象
未加入明矾
烧杯有水溶物
水浑浊
加入明矾
烧杯有水溶物
水澄清
结论
明矾有
净水作用
过滤
适用范围
不溶性固体和液体
两种颗粒大小不同的固体
注意
"二低" 滤纸边缘低于漏斗口边缘
液面低于滤纸边缘
"一贴" 滤纸紧贴漏斗内壁
"三靠" 烧杯嘴靠在玻璃棒的中部
玻璃棒下端轻靠三层滤纸一侧
漏斗的下端管口紧靠烧杯内壁
滤液仍浑浊
滤纸破损
液面 > 滤纸边缘
漏斗或烧杯
不干净

第二节 水的净化

第三节 水的组成

一、从氢气燃烧探究水的组成

1. 氢气的物理性质：无色无味的气体，难溶于水，密度比空气小，是相同条件下密度最小的气体。

2. 氢气的验纯：收集一试管的氢气，用拇指堵住试管口，瓶口向下移进酒精灯火焰，松开拇指点火，若发出尖锐的爆鸣声表明氢气不纯，需再收集，再检验；声音很小则表示氢气较纯。

3. 氢气的化学性质

（1）混有一定量空气或氧气的氢气遇明火会发生爆炸。

（2）纯净的氢气在空气中燃烧。

现象	烧杯内壁上有水珠生成，烧杯变热；纯净的氢气在空气中燃烧发出淡蓝色火焰。
反应式	$H_2 + O_2 \xrightarrow{点燃} H_2O$
结论	氢气在空气中能燃烧，生成水，放出热量；水中含有氢元素和氧元素。

二、从水的电解探究水的组成

1. 原理：水在直流电的作用下，能分解成氢气和氧气。

2. 现象：通电一段时间后，看到两个电极上都有气泡产生。与正极相连的玻璃管内收集的气体体积小，与负极相连的气体体积大，前者与后者的体积比约为 1∶2。

3. 反应式：$H_2O \xrightarrow{通电} H_2 + O_2$

4. 结论

（1）水在通电条件下发生分解反应，生成氢气和氧气。

（2）负极上产生氧气，正极上产生氢气，两者体积比为 2∶1。

三、单质和化合物

1. 单质和化合物

	单质	化合物
概念	由同种元素组成的纯净物	由不同种元素组成的纯净物
组成	由同种元素组成	由不同种元素组成
联系	都是纯净物，都有固定的组成。某些不同种单质通过化合反应生成化合物，某些化合物在一定条件下分解成纯净物。	

2. 氧化物

（1）定义：由两种元素组成的化合物中，其中一种元素是氧元素的化合物。

（2）分类：按组成分为金属氧化物和非金属氧化物；按性质分为酸性氧化物和碱性氧化物。

本节练习

例题

1.（2018 山东省滨州中考 9 题）电解水的过程可用下列图示表示，粒子运动变化的先后顺序是（　　）

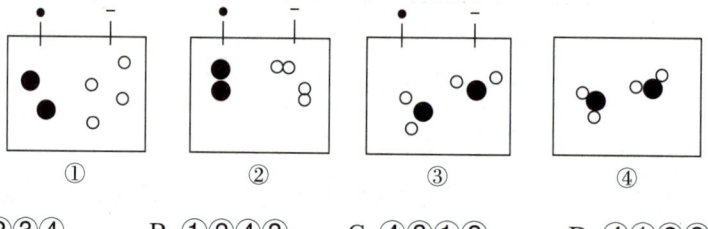

A. ①②③④ B. ①②④③ C. ④③①② D. ④①②③

答案

C

解析

由化学反应的实质可知，微粒运动变化的先后顺序是：水分子分解成氢原子和氧原子，氢原子和氢原子结合成氢分子，氧原子和氧原子结合成氧分子。顺序是：④③①②。

故选 C。

> **例题**
>
> 2.（2018 山东省德州中考 5 题）下图是水电解实验示意图，下列有关说法正确的是（ ）
>
> A. 正极连接的玻璃管内产生氢气
> B. 产生两种气体质量比为 2∶1
> C. 水是由氢分子和氧分子组成
> D. 在化学变化中原子重新组合

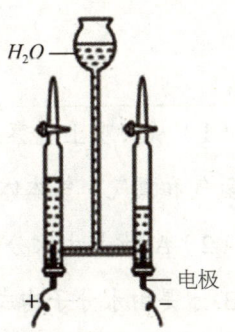

> **答案**
>
> D

> **解析**
>
> 与电源正极相连的玻璃管内产生的是氧气；与直流电源的正极和负极相连管内产生气体的质量比为 8∶1，体积比为 1∶2；水通电分解是化学变化，水通电后生成氢气和氧气，说明水是由氢元素和氧元素组成的；在化学变化中，构成物质的分子分裂成原子，原子重新组合成新的分子。故选 D。

> **例题**
>
> 3.（2018 四川省巴中中考 49 题）在宏观、微观和符号之间建立联系是化学特有的思维方式。根据电解水的实验，回答下列问题：
>
> （1）从宏观上观察：图示 a、b 管中产生气体的体积比约为 _____。
>
> （2）从微观上分析：下列说法错误的是 _____（填字母）
>
> A. 水是由水分子构成的
> B. 水是由氢原子和氧原子构成的
> C. 每个水分子是由 2 个氢原子和 1 个氧原子构成的

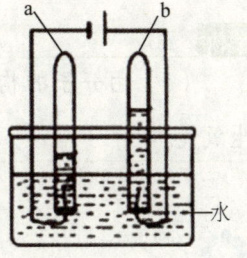

（1）2∶1；（2）B。

解析

（1）从宏观上观察：图示a、b管中产生的气体分别是电源的负极、正极产生的氢气和氧气，气体体积比约为2∶1。

（2）A. 水是由水分子构成的，故A正确。

B. 水是由水分子构成的，水分子是由氢原子和氧原子构成的，故B错误。

C. 每个水分子是由2个氢原子和1个氧原子构成的，故C正确。

例题

4.（2017吉林省中考14题）下图是电解水的微观示意图，请回答下列问题：

（1）该反应前后共有_____种分子；

（2）电解水时_____极产生氧气。

（1）3；（2）正。

解析

（1）由分子的构成可知，该反应前后共有3种分子；（2）电解水时正极产生氧气。

例题

5.（2017湖南省襄阳中考11题）水与人类的生活息息相关。

（1）保持水的化学性质的最小粒子是_____（用化学符号表示）。

（2）如图是"电解水实验"示意图，图中试管乙中的气体是＿＿＿＿。

（3）生活中，人们常用肥皂水检验水样品是硬水还是软水。肥皂水遇＿＿＿＿（填"硬水"或"软水"）泡沫少、易起浮渣。

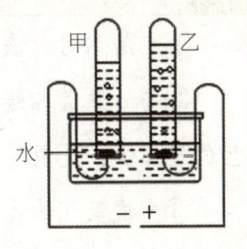

答案

（1）H_2O；（2）O_2；（3）硬水。

解析

（1）保持水的化学性质的最小粒子是水分子。

（2）电解水实验时：正氧负氢，氢二氧一，即电解水时，乙与电源正极相连的试管内产生的气体体积少，是氧气。

（3）生活中，人们常用肥皂水检验水样品是硬水还是软水。肥皂水遇硬水泡沫少、易起浮渣，肥皂水遇软水泡沫较多。

例题

6.（2017 广西区来宾中考26题）如图是水的电解实验装置图，请回答下列问题：

①该反应是将电能转化＿＿＿＿能。

②检验b管内气体的方法是＿＿＿＿＿＿＿＿＿＿＿＿＿＿＿＿
＿＿＿＿＿＿。

③若a管收集到 8 mL 气体，则在相同条件下b管应收集到的气体是＿＿＿mL。

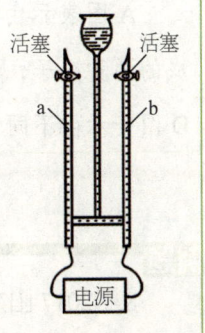

答案

①化学；②用带火星的木条检验，木条复燃，证明是氧气；③4。

解析

①电解水时，该反应是将电能转化为化学能。

②与 a 试管相连的试管中产生的气体多，是氢气；与 b 电极相连的试管中产生的气体少，是氧气，可以用带火星的木条检验，木条复燃，证明是氧气。

③生成氢气的体积是氧气体积的 2 倍，若收集到 a 气体 8 mL，则在相同条件下 b 管应收集到的气体是 4 mL。

例题

7.（2018 山东省德州市中考 7 题）下列各图中"○""●"分别表示不同元素的原子，则其中表示化合物的是（　　）

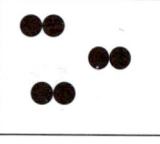　　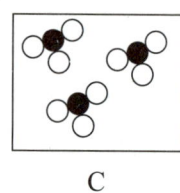　　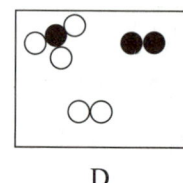

答案

C

解析

A 图表示由一种原子构成的一种分子，属于单质；B 图表示由不同种原子构成的两种分子，属于混合物；C 图表示由不同种原子构成的一种分子，属于化合物；D 图表示由不同种原子构成的三种分子，属于混合物。故选 C。

例题

8.（2017 山东省德州中考 3 题）分类是研究物质的常用方法。右图是纯净物、单质、化合物、氧化物之间关系的形象表示，若整个大圈表示纯净物，则下列物质属于 Z 范围的是（　　）

A. 红磷　　　　　　B. 干冰

C. 氯酸钾　　　　　D. 食盐水

答案 B

解析 由图中信息可知，X 属于单质；Y 属于化合物；Z 属于氧化物。

A. 红磷属于单质，故 A 错误。

B. 干冰是由碳元素和氧元素组成，属于氧化物，故 B 正确。

C. 氯酸钾由三种元素组成，属于化合物，故 C 错误。

D. 食盐水中含有氯化钠和水，属于混合物，故 D 错误。

故选 B。

例题 9.（2018 海南省中考 6 题）下列物质属于氧化物的是（　　）

A. $KMnO_4$ 　　B. KOH　　C. O_3　　D. CO

答案 D

解析 $KMnO_4$、KOH 属于含氧化物，不属于氧化物；O_3 属于单质；CO 属于氧化物。

故选 D。

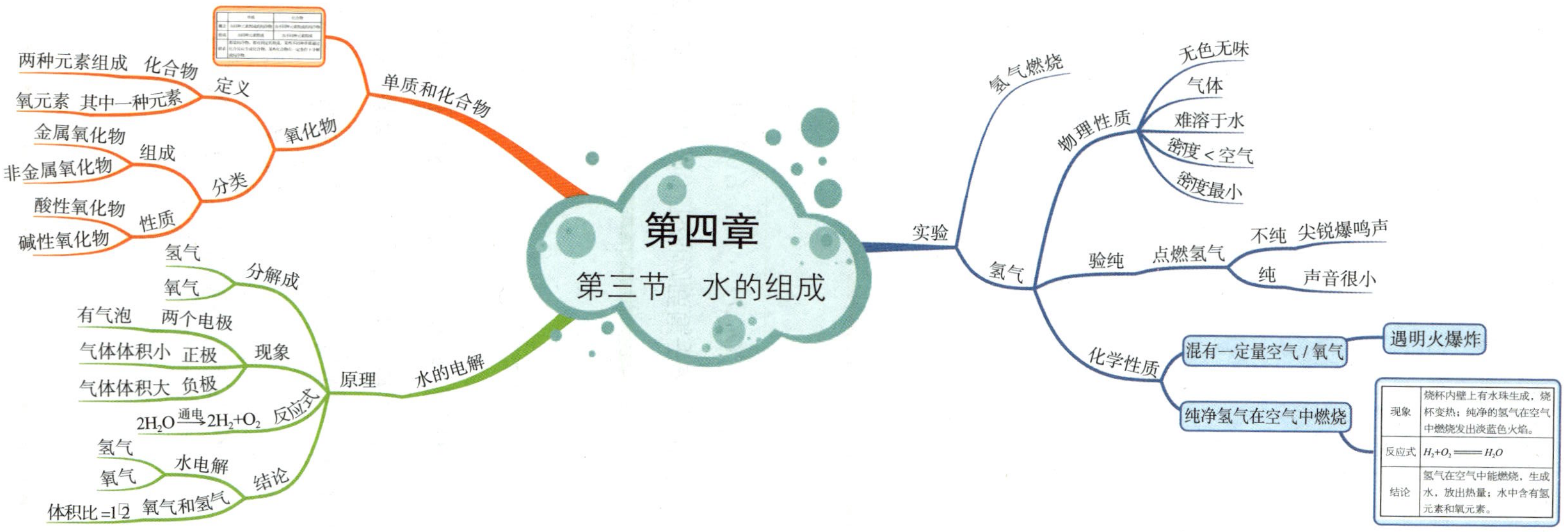
第四章
第三节 水的组成
单质和化合物
氧化物
定义
两种元素组成 化合物
氧元素 其中一种元素
分类
组成
金属氧化物
非金属氧化物
性质
酸性氧化物
碱性氧化物
水的电解
原理
分解成
氢气
氧气
现象
两个电极
有气泡
正极
气体体积小
负极
气体体积大
反应式
$2H_2O \xrightarrow{通电} 2H_2+O_2$
结论
水电解
氢气
氧气
氧气和氢气
体积比 =1∶2
实验
氢气燃烧
氢气
物理性质
无色无味
气体
难溶于水
密度＜空气
密度最小
验纯
点燃氢气
不纯 尖锐爆鸣声
纯 声音很小
化学性质
混有一定量空气 / 氧气
遇明火爆炸
纯净氢气在空气中燃烧
现象 烧杯内壁上有水珠生成，烧杯变热；纯净的氢气在空气中燃烧发出淡蓝色火焰。
反应式 H_2+O_2 —— H_2O
结论 氢气在空气中能燃烧，生成水，放出热量；水中含有氢元素和氧元素。

第三节 水的组成

第四节 化学式与化合价

一、化学式

1.定义：用元素符号和数字的组合来表示物质组成的式子。

2.化学式的写法

（1）单质化学式的写法：首先写出组成单质的元素符号，再在元素符号右下角用数字写出构成一个单质分子的原子个数。稀有气体是由原子直接构成的，通常就用元素符号来表示它们的化学式。金属单质和固态非金属单质的结构比较复杂，习惯上也用元素符号来表示它们的化学式。

（2）化合物化学式的写法：首先按正前负后的顺序写出组成化合物的所有元素符号，然后在每种元素符号的右下角用数字写出每个化合物分子中该元素的原子个数。一定顺序通常是指：氧元素与另一元素组成的化合物，一般要把氧元素符号写在右边；氢元素与另一元素组成的化合物，一般要把氢元素符号写在左边；金属元素、氢元素与非金属元素组成的化合物，一般要把非金属元素符号写在右边。直接由离子构成的化合物，其化学式常用其离子最简单整数比表示。

3.化学符号周围数字的含义（以2个氧离子为例）

二、化合价

1.定义：用以表示元素原子之间相互化合的数目，元素的化合价正价和负价之分。

2.表示方法：化合物中各元素的化合价通常在化学式中元素符号或原子团正上方标出，一般把"+" "-"写在前，价数写在后。

3.化合价的规律

（1）化合价有正价和负价，化合物中正负化合价的代数和为0。

（2）氧元素通常显 –2 价；氢元素通常显 +1 价。

（3）金属元素跟非金属元素化合时，金属元素显正价，非金属元素显负价。

（4）许多元素具有可变化合价，根的化合价一定不为0。

（5）在单质分子里，元素的化合价为 0。

4. 原子团：常作为一个整体参加反应的原子集团，又叫做根，反应中不能随意拆开。

5. 化合价的应用：根据化合价推求化合物的化学式；根据化学式求元素的化合价；根据化合价判断化学式正误。

6. 有关相对分子质量的计算（以化合物 A_mB_n 为例）

（1）相对分子质量 $=A$ 的相对原子质量 $\times m+B$ 的相对原子质量 $\times n$

（2）A 元素质量：B 元素质量 $=A$ 的相对原子质量 $\times m:B$ 的相对原子质量 $\times n$

（3）A 的质量分数 $=(A$ 的相对原子质量 $\times \dfrac{m}{A_mB_n}$ 的相对分子质量 $)\times 100\%$

（4）A 元素的质量 $=$ 化合物的质量 $\times A$ 的质量分数

【例1】（2019 湖南省长沙中考 6 题）白炽灯泡中的灯丝一般是钨丝。用黑钨矿冶炼成钨的过程中，会生成钨酸（H_2WO_4）。钨酸中钨元素的化合价为（　　）

A. -2　　　　B. +1　　　　C. +4　　　　D. +6

D

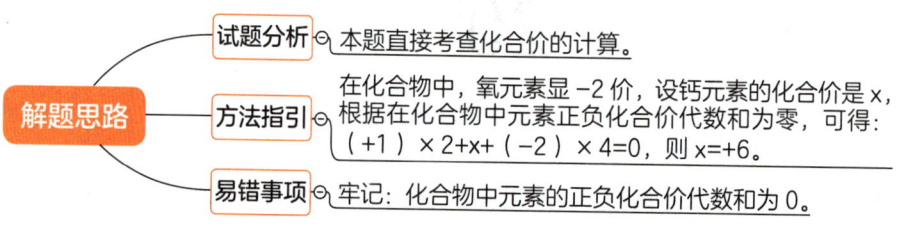

试题分析：本题直接考查化合价的计算。

方法指引：在化合物中，氧元素显 -2 价，设钙元素的化合价是 x，根据在化合物中元素正负化合价代数和为零，可得：（+1）×2+x+（-2）×4=0，则 x=+6。

易错事项：牢记：化合物中元素的正负化合价代数和为 0。

【例2】（2017 湖南省衡阳中考 4 题）某石灰石样品中含有不含钙元素的杂质，测得该石灰石样品中含钙的质量分数为 36%，该样品中碳酸钙的质量分数为（　　）

A. 36%　　　　B. 40%　　　　C. 72%　　　　D. 90%

D

第四章 自然界的水

解题思路
- **试题分析**：本题考查质量分数的计算。
- **方法指引**：某石灰石样品中含有不含钙元素的杂质，测得该石灰石样品中含钙的质量分数为36%，该样品中碳酸钙的质量分数为 $36\% \div \dfrac{40}{40+12+16\times 3} \times 100\% = 90\%$。
- **易错事项**：解答时审清题意，该题已知样品中钙的质量分数，求碳酸钙的质量分数。

例题

【例3】（2018 广东省深圳中考7题）维生素可以起到调节新陈代谢、预防疾病、维持身体健康的重要作用。缺乏维生素 A_1（$C_{20}H_{30}O$），会引起夜盲症。下列关于维生素 A_1 的说法中正确的是（　　）

A. 维生素 A_1 属于无机化合物

B. 维生素 A_1 中 O 元素的质量分数最低

C. 维生素 A_1 中碳、氢元素的质量比为 2∶3

D. 维生素 A_1 由 20 个碳原子、30 个氢原子、1 个氧原子构成

答案

B

解析

A. 含 C 化合物称为有机物，故 A 错误。

B. 维生素 A_1 中 O 元素的质量为 16，H 元素的质量为 30，C 元素的质量为 240，所以，维生素 A_1 中 O 元素的质量分数最小，故 B 正确。

C. 维生素 A_1 中，碳、氢元素的质量比为 240∶30=8∶1，故 C 错误。

D. 正确表述应为：1 个维生素 A 分子是由 20 个碳原子、30 个氢原子、1 个氧原子构成。故 D 错误。

故选 B。

例题

【例4】（2018 广西区梧州中考10题）火星探测器"好奇号"发现火星大气中含有一种称为硫化羰（tāng）的物质，其化学式为 COS。已知硫化羰中氧元素和硫元素均为 –2 价，则碳元素的化合价是（　　）

A. +1　　　　　B. +2　　　　　C. +3　　　　　D. +4

<答案>

D

<解析>

根据化合物中元素正、负化合价代数和为 0，计算出碳元素的化合价为 +4 价。故选 D。

<例题>

【例 5】（2017 山东省泰安中考题）小明通过如图实验自制了一瓶"汽水"，所加入的四种物质中属于混合物的是（　　）

A. 蔗糖　　　　B. 小苏打

C. 柠檬酸　　　D. 果汁

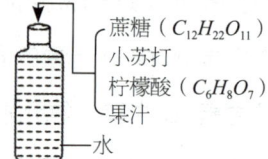

<答案>

D

<解析>

A. 蔗糖是一种物质，属于纯净物，故选项 A 错误。

B. 小苏打是碳酸氢钠，是一种物质，属于纯净物，故选项 B 错误。

C. 柠檬酸是一种物质，属于纯净物，故选项 C 错误。

D. 果汁中有维生素、水、色素等，属于混合物，故选项 D 正确。

故选 D。

<例题>

【例 6】（2017 内蒙古通辽 7 题）淀粉 $[(C_6H_{10}O_5)n]$ 是人们食用的最主要糖类，许多谷物和植物块茎富含淀粉。

（1）淀粉中氢、氧元素质量比为 _____（填最简比）。

（2）81 g 淀粉中碳元素的质量是 _____ g。

> **答案**
> （1）36∶5∶40。
> （2）36。

> **解析**
> （1）$(C_6H_{10}O_5)n$ 中碳、氢、氧三种元素的质量比为：
> $(12 \times 6n):(1 \times 10n):(16 \times 5n) = 36:5:40$，故答案为：36∶5∶40。
> （2）81 g 淀粉中碳元素的质量是：
> $81\text{ g} \times \dfrac{12 \times 6n}{12 \times 6 + 1 \times 10 + 16 \times 5 \times n} \times 100\% = 36\text{ g}$，故答案为：36。

本节练习

例题

1.（2018 重庆市中考 A 卷 9 题）王林同学喜欢做化学实验，下图是他给化学药品贴的标签，不正确的是（　　）

纯碱	高锰酸钾	五氧化二磷	硫酸铁
Na_2CO_3	$KMnO_4$	P_2O_5	$FeSO_4$
A	B	C	D

> **答案**
> D

> **解析**
> 纯碱是碳酸钠的俗称，化学式为 Na_2CO_3；高锰酸钾的化学式为 $KMnO_4$；五氧化二磷的化学式为 P_2O_5；硫酸铁的化学式为 $Fe_2(SO_4)_3$，硫酸亚铁的化学式为 $FeSO_4$。故选 D。

例题

2.（2018 江苏省苏州中考 10 题）水是生命之源，下列物质的化学式可用"H_2O"表示的是（　　）

A. 冰　　　　B. 可燃冰　　　　C. 干冰　　　　D. 水银

答案

A

解析

B 可燃冰：$CH_4 \cdot 8H_2O$；C 干冰：CO_2；D。水银：Hg；故选择 A。

例题

3.（2018 湖南省衡阳中考 6 题）下列符号，既能表示一种元素，又能表示这种元素的一个原子，还能表示一种单质的是（　　）

A. S　　　　B. C_{60}　　　　C. H　　　　D. Fe_2O_3

答案

A

解析

元素符号能表示一种元素，还能表示该元素的一个原子；化学式能表示一种物质，当元素符号又是化学式时，就同时具备了上述三层意义。

A. S 属于固态非金属元素，可表示硫元素，表示一个硫原子，还能表示硫这一单质，故选项 A 符合题意。

B. 该符号是 C_{60} 的化学式，不是元素符号，故选项 B 不符合题意。

C. H 属于气态非金属元素，可表示氢元素，表示一个氢原子，但不能表示一种物质，故选项 C 不符合题意。

D. 该符号是三氧化二铁的化学式，不是元素符号，故选项 D 不符合题意。

故选 A。

例题

4.（2018 四川省德阳中考 3 题）丁烯（C_4H_8）是一种重要的化工原料，下列有关说法正确的是（　　）

A. 丁烯中 C、H 元素的质量比为 $1:2$

B. 丁烯中碳元素位于元素周期表第二周期

C. 丁烯分子中碳原子的结构示意图为

D. 丁烯分子中含有 4 个碳元素和 8 个氢元素

答案

B

解析

A. 丁烯的化学式是 C_4H_8，由化学式可知，丁烯中碳原子与氢原子的个数比为 $1:2$，故碳、氢元素的质量比不可能是 $1:2$，故 A 错误。

B. 碳原子的原子结构示意图有 2 个电子层，故碳元素在第二周期，故 B 正确。

C. 碳原子的最外层电子数是 4，故 C 错误。

D. 元素是宏观概念，只讲种类不讲个数，故 D 错误。

故选 B。

例题

5.（2018 四川省乐山中考 21 题）下列同学对"SO_2"的认识中，不正确的是（　　）

A　　　　B

C　　　　D

答案

B

解析

二氧化硫是由二氧化硫分子构成的，二氧化硫分子是由硫原子和氧原子构成的，B 错误。故选 B。

例题

6.（2018黑龙江省哈尔滨中考9题）碳酸饮料中含有碳酸，下列有关叙述正确的是（　　）

A. 碳酸由碳、氢、氧三种原子构成

B. 碳酸分子中碳、氢、氧原子的个数比 1：2：3

C. 碳酸中碳元素的质量分数最大

D. 碳酸是有机高分子化合物

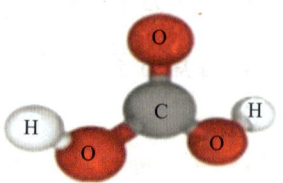

答案 B

解析

A. 碳酸由碳、氢、氧三种元素组成，故 A 错误。

B. 碳酸分子中碳、氢、氧原子的个数比 1：2：3，故 B 正确。

C. 碳酸中氧元素的质量分数最大，故 C 错误。

D. 碳酸是无机化合物，故 D 错误。

故选 B。

例题

7.（2018广东省深圳中考1题）下列化学用语表达正确的是（　　）

A. 三个钡离子：$3Ba^{2+}$　　　B. 两个氧原子：O_2

C. 四个硫酸根离子：$4SO_3^{2-}$　　　D. 五个一氧化碳分子：$5Co$

答案 A

解析

A. Ba^{2+} 表示钡离子，3 个钡离子为 $3Ba^{2+}$，故 A 正确。

B. 两个氧原子为 $2O$，O_2 表示氧气或氧气分子，故 B 错误。

C. $4SO_3^{2-}$ 表示 4 个亚硫酸根离子，四个硫酸根离子为 $4SO_4^{2-}$，故 C 错误。

D. CO 表示一氧化碳分子，而 Co 表示钴原子，故 D 错误。

故选 A。

例题

8.（2018 山东省青岛中考 17 题）下列对化学用语中"2"所表示意义的理解，正确的是（ ）

A. Ca^{2+} 中的"2"表示钙元素的化合价为 +2 价

B. H_2 中的"2"表示两个氢原子

C. $2Mg$ 中的"2"表示两个镁元素

D. $2NH_3$ 中的"2"表示 2 个氨分子

D

解析

A. Ca^{2+} 中的"2"表示一个钙离子带有 2 个单位的正电荷，故 A 错误。

B. H_2 中的"2"表示一个氢分子中含有 2 个氢原子，故 B 错误。

C. $2Mg$ 中的"2"表示两个镁原子，故 C 错误。

D. $2NH_3$ 中的"2"表示 2 个氨分子，故 D 正确。

故选 D。

例题

9.（2017 广西区来宾中考 26 题）请完成以下填空：

镁是由_____构成；CO_2 中"2"表示的意义是_____；由 N、H、Cl 三种元素组成的一种盐的化学式是_____。

> Mg；一个二氧化碳分子中含有2个氧原子；NH_4Cl。

解析

镁是由镁原子构成的，其符号为：Mg。

元素符号右下角的数字表示一个分子中的原子个数，故 CO_2 中"2"表示一个二氧化碳分子中含有2个氧原子。

由 N、H、Cl 三种元素组成的一种盐可以是氯化铵，其化学式为：NH_4Cl。

例题

10.（2018 湖南省衡阳中考5题）硒元素具有抗衰老、抑制癌细胞生长的功能。在硒的一种化合物硒酸钠（Na_2SeO_4）中，硒元素的化合价是（　　）

A. −3　　　　B. +6　　　　C. +4　　　　D. +7

> B

解析

钠元素显 +1 价，氧元素显 −2 价，设硒元素的化合价是 x，根据在化合物中正负化合价代数和为零，可得：$(+1)×2+x+(−2)×4=0$，则 $x=+6$ 价。

故选 B。

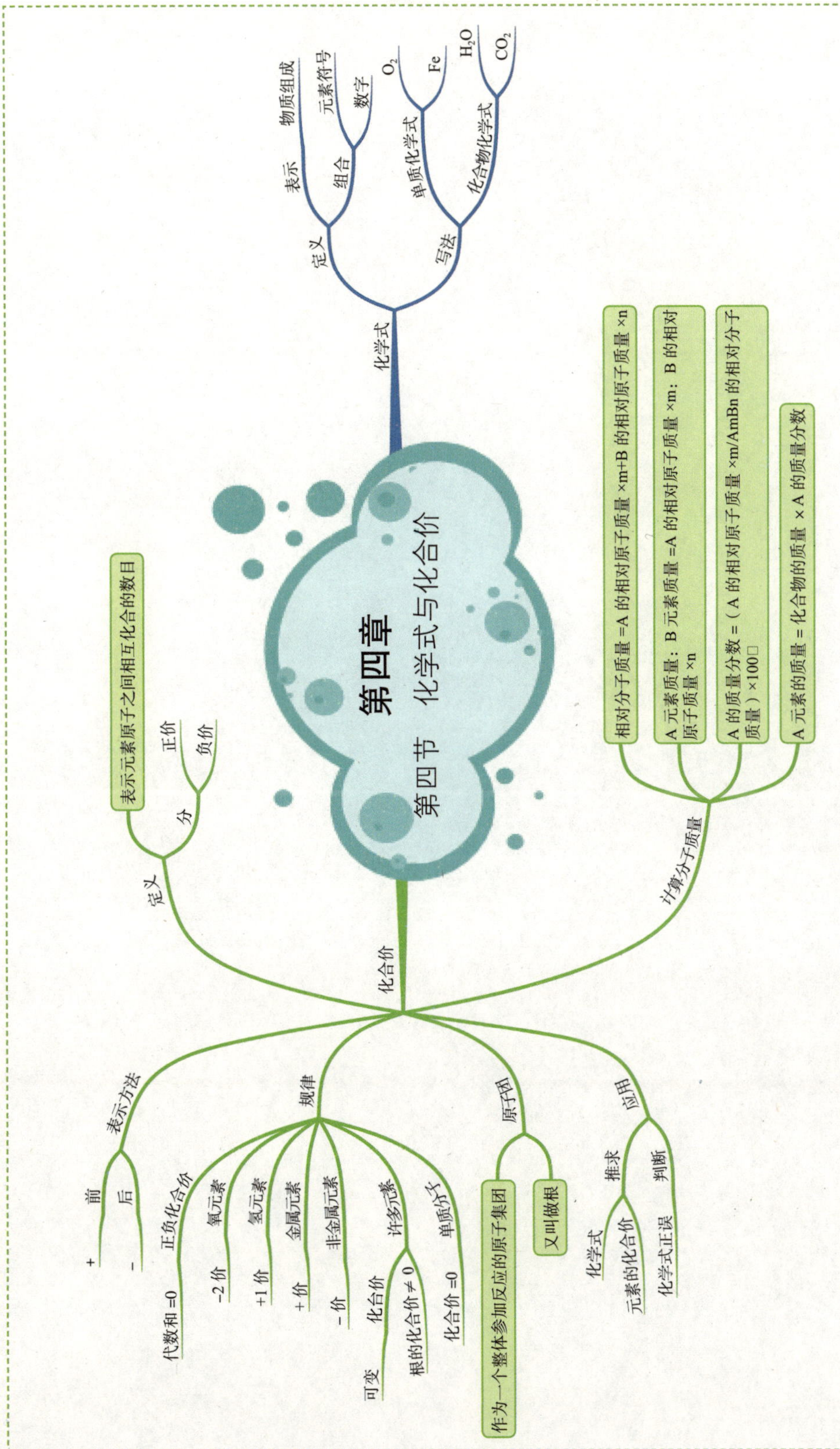

第四章 自然界的水

第四节 化学式与化合价

化学式
- 定义
  - 表示
    - 物质组成
    - 元素符号
    - 数字
  - 组合
- 写法
  - 单质化学式：O_2、Fe
  - 化合物化学式：H_2O、CO_2

相对分子质量
- 相对分子质量 = A 的相对原子质量 ×m + B 的相对原子质量 ×n
- A 元素质量 : B 元素质量 = A 的相对原子质量 ×m : B 的相对原子质量 ×n
- A 的质量分数 = (A 的相对原子质量 ×m / AmBn 的相对分子质量) ×100%
- A 元素的质量 = 化合物的质量 × A 的质量分数

化合价
- 定义：表示元素原子之间相互化合的数目
  - 分
    - 正价
    - 负价
- 表示方法
  - 前：正负化合价
  - 后：+、-
- 规律
  - 氧元素 −2 价
  - 氢元素 +1 价
  - 金属元素 +价
  - 非金属元素 −价
  - 单质分子 化合价 = 0
  - 许多原子 化合价 ≠ 0
  - 根的化合价 = 0
  - 可变 代数和 = 0
- 原子团：作为一个整体参加反应的原子集团，又叫做根
- 应用
  - 推求：化学式、元素的化合价
  - 判断：化学式正误

171

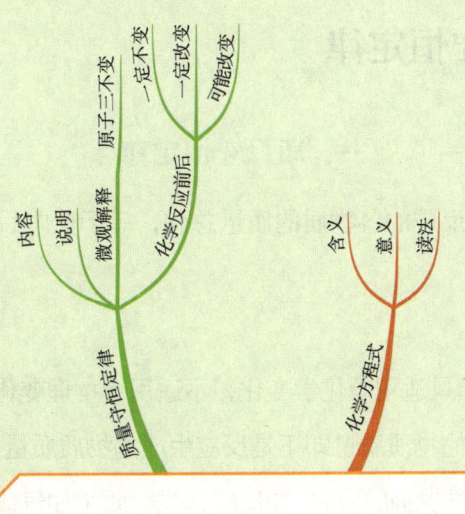

第五章
化学方程式

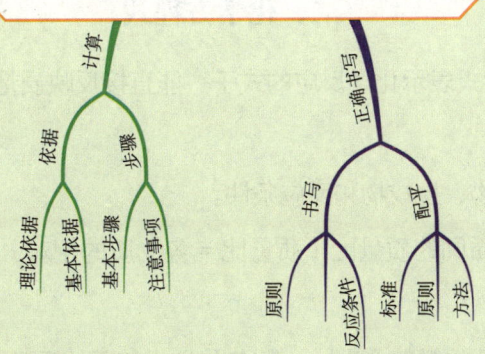

第一节 质量守恒定律

一、质量守恒定律

1. 内容：参加化学反应的各物质的质量总和，等于反应后生成的各物质的质量总和。

2. 说明：

（1）质量守恒定律只适用于化学变化，不适用于物理变化；

（2）没有参加反应的物质质量即不是反应生成的物质质量，不能计入"总和"中；

（3）要考虑空气中的物质是否参加反应，或物质（如气体）有无遗漏。

3. 微观解释：在化学反应前后，原子的种类、数目、质量均保持不变（原子的"三不变"）。

4. 化学反应前后

（1）化学变化中的"一定不变"：原子种类、原子数目、原子质量、元素种类、元素质量和反应前后各物质的总质量一定不变；

（2）化学变化中的"一定改变"：分子种类、物质种类一定改变；

（3）化学变化中的"可能改变"：分子数目可能改变，元素化合价。

二、化学方程式

1. 含义：用化学式表示化学反应的式子。能直接反映质量守恒定律。

2. 表示的意义

（1）表示反应物、生成物和反应条件。

（2）表示各物质间的质量比（质量比 = 各物质的相对分子质量 × 各化学式前面的系数的积的比）。

（3）表示各物质的微粒个数比（即各化学式前面的系数比）。

例如：以 $2H_2 + O_2 \xrightarrow{\text{点燃}} 2H_2O$ 为例

①表示氢气与氧气在点燃条件下生成水

②表示氢气、氧气与水的质量比为 4:32:36

③表示氢分子、氧分子与水分子的个数比为 2:1:2

3. 化学方程式的读法：以 $2H_2+O_2 \xrightarrow{点燃} 2H_2O$ 为例

从反应物、生成物和反应条件角度：氢气与氧气在点燃条件下生成水。

从各物质的质量比角度：每 4 份质量的氢气与 32 份质量的氧气在点燃条件下生成 36 份质量的水。

从各物质的微粒个数比角度：每 2 个氢分子与 1 个氧分子在点燃条件下生成 2 个水分子。

例题

【例1】（2019 广东省广州中考 8 题）超氧化钾（KO_2）常备于急救器和消防队员背包中，能迅速与水反应放出氧气：$2KO_2+2H_2O == 2KOH+X+O_2\uparrow$，关于此反应的说法不正确的是（　　）

A. X 的化学式为 H_2O_2　　　　　B. 反应前后元素种类发生变化

C. 反应前后氧元素化合价发生变化　　D. 反应前后物质状态发生变化

答案

B

解题思路

- **试题分析**：本题根据质量守恒定律及物质的性质，就可推断出化学反应前后哪些发生变化，哪些不变。

- **方法指引**：反应前后各元素的原子总数不变，故 1 个 X 分子中应含有 2 个 H 原子和 2 个 O 原子，即 X 的化学式为 H_2O_2，A 正确；反应前后元素种类不会发生改变，B 错误；反应前氧元素存在于化合物中，反应后有单质生成，氧元素化合价发生了变化，C 正确；反应前的超氧化钾为固体，水为液体，而反应后生成了气体，物质状态发生了变化，D 正确。

- **易错事项**：原子种类、原子数目、原子质量、元素种类、元素质量和反应前后各物质的总质量一定不变。

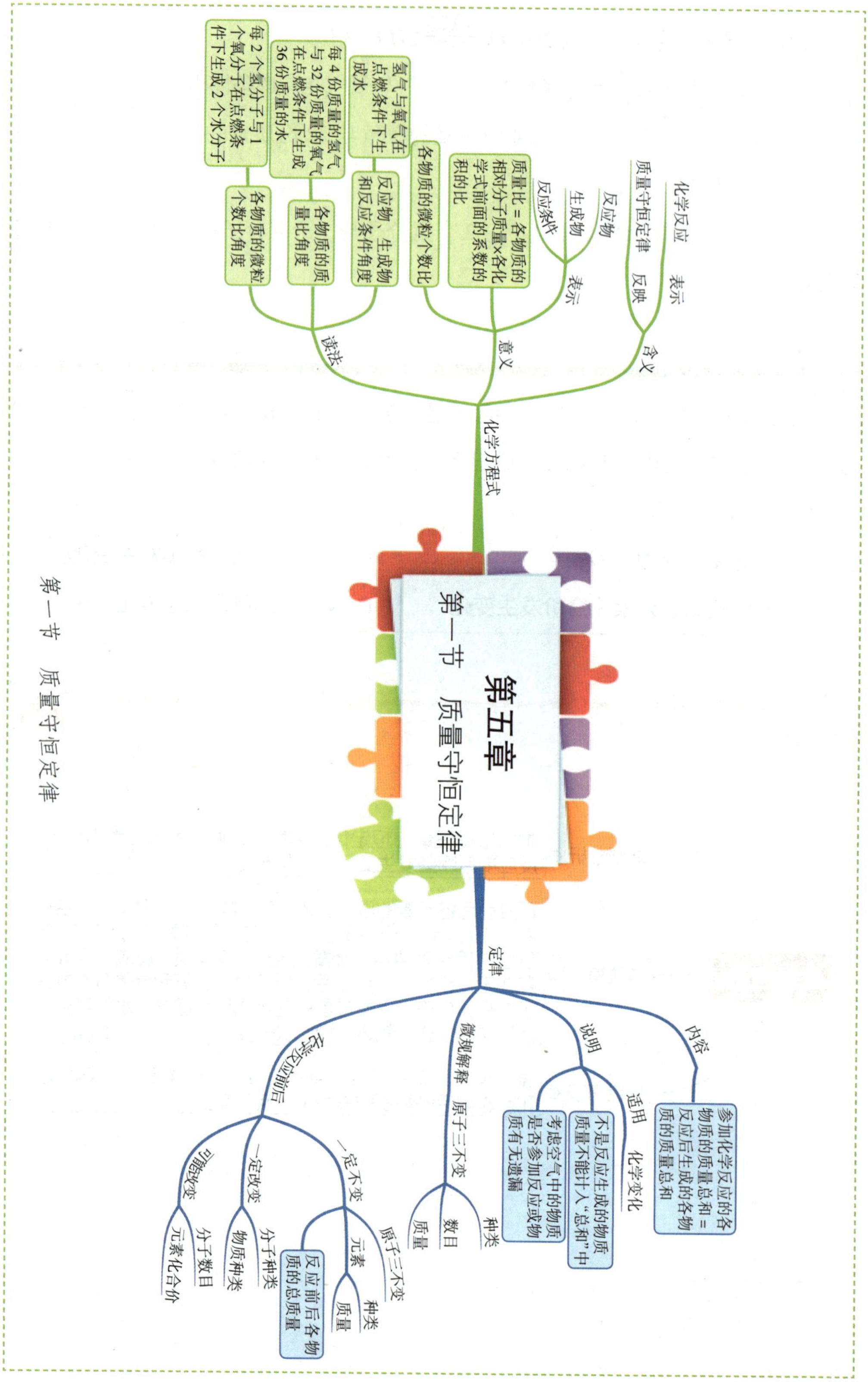

第五章 第一节 质量守恒定律

化学方程式

- **含义**
  - 反应物
  - 生成物
  - 反应条件
  - 各物质的微粒个数比
- **表示**：化学反应
- **反映**：质量守恒定律
- **读法**
  - 质量比角度：反应物、生成物和反应条件的质量比
  - 微粒个数比角度：各物质的微粒个数比
- **意义**
  - 质量比＝各物质的相对分子质量×各化学式前面的系数的积的比
  - 各物质的微粒个数比
- 氢气与氧气在点燃条件下生成水
- 每 4 份质量的氢气与 32 份质量的氧气在点燃条件下生成 36 份质量的水
- 每 2 个氢分子与 1 个氧分子在点燃条件下生成 2 个水分子

定律（质量守恒定律）

- **内容**：参加化学反应的各物质的质量总和＝反应后生成的各物质的质量总和
- **适用**：化学变化
- **说明**
  - 不是反应生成的物质总和
  - 考虑是否参加空气中的物质是否有无遗漏
  - 质量不能计入"总和"中
- **微观解释**
  - 原子三不变
    - 种类
    - 数目
    - 质量
- **反应前后**
  - 一定不变
    - 元素种类
    - 原子种类
    - 原子数目
    - 质量
    - 反应前后各物质的总质量
  - 一定改变
    - 分子种类
    - 物质种类
    - 分子数目
  - 不一定改变
    - 元素化合价

思维导图玩转化学

第二节 如何正确书写化学方程式

一、化学方程式的书写

1. 书写原则：

（1）质量守恒定律

（2）客观事实

2. 书写步骤：写→配→注→查（以 $NaHCO_3$ 受热分解的化学方程式为例）

第一步：写出反应物和生成物的化学式。

$NaHCO_3 =\!\!=\!\!= Na_2CO_3 + H_2O + CO_2$

第二步：配平化学式。

$2NaHCO_3 =\!\!=\!\!= Na_2CO_3 + H_2O + CO_2$

第三步：注明反应条件和物态等。

$2NaHCO_3 \xrightarrow{\Delta} Na_2CO_3 + H_2O + CO_2\uparrow$

第四步：检查化学方程式是否正确。

3. 反应条件

（1）加热化学方程式写反应条件，一般的在等号上方标记△。配平系数大多不可以是分数（相互之间可以约分除外）。

（2）常温常压下可以进行的反应，不必写条件。但是题目中的实验若有特定的条件，一律标注该特定条件（如加热）。

（3）反应单一条件时，条件一律写上面；有两个或更多条件的，上面写不下的写在下面；既有催化剂又有其他反应条件时，一律把催化剂写在上面。

（4）是可逆反应的一律用双向箭头表示。

二、化学方程式的配平

1. 标准：方程式两边原子种类和数目相等即配平。

2. 配平的原则：在化学式前面加上适当的系数来保证方程式两边原子种类和数目相等。

3. 常用的配平方法

（1）观察法：观察反应物及生成物的化学式，找出比较复杂的一种，推求其他化学式的系数。

（2）最小公倍数法：这种方法适合常见的、难度不大的化学方程式。

【例1】（2019 吉林中考7题）下列化学方程式书写正确的是（　　）

A. $2H_2O \xrightarrow{\text{通电}} 2H_2+O_2$

B. $2KMnO_4 == K_2MnO_4+MnO_2+O_2$

C. $BaCl_2+Na_2CO_3==2NaCl+BaCO_3\downarrow$

D. $Zn+H_2SO_4==ZnSO_4+H_2$

答案：C

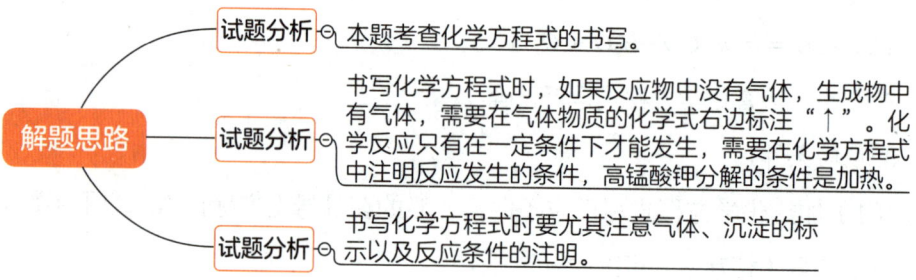

【例2】（2018 山东省德州中考13题）下列化学方程式书写正确的是（　　）

A. $3Fe+2O_2==Fe_3O_4$　　　　B. $Cu+2AgNO_3==2Ag+Cu(NO_3)_2$

C. $2Fe+6HCl==2FeCl_3+3H_2\uparrow$　　　　D. $KCl+NaNO_3==KNO_3+NaCl$

答案：B

解析

A. 铁在氧气中燃烧：$3Fe+2O_2 \xrightarrow{\text{点燃}} Fe_3O_4$；

B. 铜与硝酸银溶液反应生成银和硝酸铜：$Cu+2AgNO_3==2Ag+Cu(NO_3)_2$；

C. 铁和盐酸反应生成氯化亚铁和氢气：$Fe+2HCl=\!=\!FeCl_2+H_2\uparrow$；

D. $KCl+NaNO_3$ 不符合复分解反应发生的条件。

故选 B。

例题

【例3】（2017 广西区来宾中考 11 题）下列化学方程式书写正确的是（　　）

A. $2KClO_3=\!=\!2KCl+3O_2$

B. $H_2SO_4+Ca(OH)_2=\!=\!CaSO_4+H_2O$

C. $2Fe+6HCl=\!=\!2FeCl_3+3H_2\uparrow$

D. $Cu(NO_3)_2+2NaOH=\!=\!Cu(OH)_2\downarrow+2NaNO_3$

答案 D

解析

A. 氯酸钾在以二氧化锰作催化剂加热的条件下分解为氯化钾和氧气，反应的化学方程式为 $2KClO_3\xrightarrow[\Delta]{MnO_2}2KCl+3O_2\uparrow$，故选项 A 错误。

B. 该化学方程式没有配平，正确的化学方程式为 $H_2SO_4+Ca(OH)_2=\!=\!CaSO_4+2H_2O$，故选项 B 错误。

C. 单质铁与稀盐酸反应生成氯化亚铁和氢气，正确的化学方程式为 $Fe+2HCl=\!=\!FeCl_2+H_2\uparrow$，故选项 C 错误。

D. 该化学方程式书写完全正确，故选项 D 正确。

故选 D。

本节练习

例题

1.（2018 湖南省长沙中考 6 题）根据化学方程式不能获得该反应的信息是：（　　）

A. 化学反应的快慢　　B. 生成物　　C. 反应条件　　D. 反应物

答案 A

解析

A. 由化学方程式，无法确定化学反应的快慢，故选项 A 正确。

B. 由化学方程式，"＝＝"左边的是反应物，右边的是生成物，故选项 B 错误。

C. 由化学方程式，可以看出反应发生所需要的条件，故选项 C 错误。

D. 由化学方程式，"＝＝"左边的是反应物，右边的是生成物，故选项 D 错误。

故选 A。

例题

2.（2018 湖南省邵阳中考 10 题）下列化学方程式书写正确的是（　　）

A. $2Fe+6HCl=\!\!=2FeCl_3+3H_2$　　B. $Cu+FeSO_4=\!\!=CuSO_4+Fe$

C. $2Mg+O_2 \xrightarrow{\text{点燃}} 2MgO$　　D. $Fe_2O_3+CO \xrightarrow{\text{高温}} Fe+CO_2$

答案 C

解析

A. 铁与盐酸反应生成氯化亚铁和氢气，不能生成氯化铁，正确的化学方程式是 $Fe+2HCl=\!\!=FeCl_2+H_2\uparrow$，故选项 A 错误。

B. 铜的活动性小于铁，Cu 与 $FeSO_4$ 不能发生化学反应，故选项 B 错误。

C. 该化学方程式完全正确，故选项 C 正确。

D. 该化学方程式没有配平，正确的化学方程式是 $Fe_2O_3+3CO=\!\!=2Fe+3CO_2$，故选项 D 错误。

故选 C。

例题

3.（2018 湖南省衡阳中考 7 题）下列叙述符合实际且化学方程式书写正确的是（　　）

A. 用氢氧化钠治疗胃酸过多：$NaOH+HCl=\!\!=\!\!=NaCl+H_2O$

B. 碳酸钠溶液能使澄清的石灰水变浑浊：
$Na_2CO_3+Ca(OH)_2=\!\!=\!\!=2NaOH+CaCO_3\downarrow$

C. 实验室用过氧化氢溶液与二氧化锰混合制取氧气：$H_2O_2\xrightarrow{MnO_2}H_2\uparrow+O_2\uparrow$

D. 高炉炼铁的反应原理：$Fe_2O_3+3CO\xrightarrow{高温}Fe+3CO_2$

答案

B

解析

A. 氢氧化钠溶液具有腐蚀性，不能用于治疗胃酸过多症，故选项 A 错误。

B. 碳酸钠与氢氧化钙反应生成碳酸钙沉淀和氢氧化钠，化学方程式书写正确，故选项 B 正确。

C. 过氧化氢在二氧化锰的催化作用下分解为水和氧气，正确的化学方程式为 $2H_2O_2\xrightarrow{MnO_2}2H_2O+O_2\uparrow$，故选项 C 错误。

D. 该方程式没有配平，正确的化学方程式为 $Fe_2O_3+3CO\xrightarrow{高温}2Fe+3CO_2$，故选项 D 错误。

故选 B。

例题

4.（2018 山东省临沂中考 12 题）下列化学方程式书写正确，且反应前后有元素化合价升高和降低的是（　　）

A. $C_2H_5OH+2O_2\xrightarrow{点燃}2CO_2+3H_2O$

B. $C+2CuO\xrightarrow{高温}2Cu+CO_2\uparrow$

C. $2KMnO_4\xrightarrow{\triangle}K_2MnO_4+Mn_2O+O_2\uparrow$

D. $SO_2+2NaOH=\!\!=\!\!=Na_2SO_3+H_2O$

答案

B

解析

A. 该化学方程式没有配平，正确的化学方程式为 $C_2H_5OH+3O_2 \xrightarrow{\text{点燃}} 2CO_2+3H_2O$，故选项 A 错误。

B. 碳与氧化铜在高温的条件下反应生成铜和二氧化碳，方程式正确，且碳元素由 0 价升高到 +4 价，铜元素由 +2 价降低到 0 价，故选项 B 正确。

C. 高锰酸钾在加热的条件下分解为锰酸钾、二氧化锰和氧气，该方程式中二氧化锰的化学式书写错误，正确的化学方程式为 $2KMnO_4 \xrightarrow{\triangle} K_2MnO_4+MnO_2+O_2\uparrow$，故选项 C 错误。

D. 化学方程式书写正确，但是元素的化合价在反应前后没有发生改变，故选项 D 错误。

故选 B。

例题

5.（2018 湖南省长沙中考 41 题）请写出下列变化的化学方程式：

（1）硫酸铜溶液和氯化钡溶液反应：_____；

（2）在稀盐酸中滴加氢氧化钠溶液：_____。

答案

（1）$CuSO_4+BaCl_2 == BaSO_4\downarrow +CuCl_2$；

（2）$NaOH+HCl == NaCl+H_2O$。

解析

（1）硫酸铜溶液和氯化钡溶液反应生成硫酸钡和氯化铜，反应的化学方程式是：$CuSO_4+BaCl_2 == BaSO_4\downarrow +CuCl_2$。

（2）稀盐酸与氢氧化钠反应生成氯化钠和水，反应的化学方程式是：$NaOH+HCl == NaCl+H_2O$。

例题

6.（2018 天津市中考 19 题）写出下列反应的化学方程式。

（1）碳在氧气中充分燃烧生成二氧化碳 _____；

（2）氢氧化钠溶液与稀盐酸混合 _____；

（3）镁与稀硫酸反应 _____。

答案

（1）$C+O_2 \xrightarrow{\text{点燃}} CO_2$；

（2）$NaOH+HCl = NaCl+H_2O$；

（3）$Mg+H_2SO_4 = MgSO_4+H_2\uparrow$。

解析

（1）碳在氧气中充分燃烧生成二氧化碳：$C+O_2 \xrightarrow{\text{点燃}} CO_2$。（2）氢氧化钠溶液与稀盐酸混合，发生反应生成氯化钠和水，$NaOH+HCl = NaCl+H_2O$。（3）镁与稀硫酸反应生成硫酸镁和氢气：$Mg+H_2SO_4 = MgSO_4+H_2\uparrow$。

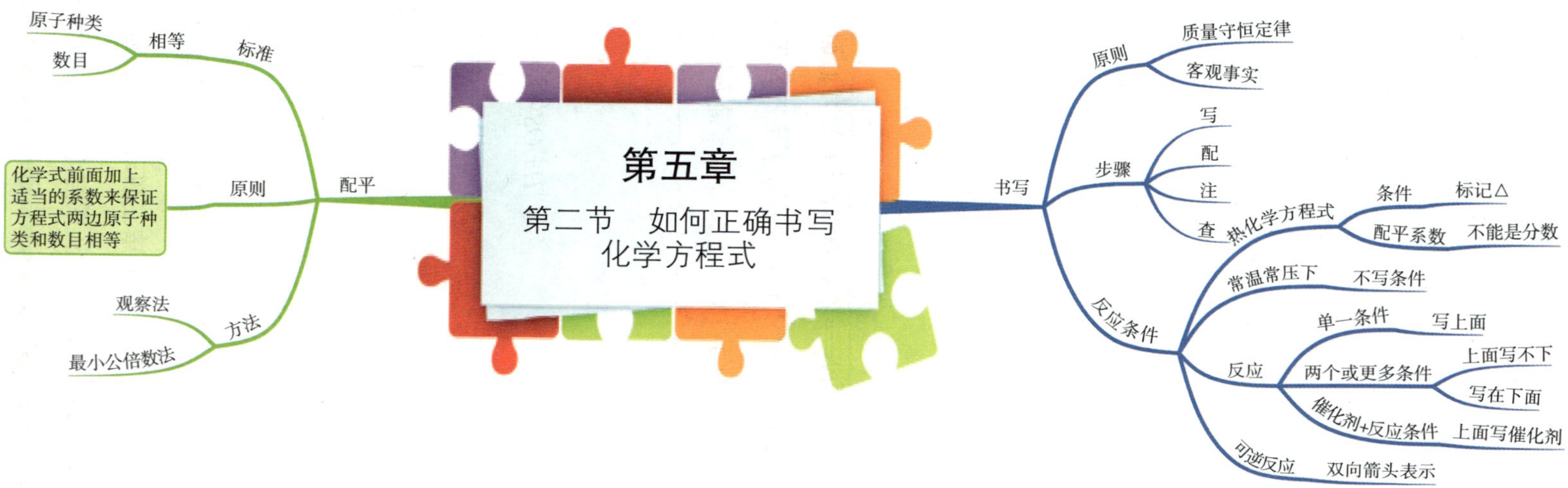
第五章
第二节 如何正确书写化学方程式
配平
标准
相等
原子种类
数目
原则
化学式前面加上适当的系数来保证方程式两边原子种类和数目相等
方法
观察法
最小公倍数法
书写
原则
质量守恒定律
客观事实
步骤
写
配
注
查
反应条件
热化学方程式
条件
标记△
配平系数
不能是分数
常温常压下
不写条件
反应
单一条件
写上面
两个或更多条件
上面写不下
写在下面
催化剂+反应条件
上面写催化剂
可逆反应
双向箭头表示

第二节 如何正确书写化学方程式

第三节 利用化学方程式的简单计算

一、依据

1. 理论依据：质量守恒定律。
2. 基本依据：化学方程式中的各反应物、生成物之间的质量比。

二、步骤

1. 基本步骤：设→写→标→列→答

（1）设未知数；（2）根据题意写出方程式；（3）根据化学方程式找出已知量与未知量的质量比；（4）列出比例式，并求出未知数；（5）简明写出答案。

2. 注意事项：

（1）由于方程式只能反映物质间的质量比，因此代入方程式中的各个量必须是质量；（2）由于方程式中各物质是纯净物，因此代入方程式中的量必须是纯净物的质量；（3）单位必须统一。

例题

【例1】（2017湖南省常德中考11题）某有机物 6.0 g 在空气中完全燃烧，共得到 17.6 g 二氧化碳和 10.8 g 水，则该化合物的组成元素是（　　）

A. 一定只含有碳元素　　　　　　B. 一定只含有碳、氢两种元素

C. 一定含有碳、氢、氧三种元素　　D. 一定含有碳、氢元素，可能含有氧元素

答案

B

解析

根据质量守恒定律，由生成物可以初步确定该物质中含有碳元素和氢元素，由生成的二氧化碳和水中，碳、氢元素的质量和该物质的质量进行对比，从而确定该物质的组成元素。

17.6 g CO_2 中含有碳元素的质量为：17.6 g × $\frac{12}{44}$ × 100=4.8 g，10.8 g 水中含有

氢元素的质量为：$10.8 \text{ g} \times \dfrac{1 \times 2}{18} \times 100\% = 1.2 \text{ g}$，生成物 17.6 g 二氧化碳和 10.8 g 水中所含碳、氢元素的质量和 =4.8 g+1.2 g=6.0 g，6.0 g= 有机物的质量 6.0 g，则该物质中一定含有碳，氢两种元素，一定不含氧元素。

A. 由上述分析可知，该物质中一定含有碳、氢两种元素，故选项 A 错误。

B. 由上述分析可知，该物质中一定含有碳、氢两种元素，故选项 B 正确。

C. 由上述分析可知，该物质中一定含有碳、氢两种元素，一定不含氧元素，故选项 C 错误。

D. 由上述分析可知，该物质中一定含有碳、氢两种元素，一定不含氧元素，故选项 D 错误。

故选 B。

本节练习

1.(2018 贵州省贵阳中考题)建立基本的化学观念可以让我们更好地理解化学，如形成守恒观念，可以更好地理解质量守恒定律，下列表述正确的是（　　）

A. 每 1 个 C 原子和 1 个 O_2 分子反应，生成 2 个 CO_2 分子

B. 32 g S 与 32 g O_2 完全反应，生成 64 g SO_2

C. 镁条燃烧后固体质量增加，故质量守恒定律不是普遍规律

D. 根据：蜡烛 + 氧气 $\xrightarrow{\text{点燃}}$ 二氧化碳 + 水，则蜡烛中一定含有 C、H、O 三种元素

B

解析

A. 碳和氧气在点燃的条件下生成二氧化碳，化学方程式为：$C+O_2 \xrightarrow{\text{点燃}} CO_2$，每 1 个 C 原子和 1 个 O_2 分子反应，生成 1 个 CO_2 分子，故选项 A 错误。

B. 硫和氧气在点燃的条件下生成二氧化硫，化学方程式为：$S+O_2 \xrightarrow{\text{点燃}} SO_2$，32 g S 与 32 g O_2 完全反应，生成 64 g 二氧化硫，故选项 B 正确。

C. 镁条燃烧后固体质量增加，是因为氧气参加了反应，遵守质量守恒定律，故选项 C 错误。

D. 根据蜡烛 + 氧气 $\xrightarrow{\text{点燃}}$ 二氧化碳 + 水，则蜡烛中一定含有 C、H 元素，可能含有氧元素，故选项 D 错误。

故选 B。

例题

2.（2016 黑龙江省齐齐哈尔中考 4 题）在催化剂并加热的条件下，氨气和氧气能发生化学反应，其反应的化学方程式为 $4NH_3+5O_2 \xrightarrow[\triangle]{\text{催化剂}} 4X+6H_2O$，则 X 的化学式是（　　）

A. N_2　　　　　B. N_2O　　　　　C. NO　　　　　D. NO_2

答案

C

解析

由质量守恒定律：反应前后，原子种类，数目均不变，由反应的化学方程式 $4NH_3+5O_2 \xrightarrow[\triangle]{\text{催化剂}} 4X+6H_2O$，反应前氮、氢、氧原子个数分别为 4、12、10，反应后的生成物中氮、氢、氧原子个数分别为 0、12、6，根据反应前后原子种类、数目不变，则 4X 分子中含有 4 个氮原子和 4 个氧原子，则每个 X 分子由 1 个氮原子和 1 个氧原子构成，则物质 X 的化学方程式为 NO。

故选 C。

例题

3.（2016 湖北省随州中考 5 题）在一定条件下，甲、乙、丙、丁四种物质在一密闭容器中充分反应，测得反应前后各物质的质量如表所示。根据表中信息判断下列说法正确的是（　　）

物质	甲	乙	丙	丁
反应前的质量/g	2	30	20	10
反应后的质量/g	m	39	5	16

A. 该反应是化合反应　　　　　　　　B. 甲是该反应的催化剂

C. 反应过程中乙、丙变化的质量比为 3∶5　　D. 丙可能是单质

答案

C

解析

本题运用守恒法和数据分析法解答。根据质量守恒定律，反应前物质的总质量为：2 g+30 g+20 g+10 g=62 g，反应后物质的总质量为：m+39 g+5 g+16 g=62 g，则 m=2 g，反应前后甲质量没变，可能是该反应的催化剂；乙、丁质量增加，应为该反应的生成物；丙质量减少，应为该反应的反应物。由以上分析可知，丙反应生成乙和丁，故该反应为分解反应，故 A 错误；甲反应前后质量不变，故可能为催化剂，也可能为无关杂质，故 B 说法错误；乙增加了 39 g−30 g=9 g，丙减少了 20 g−5 g=15 g，故乙、丙变化的质量比为 9 g∶15 g=3∶5，故 C 说法正确；丙是分解反应的反应物，是化合物，故 D 说法错误。

故选 C。

例题

4.（2017宁夏中考题）某同学用如图所示实验装置对质量守恒定律进行探究。请回答：

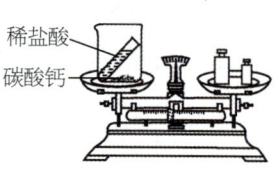

（1）反应前，托盘天平的指针指向刻度盘的中央；那么，两种物质反应后，托盘天平的指针_____（填"发生"或"不发生"）偏转。

（2）你认为该同学的探究活动能否验证质量守恒定律？_____。

（3）如果你进行该探究活动，装置不变，你选用什么药品？_____。药品不变，你选用怎样的装置？_____。

答案

（1）发生；（2）不能；（3）硫酸铜溶液与氢氧化钠溶液（或铁与硫酸铜溶液）；使用气球或注射器等作为缓冲装置的密闭容器（其他合理表述均可）。

解析

根据质量守恒定律，参加反应的碳酸钙和盐酸的质量之和等于反应后生成的氯化钙、水和二氧化碳的质量总和，由于反应在敞口容器内进行，生成的二氧化碳气体逸出，所以反应前后质量不相等，托盘天平的指针发生偏转，不能验证质量守恒定律。若在敞口容器中验证质量守恒定律，要求选用的反应没有气体参加或生成，如氢氧化钠溶液与硫酸铜溶液反应或铁钉与硫酸铜溶液反应，如果是有气体参加或生成的反应，则必须放在密闭容器内，才能验证质量守恒定律。

例题

5.（2018甘肃省甘南中考题）登山队员常用的能源是氢气，可用氢化钙（CaH_2）固体和水反应制得，其反应的化学方程式为：$CaH_2+2H_2O\!=\!\!=\!Ca(OH)_2+2H_2\uparrow$。若制得 20 g H_2，则需要多少克氢化钙？

答案

210克

解析

解：设需要氢化钙的质量为 x，

$$CaH_2+2H_2O\!=\!\!=\!Ca(OH)_2+2H_2\uparrow$$

$$\frac{42}{4}=\frac{x}{20\ g} \quad x=210\ g$$

答：需要氢化钙的质量为 210 g。

例题

6.（2016贵州省毕节中考15题）工业上常用煅烧石灰石的方法制取生石灰和二氧化碳，现有含碳酸钙质量分数为 80% 的石灰石 125 吨，则可生产多少吨生石灰？

答案

56 吨

解析

解：设生成氧化钙的质量为 x，

$$CaCO_3 == CaO + CO_2\uparrow,$$

$$\phantom{125\text{ 吨}\times 80\%}10056$$

$$125\text{ 吨} \times 80\%x$$

$$\frac{100}{125\text{ 吨}\times 80\%} = \frac{56}{x},$$

$x = 56$ 吨

答：煅烧含碳酸钙质量分数为 80% 的石灰石 125 吨，可生产 56 吨生石灰。

例题

7.（2016 贵州省六盘水中考 18 题）小苏打常用作焙制糕点的发酵剂，为测定某小苏打样品的纯度，现取样品 10 g 加热到质量不再减少（杂质不参加反应），共收集到二氧化碳 2.2 g，求样品中小苏打的纯度。提示：碳酸氢钠受热分解的化学方程式：$2NaHCO_3 == Na_2CO_3 + H_2O + CO_2\uparrow$

答案

84%

解析

解：设参加反应的碳酸氢钠的质量为 x。

$$2NaHCO_3 == Na_2CO_3 + H_2O + CO_2\uparrow$$

$$16844$$

$$x2.2\text{ g}$$

$\frac{168}{44} = \frac{x}{2.2\text{ g}}$ $x = 8.4$ g

样品中小苏打的纯度为 $\frac{8.4\text{ g}}{10\text{ g}} \times 100\% = 84\%$。

答：样品中小苏打的纯度为 84%。

例题

8.（2016 湖北省咸宁中考 16 题）某学习小组在实验室中用加热 $KClO_3$ 和 MnO_2 混合物的方法制取 O_2，反应过程中固体质量变化如图所示，请计算。

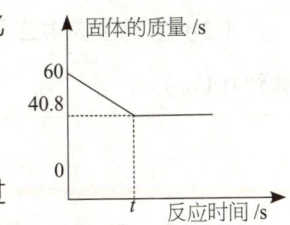

（1）制得 O_2 的质量是 _____ g。

（2）原混合物中 $KClO_3$ 的质量分数。（写出计算过程，计算结果精确到 0.1%）

答案

（1）19.2；（2）81.7%。

解析

解：（1）19.2

（2）设原混合物中 $KClO_3$ 的质量为 x。

$$2KClO_3 \xrightarrow[\Delta]{MnO_2} 2KCl + 3O_2 \uparrow$$

| 245 | 96 |
| x | 19.2 g |

$\dfrac{245}{96} = \dfrac{x}{19.2 \text{ g}}$　解得：$x = 49$ g

故原混合物中 $KClO_3$ 的质量分数为：$\dfrac{49 \text{ g}}{60 \text{ g}} \times 100\% \approx 81.7\%$。

答：原混合物中 $KClO_3$ 的质量分数是 81.7%。

例题

9.（2015 内蒙古赤峰中考 20 题）某校兴趣小组在实验室做制取氧气的实验，他们取氯酸钾和二氧化锰的混合物 6.0 g 放入大试管中进行加热，并在不同时刻测定试管内剩余固体的质量如下表：

反应时间 /min	1.0	1.5	2.0	2.5	3.0	3.5
剩余固体质量 /g	5.1	4.5	4.2	4.08	4.08	4.08

分析表中数据，完成下列问题：

(1) 氯酸钾中钾、氯、氧三种元素的质量比为 _____ 。（填最简整数比）

(2) 生成氧气的质量为 _____ g。

(3) 原混合物中二氧化锰的质量分数是多少？（写出计算过程，计算结果精确到0.1%）

答案

（1）78∶71∶96；（2）1.92；（3）18.3%。

解析

解（1）78∶71∶96

（2）1.92

（3）设原混合物中氯酸钾的质量为 x，

$$2KClO_3 \xrightarrow{MnO_2}{\triangle} 2KCl + 3O_2 \uparrow$$

245　　　　　　　96

x　　　　　　　1.92 g

$\dfrac{245}{96} = \dfrac{x}{19.2\ g}$　解得：$x = 4.9$ g

原混合物中二氧化锰的质量 = 6.0 g − 4.9 g = 1.1 g

原混合物中二氧化锰的质量分数 = $\dfrac{1.1}{6.0} \times 100\% \approx 18.3\%$

答：原混合物中二氧化锰的质量分数为18.3%。

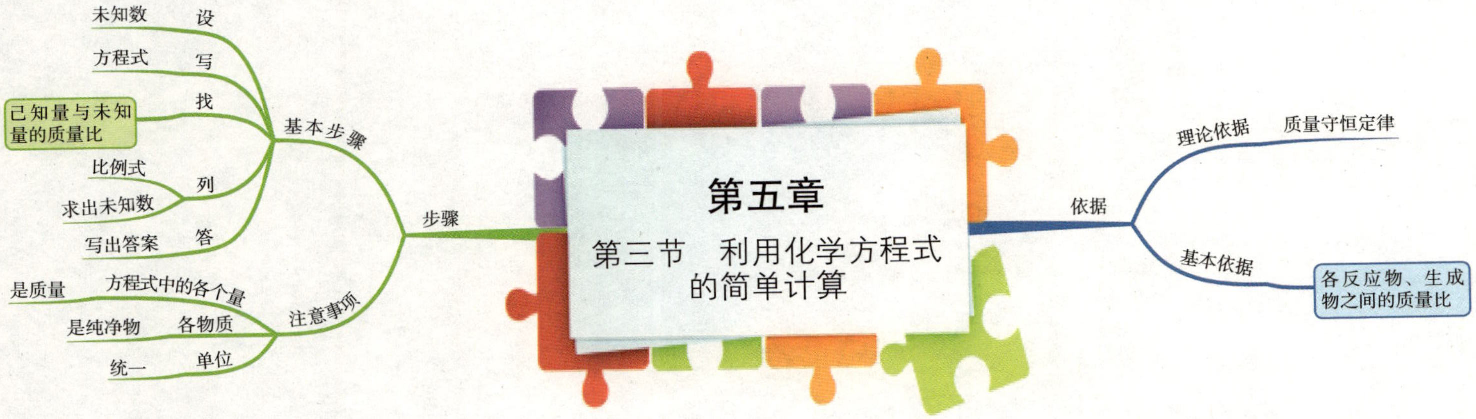
第五章
第三节 利用化学方程式的简单计算
依据
理论依据
质量守恒定律
基本依据
各反应物、生成物之间的质量比
步骤
基本步骤
设
未知数
写
方程式
找
已知量与未知量的质量比
列
比例式
求出未知数
答
写出答案
注意事项
方程式中的各个量
是质量
各物质
是纯净物
单位
统一

第三节 利用化学方程式的简单计算

第六章

碳和碳的化合物

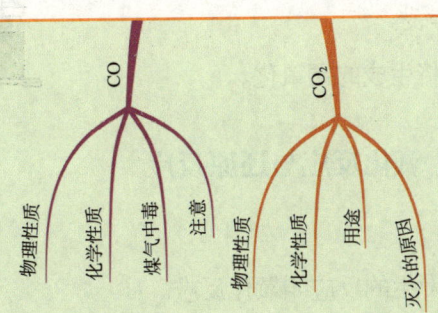

第一节 金刚石、石墨和 C_{60}

一、碳的单质

项目	金刚石	石墨	C_{60}
结构模型			
形态	无色透明、正八面体形状的固体	深灰色、不透明的细鳞片状固体	分子形状似足球
硬度	天然存在的最硬的物质	软、滑,在纸上划过可留痕迹	质脆
导电性	几乎不导电	导电性良好	几乎不导电
用途	钻头、刻刀、钻石	铅笔芯、电极、润滑剂	超导体、新材料
说明	金刚石、石墨和 C_{60} 中 C 原子排列方式不同,所以它们的物理性质存在差异。		

二、碳单质的化学性质

1. 常温下很稳定。稳定性属于化学性质。

2. 可燃性:$C+O_2 \xrightarrow{点燃} CO_2$(氧气充足)　　$2C+O_2 \xrightarrow{点燃} 2CO$(氧气不足)

3. 还原性:$3C+2Fe_2O_3 \xrightarrow{高温} 4Fe+3CO_2\uparrow$　　$C+CO_2 \xrightarrow{高温} 2CO$(该反应吸热)

   $C+2CuO \xrightarrow{高温} 2Cu+CO_2\uparrow$

4. 木炭还原氧化铜实验

(1)现象:黑色粉末变为红色,澄清的石灰水变浑浊。

(2)实验结束时,要先将导管移出水面,再停止加热,以防止石灰水倒流,引起试管炸裂。

(3)同时要防止空气进入将生成的铜氧化。

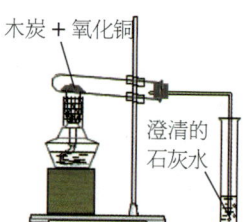

三、氧化反应与还原反应

1. 氧化反应、还原反应

(1)氧化反应:物质与氧发生的反应叫氧化反应。

（2）还原反应：含氧化合物中的氧被夺去的反应叫还原反应。

2. 氧化性、还原性、氧化剂、还原剂

（1）反应中夺取氧的物质具有还原性，是还原剂，发生氧化反应。

（2）反应中失氧的物质具有氧化性，是氧化剂，发生还原反应。

例题

【例1】（2019 山东省德州中考 8 题）石墨烯是一种非常优良的纳米材料，由碳元素组成，化学性质和石墨相似，还具有超强导电、导热的性能。关于石墨烯的认识错误的是（　　）

A. 可作散热材料　　　　B. 是一种新型化合物

C. 常温下化学性质稳定　　D. 可作新型电池的电极

B

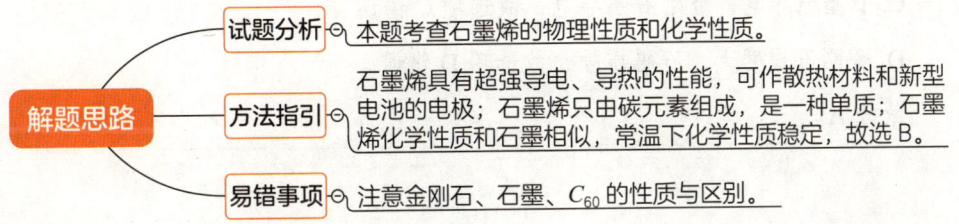

解题思路
- 试题分析：本题考查石墨烯的物理性质和化学性质。
- 方法指引：石墨烯具有超强导电、导热的性能，可作散热材料和新型电池的电极；石墨烯只由碳元素组成，是一种单质；石墨烯化学性质和石墨相似，常温下化学性质稳定，故选B。
- 易错事项：注意金刚石、石墨、C_{60}的性质与区别。

例题

【例2】（2017 重庆市中考 A 卷 8 题）工业炼铁中会发生一氧化碳与氧化铁的反应，该反应中发生还原反应的物质是（　　）

A. CO　　　　B. Fe_2O_3　　　　C. CO_2　　　　D. Fe

A

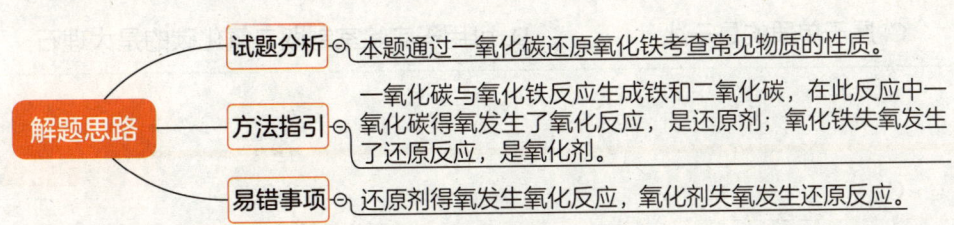

解题思路
- 试题分析：本题通过一氧化碳还原氧化铁考查常见物质的性质。
- 方法指引：一氧化碳与氧化铁反应生成铁和二氧化碳，在此反应中一氧化碳得氧发生了氧化反应，是还原剂；氧化铁失氧发生了还原反应，是氧化剂。
- 易错事项：还原剂得氧发生氧化反应，氧化剂失氧发生还原反应。

例题

【例3】（2018 广东省广州中考 6 题）下列有关金刚石、石墨的说法正确的是（　　）

A. 都是由碳元素组成　　　　B. 都是黑色固体

C. 都能导电　　　　　　　　D. 硬度都很大

答案

A

解析

A. 金刚石和石墨都是由碳元素组成，故选项 A 正确。

B. 自然状态下金刚石是透明正八面体晶体，石墨是黑色有金属光泽固体，故选项 B 错误。

C. 石墨能导电，金刚石不导电，故选项 C 错误。

D. 金刚石硬度大，石墨质软，故选项 D 错误。

故选 A。

本节练习

例题

1.（2016 山东省枣庄中考 3 题）比较下列三种物质，判断不正确的是（　　）

干冰　　　　　　金刚石　　　　　　大理石

A. 硬度最大的是金刚石　　　　B. 组成上都含碳元素

C. 属于单质的是干冰　　　　　D. 可用于实验室制取二氧化碳的是大理石

答案

C

解析

　　A. 金刚石是自然界中硬度最大的物质，故选项 A 正确。

　　B. 干冰是固态的二氧化碳，是由碳元素和氧元素组成的，金刚石是由碳元素组成的，大理石的主要成分是碳酸钙，碳酸钙是由钙元素、碳元素和氧元素组成的，三种物质中都含碳元素，故选项 B 正确。

　　C. 干冰是固态的二氧化碳，是由碳元素和氧元素组成的纯净物，属于化合物，故选项 C 错误。

　　D. 在实验室中，通常用大理石或石灰石与稀盐酸反应来制取二氧化碳，故选项 D 正确。

　　故选 C。

 例题

2.（2018 湖北省宜昌中考 13 题）下列有关碳单质的说法错误的是（　　）

　　A. 金刚石是天然存在的最硬的物质

　　B. 石墨和 C_{60} 是由不同种原子构成

　　C. 金刚石和石墨的化学性质相似

　　D. 活性炭包可放在冰箱中除异味

B

解析

　　A. 金刚石是天然存在的最硬的物质，故选项 A 正确。

　　B. 石墨和 C_{60} 都是由碳原子构成的物质，故选项 B 错误。

　　C. 金刚石、石墨都是由碳元素组成的单质，化学性质相似，故选项 C 正确。

　　D. 活性炭具有吸附性，可放在冰箱中除异味，故选项 D 正确。

　　故选 B。

例题

3.（2016 上海市中考 38 题）化学反应 $C+H_2O \xrightarrow{高温} H_2+CO$ 中的还原剂是（　　）

A. C　　　　B. H_2O　　　　C. H_2　　　　D. CO

答案

A

解析

在氧化还原反应中失氧的是氧化剂，发生还原反应；得氧的是还原剂，发生氧化反应，在 $C+H_2O \xrightarrow{高温} H_2+CO$ 中，C 得氧被氧化是还原剂，水失氧被还原是氧化剂。

例题

4.（2018 四川省雅安中考 8 题）金刚石、石墨、C_{60} 物理性质有很大差异的原因是（　　）

A. 原子种类不同　　　　B. 原子大小不同

C. 原子排列方式不同　　D. 原子数目不同

答案

C

解析

金刚石、石墨、C_{60} 均是由碳原子构成的固态非金属单质，但是由于金刚石、石墨、C_{60} 中碳原子的排列方式不同造成了金刚石、石墨、C_{60} 物理性质具有很大差异。

故选 C。

例题

5.（2018 山东省威海中考 3 题）石墨烯是一种革命性材料，具有优异的光学、电学和力学特性。下图为金刚石、石墨和石墨烯的结构模型图，图中小球代表碳原子。下列说法正确的是（　　）

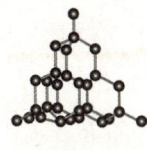 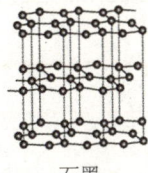 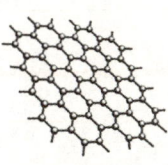

金刚石　　　　　石墨　　　　　石墨烯

①石墨烯是一种新型化合物
②三种物质分别在足量的氧气中完全燃烧的产物相同
③金刚石和石墨烯是组成相同但结构不同的两种物质
④石墨烯有超强的导电性和导热性，说明石墨烯的化学性质和金属相似

A.①④　　　　B.②③　　　　C.①③　　　　D.②③④

答案

B

解析

①由结构模型图看出，石墨烯是一种单质，故①错误。

②三种物质都是碳元素组成的单质，分别在足量的氧气中完全燃烧的产物都是二氧化碳，故②正确。

③金刚石和石墨烯是组成相同但结构不同的两种物质，故③正确。

④石墨烯有超强的导电性和导热性，说明石墨烯的物理性质和金属相似，故④错误。

故选 B。

例题

6.（2018 广西区玉林中考 15 题）C_{60} 的发现使人类了解到一个全新的碳世界，下列说法正确的是（　　）

A. 足球由 C_{60} 构成

B. C_{60} 这种物质由碳原子直接构成

C. C_{60} 是一种新型化合物

D. C_{60} 在氧气中完全燃烧生成 CO_2

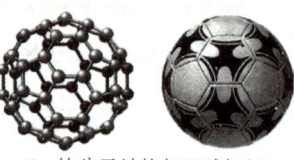

C_{60} 的分子结构与足球相似

答案

D

解析

A. C_{60} 的分子结构与足球相似,但足球不是由 C_{60} 构成,故选项 A 错误。

B. C_{60} 是由 60 个碳原子构成的碳分子,故选项 B 错误。

C. C_{60} 是由碳元素组成的单质,故选项 C 错误。

D. C_{60} 在氧气中完全燃烧生成 CO_2,故选项 D 正确。

例题

7.(2018 辽宁省铁岭中考 11 题)下列有关金刚石、石墨、C_{60} 的说法中,错误的是(　　)

A. C_{60} 是一种新型的化合物

B. 金刚石是天然存在最硬的物质

C. 金刚石、石墨、C_{60} 在氧气中充分燃烧时都生成二氧化碳

D. 金刚石与石墨物理性质不同的原因是碳原子的排列方式不同

答案

A

解析

A. 化合物中含有多种元素,C_{60} 只含有碳一种元素,属于单质,故选项 A 错误。

B. 金刚石是天然存在最硬的物质,故选项 B 正确。

C. 金刚石、石墨、C_{60} 都含有碳元素,在氧气中充分燃烧时都生成二氧化碳,故选项 C 正确。

D. 金刚石与石墨物理性质不同的原因是碳原子的排列方式不同,故选项 D 正确。故选 A。

> **例题**
>
> 8.（2017 山东省枣庄中考 9 题）2017 年 4 月长春应用化学研究所提出了一种独特的锂—氮电池（Li-N$_2$），结构示意图见左图，该电池由锂箔作负极，多孔碳布作正极，玻璃纤维作隔板，可以直接利用空气中的氮气，锂—氮电池的反应方程式：$6Li+N_2=2Li_3N$。请回答：
>
> （1）碳布作为锂—氮电池的电极，是利用了碳单质的_____（填一种物理性质即可）。
>
>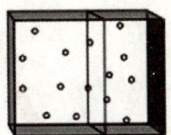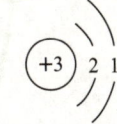
>
> 锂箔 玻璃纤　碳布　　　　锂的原子结构示意图
> 　　　维隔板

答案

（1）导电性。

解析

（1）碳布作为锂—氮电池的电极，是利用了碳单质的导电性，故填：导电性。

第六章 第一节 金刚石、石墨和 C_{60}

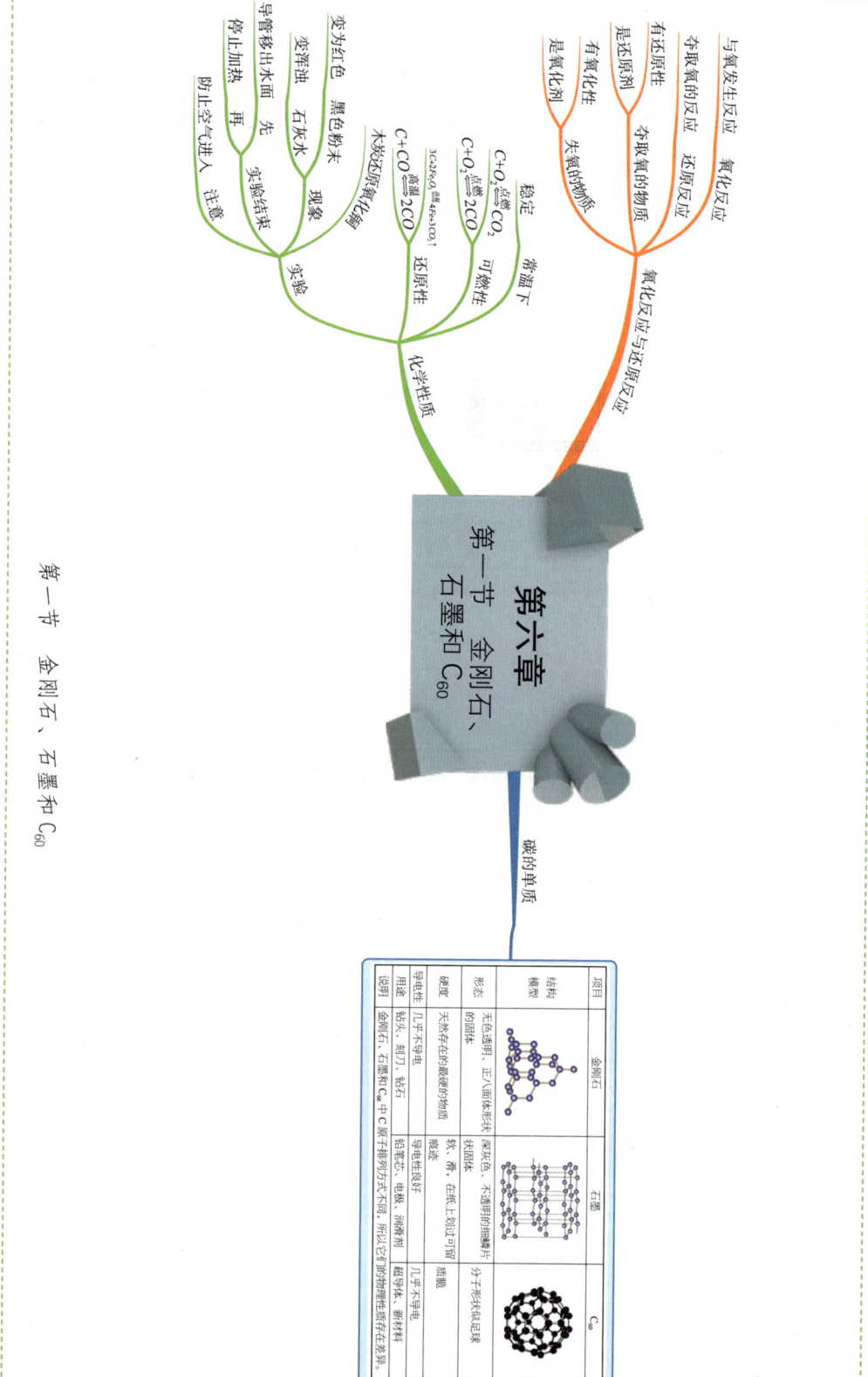

第二节 二氧化碳制取的研究

一、CO_2 的实验室制法

1. 药品：大理石或石灰石、稀盐酸。

2. 原理：$CaCO_3+2HCl = CaCl_2+H_2O+CO_2\uparrow$（复分解反应）

3. 发生装置要点：长颈漏斗下端管口要伸入液面下；导气管伸出橡皮塞少许。

   收集装置要点：只能用向上排空气法收集。

   ◆排空气法收集气体时导管末端要伸入集气瓶底部。

   ◆不能用排水法收集的原因：CO_2 能溶于水且能与水反应。

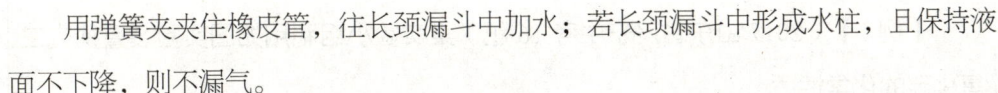

4. 步骤

   （1）连接装置，检查气密性。

   用弹簧夹夹住橡皮管，往长颈漏斗中加水；若长颈漏斗中形成水柱，且保持液面不下降，则不漏气。

   （2）装入药品，先加固体，再加液体。

   （3）收集气体。

5. 检验 CO_2 的存在：将气体通入澄清石灰水，若变浑浊，则证明是 CO_2。

   检验 CO_2 是否收集满：将燃着的木条放在集气瓶口，若熄灭，则集满。

6. 注意事项

   （1）制取 CO_2 不用浓盐酸，因为浓盐酸有很强的挥发性，挥发出的 HCl 会使制的 CO_2 不纯。

   （2）制取 CO_2 不用硫酸，因为生成的 $CaSO_4$ 微溶于水，覆盖在 $CaCO_3$ 表面，阻止反应继续进行。

   （3）制取 CO_2 不用 Na_2CO_3，因为反应太剧烈，不易控制。

   （4）$Ca(OH)_2$ 的名称：化学名称：氢氧化钙；俗名：熟石灰、消石灰

   $Ca(OH)_2$ 的水溶液叫石灰水。

   （5）实验室制取气体的发生装置由反应物的状态和反应条件决定。

   ① 固体与固体加热则与氯酸钾制氧的发生装置相同。

   ② 固体与液体不加热则与过氧化氢制氧的发生装置相同。

二、CO_2 的工业制法

1. 原理：$CaCO_3 \xlongequal{\text{高温}} CaO + CO_2 \uparrow$（分解反应）

2. CaO 的俗名：生石灰。CaO 能与 H_2O 反应，且放出大量的热。

   反应方程式为：$CaO + H_2O == Ca(OH)_2$

三、CO_3^{2-} 的检验：

1. 试剂：稀盐酸、澄清石灰水。

2. 现象：取被检验的物质加入盐酸，若有气泡产生，该气体能使澄清石灰石变浑浊，则证明含有 CO_3^{2-}。

例题

【例1】（2017 山东省济宁中考 16 题）某实验小组利用如图实验装置探究二氧化碳的化学性质

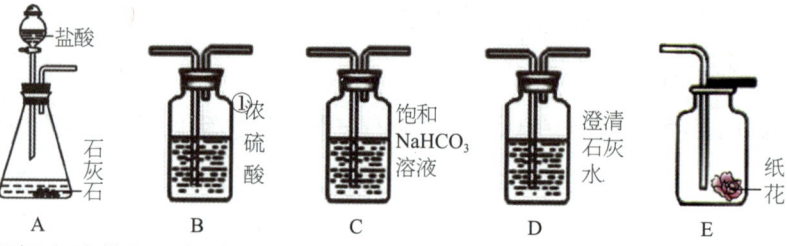

请根据实验装置和实验内容，回答下面问题：

（1）探究二氧化碳与碱反应时，将装置 A 生成的二氧化碳气体通入装置 D 未出现浑浊，原因是_____；可将二氧化碳先通过装置_____，再通入装置 D，理由是_____（用化学方程式表示）；

（2）探究二氧化碳与水反应时，实验分两步进行：首先将二氧化碳通过石蕊溶液浸泡的干燥纸花，再将二氧化碳通过石蕊溶液浸泡的湿润纸花，这样做的目的是_____；结合上面实验，装置正确的连接顺序是_____（填序号）。

> **答案**
>
> （1）二氧化碳气体中混有氯化氢气体；C；$HCl+NaHCO_3==NaCl+H_2O+CO_2\uparrow$；
>
> （2）通过对比实验，证明二氧化碳和水反应生成碳酸，碳酸能使紫色石蕊溶液变红色；ACBE。

解题思路

- **试题分析**：本题主要通过 CO_2 的制取、收集、检验等考查 CO_2 的化学性质。

- **方法指引**：一氧化碳与氧化铁反应生成铁和二氧化碳，在此反应中一氧化碳得氧发生了氧化反应，是还原剂；氧化铁失氧发生了还原反应，是氧化剂。（1）将装置 A 生成的二氧化碳气体通入装置 D 未出现浑浊，原因是：二氧化碳气体中混有氯化氢气体，可将二氧化碳先通过饱和碳酸氢钠溶液，因为氯化氢气体和碳酸氢钠反应生成氯化钠、水和二氧化碳故填 $HCl+NaHCO_3==NaCl+H_2O+CO_2\uparrow$；（2）首先将二氧化碳通过石蕊溶液浸泡的干燥纸花，再将二氧化碳通过石蕊溶液浸泡的湿润纸花，这样做的目的是：通过对比实验，证明二氧化碳和水反应生成碳酸，碳酸能使紫色变红色；结合上面实验，装置正确的连接顺序是：ACBE。

例题

【例2】（2017江苏省南京中考10题）实验室制取某些气体的装置如图所示。下列说法正确的是（　　）

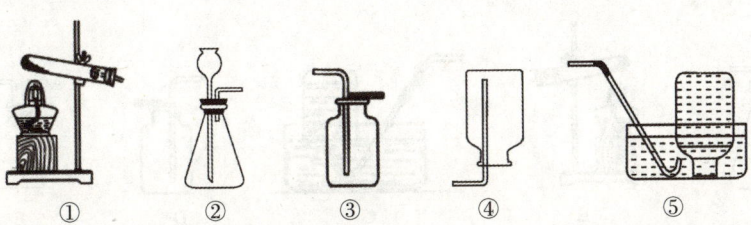

A. 装置①和⑤组合可以用来制取氧气

B. 装置②和③组合可以用来制取氢气

C. 装置②和④组合可以用来制取二氧化碳

D. 装置②可以较好地控制反应速率

> **答案**
>
> A

解析

A. 实验室制取氧气可用加热氯酸钾和二氧化锰混合物的方法，属于固体加热型，应选用的发生装置是①；氧气不易溶于水，可用排水法收集；故选项A说法正确。

B. 实验室制取氢气常采用锌与稀硫酸反应来制取，属于固液常温型，应选用的发生装置是②；但氢气密度比空气的小，应用向下排空气法收集，故选项B说法错误。

C. 实验室中制取二氧化碳常用大理石或石灰石和稀盐酸反应来制取，属于固液常温型，应选用的发生装置是②；但二氧化碳密度比空气的大，应用向上排空气法收集，故选项C说法错误。

D. 装置②固体与液体接触后不能进行分离，不能控制反应速率，故选项D说法错误。

故选A。

例题

【例3】（2017 江苏省无锡中考16题）根据下列实验装置图，回答有关问题。

A

B

C

D
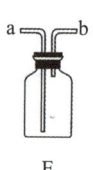
E

（1）图中标有①的仪器名称是_____。

（2）实验室用大理石与稀盐酸反应制取二氧化碳，选用的发生装置是_____（填字母），装入药品前应进行的操作是_____。若要收集干燥的二氧化碳，需将发生装置与装置E和装置_____（填字母）依次相连，其中装置E内的试剂是_____，气体应从导管_____（填"a"或"b"）端通入。

（1）集气瓶；（2）A；装置气密性检测；E；浓硫酸，a。

解析

（1）图中标有①的仪器名称是集气瓶。（2）实验室用大理石与稀盐酸反应制取二氧化碳，是固体和液体常温下反应制取气体，所以发生装置是 A。装入药品前应进行的操作是 装置气密性检测。若要收集干燥的二氧化碳，由于要制备的是干燥的气体，所以要用浓硫酸除去水蒸气，然后用向上排空气法收集，所以需将发生装置与装置 E 和装置 D（填字母）依次相连，其中装置 E 内的试剂是浓硫酸，气体应从导管 a 端通入（洗气瓶应该长进短出）。

本节练习

1.（2018 浙江省湖州中考 2 题）如图所示的装置有很多用途，下列使用方法不正确的是（   ）

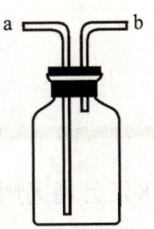

A. 排水法收集氧气时，由 a 口进气

B. 排空气法收集氢气时，由 b 口进气

C. 排水法收集氢气时，由 b 口进气

D. 排空气法收集二氧化碳时，由 a 口进气

A

解析

A. 排水法收集氧气时，由 b 口进气，由 a 口排出水，故方法不正确。

B. 氢气密度比空气小，可用向下排空气法收集，即空气要从下端被排出，所以氢气必须从 b 端进入，使空气从下方排出，故方法正确。

C. 排水法收集氢气时，由 b 口进气，由 a 口排出水，故方法正确。

D. 二氧化碳密度比空气大，可用向上排空气法收集，即空气要从上端被排出，所以二氧化碳必须从 a 端进入，使空气从上方排出，故方法正确。

故选 A。

例题

2.（2018山东省泰安中考5题）实验室制取气体选择收集方法时，下列气体性质不需考虑的是（ ）

A. 密度　　　　B. 可燃性　　　　C. 溶解性　　　　D. 能否与水反应

答案

B

解析

实验室制取气体收集方法的选择一般考虑气体物理性质中的密度和溶解性，化学性质中看它是否与水发生化学反应，无须考虑是否具有可燃性。

例题

3.（2018江苏省扬州中考6题）下列气体中可用向下排气法收集的是（ ）

A. H_2　　　　B. N_2　　　　C. O_2　　　　D. SO_2

答案

A

解析

A. H_2密度小于空气的密度，可用向下排空气法收集，故选项A符合题意。

B. N_2密度小于空气的密度，但密度与空气相近，不可用向下排空气法收集，故选项B不符合题意。

C. O_2密度大于空气的密度，不可用向下排空气法收集，故选项C不符合题意。

D. SO_2密度大于空气的密度且属于空气污染物，不可用向下排空气法收集，故选项D不符合题意。

故选A。

例题

4.（2018 山东省威海中考 10 题）以下是实验室制取、收集、干燥、存放气体的装置图，有关说法错误的是（　　）

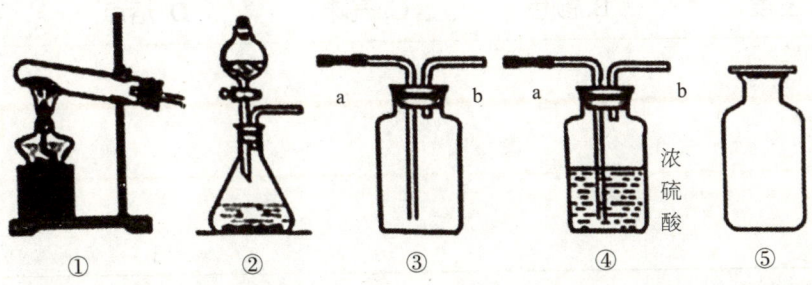

A. 实验室用双氧水制取氧气，用石灰石和稀盐酸制取二氧化碳均可使用装置②

B. 实验室收集氧气和二氧化碳均可使用装置③，气体从导管b进入

C. 实验室干燥氧气和二氧化碳均可使用装置④，气体从导管a进入

D. 实验室收集的氧气和二氧化碳，均可如图⑤临时存放

答案 B

解析

A. 装置②是固液常温反应制取气体的装置，实验室用双氧水制取氧气，用石灰石和稀盐酸制取二氧化碳均可使用装置②，故选项A正确。

B. 氧气和二氧化碳的密度都比空气的密度大，均可使用装置③，气体从导管a进入占据下方空间，空气则被赶到上方空间而从b排出，故选项B错误。

C. 浓硫酸具有吸水性，能干燥不与其反应的气体，装置④是洗气装置，导气管是长进短出，实验室干燥氧气和二氧化碳均可使用装置④，气体从导管a进入，故选项C正确。

D. 氧气和二氧化碳的密度比空气的密度大，对于密度比空气大的气体，集气瓶正放，实验室收集的氧气和二氧化碳，均可如图⑤临时存放，故选项D正确。

故选B。

> **例题**

5.（2017 广西桂林中考 13 题）实验室里用向上排空气法收集 CO_2，依据的 CO_2 性质是（　　）

　　A. 密度　　　　　B. 颜色　　　　　C. 气味　　　　　D. 熔点

> **答案**

A

> **解析**

二氧化碳的密度比空气大，因此实验室里用向上排空气法收集 CO_2。故选 A。

> **例题**

6.（2018 江西省中考 13 题）利用下列装置进行实验室气体制取，有关说法正确的是 ＿＿＿＿＿＿；

  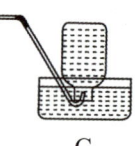 

　　　A　　　　　B　　　　　C　　　　　D

A. 装置 A 可用于加热固体制气体

B. 装置 B 可随时控制反应的发生与停止

C. 装置 C 只能用于收集密度比空气小的气体

D. 装置 D 用于排空气法收集氢气时，气体进入的导气管口是 ＿＿＿

> **答案**

（1）A；（2）b。

> **解析**

A. 装置 A 可用于加热固体制气体正确，故选项 A 正确。

B. 装置 B 不能控制反应的发生与停止，也不可以控制反应的速率，只能随时向反应容器中添加试剂，故选项 B 错误。

C. 装置 C 只能用于收集难溶于水或不易溶于水的气体，故选项 C 错误。

D. 装置 D 用于排空气法收集氢气时，气体进入的导气管口是 b，因为氢气的密度比空气小，故选项 D 错误。

故选 A。

例题

7.（2017 广西区玉林中考 28 题）根据如图回答问题：

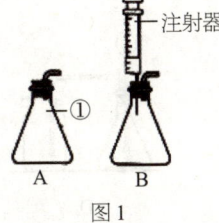 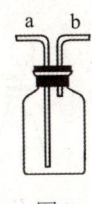

图1　　　　　　　　图2

（1）图 1 中 A、B 都是制取二氧化碳的装置，其中标号①仪器的名称是 _____。实验室制取二氧化碳的化学方程式是 _____。

（2）用图 2 装置收集二氧化碳气体，气体应从 _____ 管进去（填"a"或"b"），原因是 _____。

（3）相对于 A 装置，B 装置的优点是 _____。

答案

（1）锥形瓶；$CaCO_3+2HCl=\!=\!CaCl_2+H_2O+CO_2\uparrow$。

（2）a；二氧化碳的密度比空气的密度大。

（3）可以控制反应的速率。

解析

（1）锥形瓶是常用的反应容器，实验室制取 CO_2，是在常温下，用大理石或石灰石和稀盐酸制取的，碳酸钙和盐酸互相交换成分生成氯化钙、水和二氧化碳，因此不需要加热故答案为：锥形瓶；$CaCO_3+2HCl=\!=\!CaCl_2+H_2O+CO_2\uparrow$。

（2）用图2装置收集二氧化碳气体，气体应从长管进入，因为二氧化碳的密度比空气的密度大。故答案为：a；二氧化碳的密度比空气的密度大。

（3）B装置的优点是：可以控制反应的速率。故答案为：可以控制反应的速率。

例题

8.（2018湖南省长沙中考46题）在实验桌上有如下几种气体发生装置和收集装置。请你参与实验并回答问题：

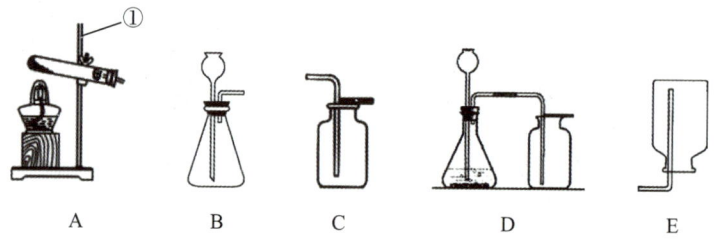

（1）写出标号①的仪器名称：_____；

（2）实验室制取二氧化碳气体的发生装置为：_____（填字母）

（3）用C装置收集二氧化碳，其验满的方法是：_____。

答案

（1）铁架台；（2）B；（3）将燃着的木条放置集气瓶口，若木条熄灭，说明收集满。

解析

气体制取装置的选择与反应物的状态和反应的条件有关。

（1）标号①的仪器名称是铁架台。

（2）实验室用大理石与稀盐酸反应制取二氧化碳，反应不需要加热，属于固—液常温型，选择发生装置B。

（3）二氧化碳不能燃烧也不能支持燃烧，用C装置收集二氧化碳，验满的方法是：将燃着的木条放置集气瓶口，若木条熄灭，说明收集满。

例题

9.（2018 安徽省中考 12 题）下图是实验室中常见装置，回答下列问题。

查阅资料：常温下，CO_2 难溶于饱和 $NaHCO_3$ 溶液。

 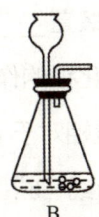 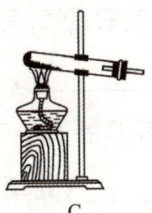 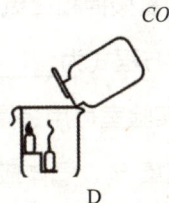

（1）仪器 X 的名称是_____。

（2）实验室制取 CO_2 应选用的发生装置是_____（填字母序号）反应的化学方程式是_____，该反应属于_____（填反应类型）。

（3）常温下，下列收集 CO_2 的方法中不可行的是_____（填字母序号）。

  a. 向上排空气法　　　b. 向下排空气法　　　c. 排饱和 $NaHCO_3$ 溶液法

（4）某同学进行图 D 所示的操作时，观察到高的蜡烛先熄灭，其原因可能是_____。

答案

（1）长颈漏斗；（2）A；$CaCO_3+2HCl == CaCl_2+H_2O+CO_2\uparrow$；复分解反应；（3）b；（4）二氧化碳的密度比空气大，不助燃，不可燃。

解析

（1）仪器 X 的名称是长颈漏斗。

（2）实验室制取二氧化碳是固液常温型的选用装置 A，反应方程式：$CaCO_3+2HCl == CaCl_2+H_2O+CO_2\uparrow$，属于复分解反应。

（3）二氧化碳密度大于空气可以用向上排空气法收集，且常温下，CO_2 难溶于饱和 $NaHCO_3$ 溶液也可以用排饱和 $NaHCO_3$ 溶液法收集，故选 b。

（4）二氧化碳密度大于空气，且既不燃烧，也不支持燃烧，先使高处蜡烛火焰附近氧气浓度减少。

例题

10.（2017 江苏省镇江中考 26 题）请结合图 1 回答问题：

（1）仪器名称：① _____；② _____

（2）用氯酸钾和二氧化锰制取氧气，可选用装置 _____（选填序号）和 D 组合，反应的化学方程式为 _____，二氧化锰的作用是 _____。

（3）实验室可用装置 B 或 C 制 H_2，B 装置相对于 C 的优点有 _____。用 E 装置收集 H_2，气体应从 _____（选填"a"或"b"）端通入。

（4）有同学将实验室制得的 CO_2 通入澄清石灰水，石灰水未变浑浊，于是作如图 2 探究：

①实验室制 CO_2 反应的化学方程式 _____。

②装置 F、H 中溶液变浑浊，G 中溶液不变浑浊，则原石灰水未变浑浊的原因是 _____。

③装置 G 的作用是 _____。

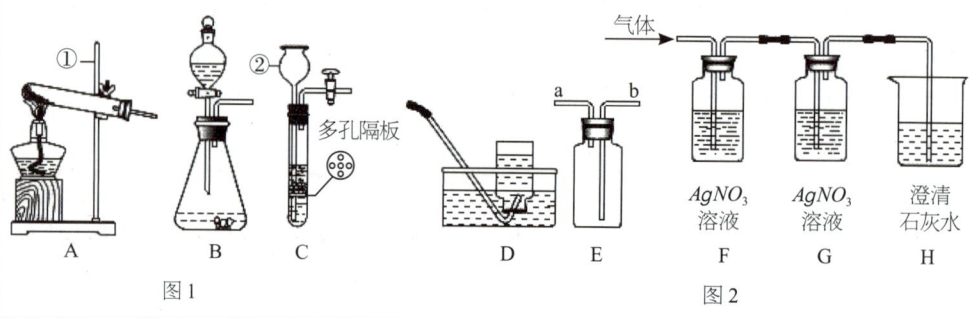

图 1　　　　　　　　　　　　　图 2

答案

（1）铁架台；长颈漏斗。

（2）A；$2KClO_3 \xrightarrow[\triangle]{MnO_2} 2KCl+3O_2\uparrow$；催化作用。

（3）控制反应的发生和停止；a。

（4）① $CaCO_3+2HCl==CaCl_2+H_2O+CO_2\uparrow$；

②二氧化碳中含有氯化氢气体；

③证明氯化氢气体已被除尽。

解析

（1）铁架台是常用的夹持仪器，长颈漏斗方便加液体药品，故答案为：铁架台；长颈漏斗。

（2）如果用氯酸钾和二氧化锰制氧气就需要加热，氯酸钾在二氧化锰做催化剂和加热的条件下生成氯化钾和氧气，配平即可；其中二氧化锰是催化剂，起催化作用；故答案为：A；$2KClO_3 \xrightarrow[\Delta]{MnO_2} 2KCl+3O_2\uparrow$；催化作用。

（3）B装置的优点是：控制反应的发生和停止，用E装置收集H_2，气体应从短管进入，因为氢气的密度比空气小。故答案为：控制反应的发生和停止；a。

（4）实验室制取CO_2，是在常温下，用大理石或石灰石和稀盐酸制取的，碳酸钙和盐酸互相交换成分生成氯化钙、水和二氧化碳，因此不需要加热；装置F、H中溶液变浑浊，G中溶液不变浑浊，则原石灰水未变浑浊的原因是：二氧化碳中含有氯化氢气体；装置G的作用是：证明氯化氢气体已被除尽。故答案为：① $CaCO_3+2HCl\!=\!=\!CaCl_2+H_2O+CO_2\uparrow$；②二氧化碳中含有氯化氢气体；③证明氯化氢气体已被除尽。

例题

11.（2017广西来宾中考31题）如图是实验室制取纯净、干燥的二氧化碳气体，并探究其某些性质的实验装置。据图回答下列问题：

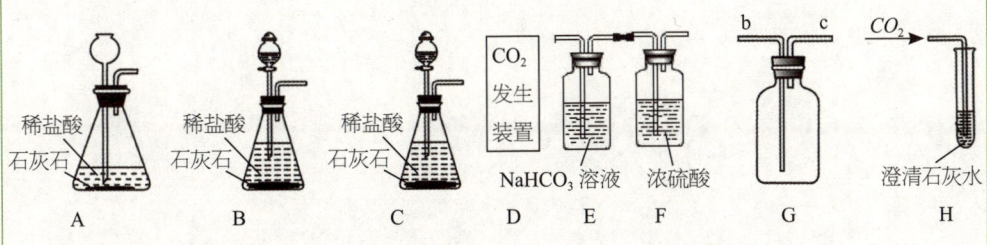

（1）D处应连接_____装置（填"A"、"B"或"C"）。

（2）E装置的作用是_____；用G装置收集二氧化碳气体，a端应连接G装置____端（填"b"或"c"）。

（3）写出H装置中发生反应的化学方程式：_____。

(1) C。

(2) 除去二氧化碳中的氯化氢气体; b。

(3) $CO_2+Ca(OH)_2 =\!\!=\!\!= CaCO_3\downarrow +H_2O$。

解析

(1) 实验室常用石灰石与稀盐酸反应制取二氧化碳,不能使用浓盐酸,因为浓盐酸具有挥发性;稀硫酸与块状石灰石反应生成微溶于水的硫酸钙,会覆盖在石灰石表面,阻止反应的进行,不能用于制取 CO_2。A 装置长颈漏斗的末端没有伸入液面以下,产生的二氧化碳会从长颈漏斗中逸出,故 D 处应连接 C 装置。

(2) 氯化氢气体能与碳酸氢钠溶液反应,E 装置的作用是除去二氧化碳中的氯化氢气体;二氧化碳密度比空气的大,用 G 装置收集二氧化碳气体,a 端应连接 G 装置的 b 端,将空气从短导管排出。

(3) H 装置中二氧化碳与石灰水反应生成碳酸钙沉淀和水,反应的化学方程式为:$CO_2+Ca(OH)_2 =\!\!=\!\!= CaCO_3\downarrow +H_2O$。

第六章 碳和碳的化合物

第二节 二氧化碳制取的研究

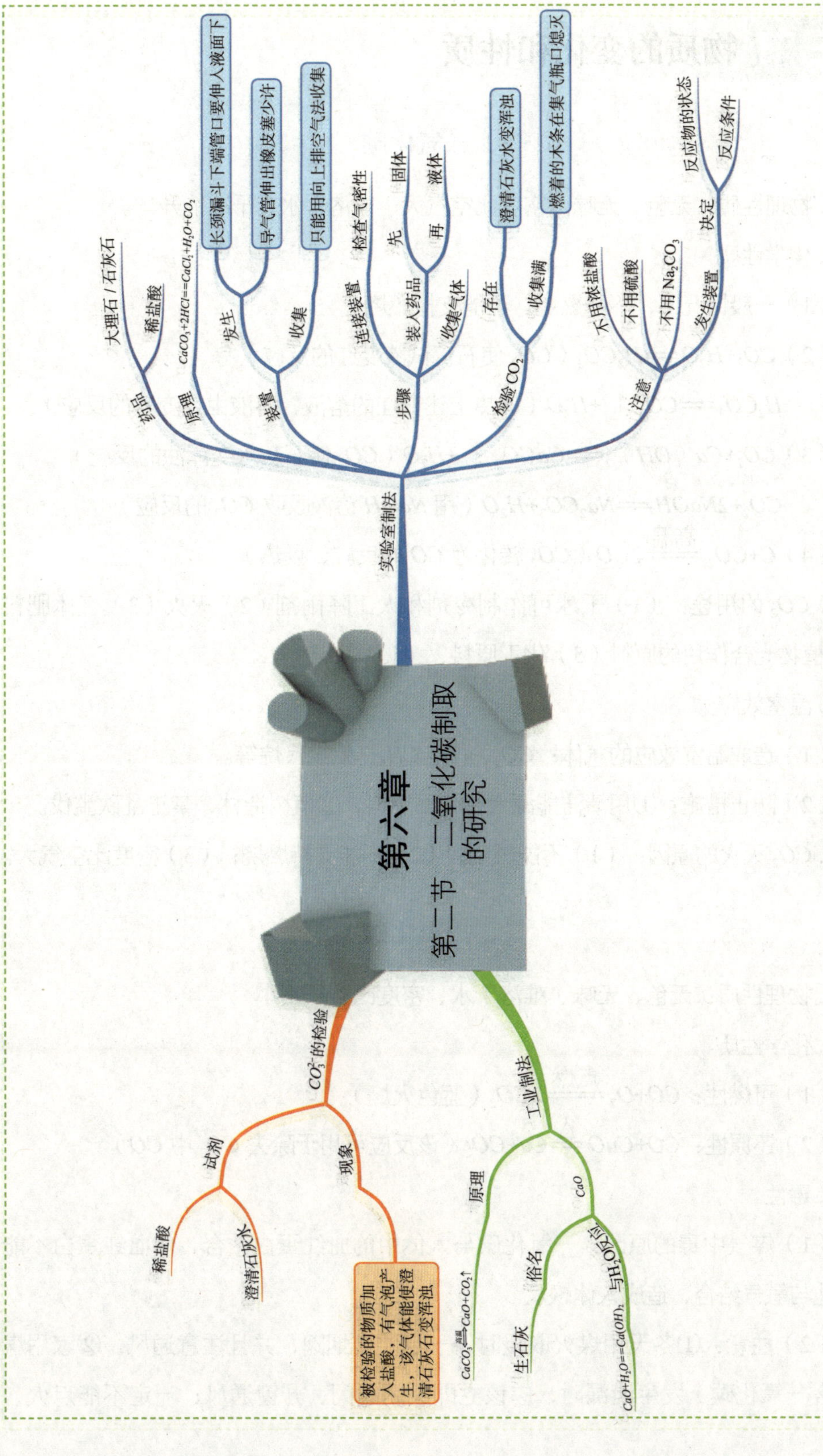

实验室制法

- **药品**：大理石/石灰石、稀盐酸
- **原理**：$CaCO_3+2HCl=CaCl_2+H_2O+CO_2$
- **装置**
  - 发生
  - 收集
- **步骤**
  - 连接装置
  - 装入药品
  - 收集气体
    - 检查气密性
    - 先 固体
    - 再 液体
- **验证 CO_2**
  - 存在：澄清石灰水变浑浊
  - 收集满：燃着的木条在集气瓶口熄灭
- **注意**
  - 不用浓盐酸
  - 不用硫酸
  - 不用 Na_2CO_3
  - 发生装置
    - 反应物的状态
    - 反应条件
    - 决定

装置注释
- 长颈漏斗下端管口要伸入液面下
- 导气管伸出橡皮塞少许
- 只能用向上排空气法收集

工业制法
- **原理**
  - $CaCO_3 \xrightarrow{\text{高温}} CaO+CO_2\uparrow$
- **俗名**：生石灰 CaO
- 与 H_2O 反应：$CaO+H_2O=Ca(OH)_2$

CO_3^{2-} 的检验
- **试剂**
  - 稀盐酸
  - 澄清石灰水
- **现象**：被检验的物质加入盐酸，有气泡产生，该气体能使澄清石灰水变浑浊

第三节 物质的变化和性质

一、二氧化碳

1. 物理性质：无色、无味、密度比空气大、能溶于水、干冰能升华。

2. 化学性质

（1）一般情况下，不能燃烧，不能支持燃烧。

（2）$CO_2+H_2O=\!=\!H_2CO_3$（CO_2 使石蕊试液变红的反应）

$H_2CO_3=\!=\!CO_2\uparrow +H_2O$（加热上述变红的溶液，溶液由红变紫的反应）

（3）$CO_2+Ca(OH)_2=\!=\!CaCO_3\downarrow +H_2O$（$CO_2$ 使石灰水变浑浊的反应）

$CO_2+2NaOH=\!=\!Na_2CO_3+H_2O$（用 $NaOH$ 溶液吸收 CO_2 的反应）

（4）$C+CO_2 \xrightarrow{\text{高温}} 2CO$（$CO_2$ 转化为 CO 的反应、吸热）

3. CO_2 的用途：（1）干冰可作制冷剂和人工降雨剂（2）灭火（3）气体肥料（4）植物光合作用的原料（5）化工原料

4. 温室效应

（1）造成温室效应的气体：CO_2、O_3、CH_4、氟氯代烷等。

（2）防止措施：①用清洁能源代替化石燃料；②植树造林，禁止乱砍滥伐。

5. CO_2 灭火的原因：（1）不能燃烧；（2）不能支持燃烧；（3）密度比空气大。

二、一氧化碳

1. 物理性质：无色、无味、难溶于水、密度比空气略小

2. 化学性质

（1）可燃性：$CO+O_2 \xrightarrow{\text{点燃}} 2CO_2$（蓝色火焰）

（2）还原性：$CO+CuO \xrightarrow{\triangle} Cu+CO_2$（该反应可用于除去 CO_2 中 CO）

3. 毒性

（1）煤气中毒的原因：一氧化碳与人体中的血红蛋白结合，使血红蛋白不能很好地与氧气结合，造成人体缺氧。

（2）注意：①冬天用煤火取暖时，一定要装烟囱，并且注意通风。②家用煤气（含一氧化碳）发生泄漏时，应该立即关闭阀门、开窗通风；一定不能点火、

开灯、打电话。

4. 注意：

（1）除去 CO_2 中的 CO 的方法：将混合气体通过灼热的 CuO。

（化学反应方程式：$CO+CuO \xlongequal{\triangle} Cu+CO_2$）

（2）除去 CO 中的 CO_2 的方法：将混合气体通过澄清石灰水或 $NaOH$ 溶液。

【化学反应方程式：$CO_2+Ca(OH)_2 == CaCO_3 \downarrow +H_2O$】

（3）除去混合气体中的 O_2 的方法：将混合气体通过灼热的 Cu 网。

（化学反应方程式：$O_2+2Cu \xlongequal{\triangle} 2CuO$）

（4）具有还原性的物质有：H_2、CO、C。

【例1】（2019 重庆市中考 B 卷 12 题）下列有关碳及其化合物的说法错误的是（　　）

A. CO_2 的水溶液使石蕊显红色
B. 干冰用于人工降雨
C. 紧闭门窗用木炭烤火易使人中毒
D. 金刚石导电性能良好

答案 D

试题分析：本题主要考查几种碳单质和 CO_2 的性质。

方法指引：二氧化碳与水反应生成碳酸，碳酸能使紫色的石蕊试液变红色，A 正确；干冰易升华，会吸收大量的热，可用于人工降雨，B 正确；紧闭门窗会导致室内缺氧，木炭发生不充分燃烧生成的一氧化碳会使人中毒，C 正确；金刚石没有导电性，D 错误。

【例2】（2019 湖南省长沙中考 7 题）小明在学完"二氧化碳和一氧化碳"后，对有关知识进行了归纳和整理，其中合理的是（　　）

A. CO_2 和 CO 都是由碳元素和氧元素组成的
B. CO_2 和 CO 都有毒
C. CO_2 和 CO 都有可燃性
D. CO_2 和 CO 都能用于冶炼金属

A

解题思路
- 试题分析：本题考查 CO_2 和 CO 的组成、性质及用途。
- 方法指引：二氧化碳不支持呼吸，但无毒；一氧化碳有毒，能与血液中的血红蛋白结合，使血液失去载氧能力，B 不合理。二氧化碳不能燃烧，也不支持燃烧，不具有可燃性；B 不合理。二氧化碳不能燃烧，也不支持燃烧，不具有可燃性；一氧化碳能在空气中燃烧，具有可燃性，C 不合理。一氧化碳具有还原性，能用于冶炼金属；二氧化碳不具有还原性，不能用于冶炼金属，D 不合理。

本节练习

例题

1.（2018湖南省长沙中考7题）燃气热水器中燃气不充分燃烧易产生 CO 气体，下列关于 CO 的说法不正确的是：（　　）

　　A. CO 气体有毒，可危害人体健康　　B. CO 可用于冶炼金属

　　C. CO 可以燃烧，可作燃料　　D. 在煤炉上放一壶水就能防止 CO 中毒

D

解析

A. CO 气体有毒，可危害人体健康，故选项 A 正确。

B. CO 具有还原性，可用于冶炼金属，故选项 B 正确。

C. CO 可以燃烧，可作燃料，故选项 C 正确。

D. 一氧化碳难溶于水，在煤炉上放一壶水不能防止 CO 中毒，故选项 D 错误。

故选 D。

2.（2017广西区桂林中考13题）实验室里用向上排空气法收集 CO_2，依据的 CO_2 性质是（　　）

　　A. 密度　　　　B. 颜色　　　　C. 气味　　　　D. 熔点

答案

A

解析

二氧化碳的密度比空气大，因此实验室里用向上排空气法收集CO_2。故选A。

例题

3.（2017山东省东营中考8题）如图所示进行有关碳及其氧化物的性质实验，不正确的说法是（　　）

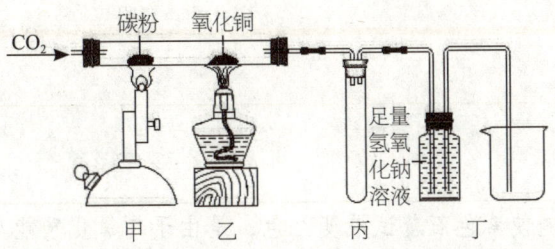

A.甲、乙两处的现象分别是：黑色粉末减少，黑色粉末逐渐变红

B.甲处发生的反应是典型的吸热反应

C.丙处试管可防止液体倒吸

D.该装置的不足之处是未进行尾气处理

答案

D

解析

A.在甲处，在高温条件下碳与二氧化碳反应生成了一氧化碳，在乙处在加热的条件下一氧化碳与氧化铜反应生成了二氧化碳和铜，所以，甲、乙两处的现象分别是：黑色粉末减少，黑色粉末逐渐变红，故选项A正确。

B.在甲处，在高温条件下碳与二氧化碳反应生成了一氧化碳，是典型的吸热反应，故选项B正确。

C.由装置的特点可知，丙处试管可防止液体倒吸，故选项C正确。

D.由装置的特点可知，丁装置可以收集未反应的一氧化碳，不需要尾气处理，故选项D错误。

故选D。

例题

4.（2017浙江省台州中考2题）下列实验现象只能反映二氧化碳物理性质的是（　　）

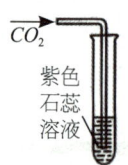　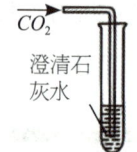　　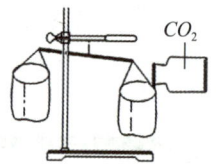

A. 紫色石蕊变红色　B. 石灰水变浑浊　C. 蜡烛熄灭　D. 杠杆左高右低

答案 D

解析

A. 二氧化碳能使紫色石蕊试液变红色，是由于二氧化碳能与水化合生成了碳酸，反映二氧化碳的化学性质，故选项A不符合题意。

B. 二氧化碳能使石灰水变浑浊，是由于二氧化碳能与氢氧化钙反应生成了碳酸钙沉淀和水，反映二氧化碳的化学性质，故选项B不符合题意。

C. 蜡烛熄灭，是由于二氧化碳也不支持燃烧，密度比空气大，既反映了二氧化碳的化学性质又反映了二氧化碳的物理性质，故选项C不符合题意。

D. 杠杆左高右低，是由于二氧化碳的密度比空气大，只反映了二氧化碳的物理性质，故选项D符合题意。

故选D。

例题

5.（2017山东省泰安中考6题）CO_2是重要的资源，以其为原料可获得下列四种物质。下列说法错误的是（　　）

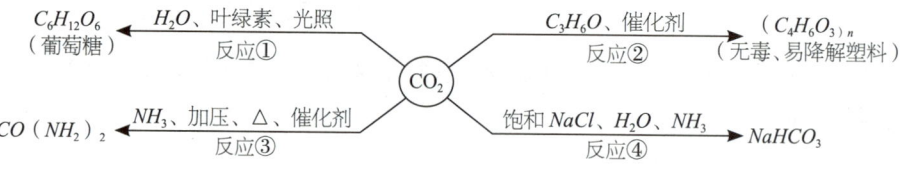

A. 反应①是太阳能转化为化学能

B. 反应②的实现有利于缓解"白色污染"

C. 反应③可用来制取氮肥

D. 反应④获得产品后的剩余溶液中，溶质只有 $NaHCO_3$

答案

D

解析

A. 由光合作用中能量的转化可知，反应①是太阳能转化为化学能，故选项 A 说法正确。

B. 通过该反应得到了无毒、易降解的塑料，有利于缓解"白色污染"，故选项 B 说法正确。

C. 氨气与二氧化碳反应生成尿素和水，尿素可用作氮肥，故选项 C 说法正确。

D. 反应④获得产品后的剩余溶液中，溶质有 NH_4Cl 和 $NaHCO3$，故选项 D 说法错误。

故选 D。

例题

6.（2018 安徽省中考 8 题）为实现二氧化碳的绿色利用，科学家用固碳酶作催化剂设计了如下转化过程。下列有关说法正确的是（　　）

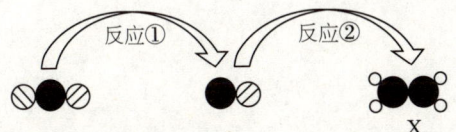

● —碳原子
◎ —氧原子
○ —氢原子

A. 反应①的化学方程式为 $CO_2+C=CO$

B. 固碳酶在反应前后化学性质发生变化

C. X 的化学式为 CH_2

D. 该过程实现了无机物向有机物的转化

答案 D

解析

A. 该反应方程式缺少条件，故选项 A 错误。

B. 固碳酶是催化剂，故反应前后的质量和化学性质不变，故选项 B 错误。

C. 由图可知，X 的化学式为 C_2H_4，故选项 C 错误。

D. 该过程实现了无机物向有机物的转化，故选项 D 正确。

故选 D。

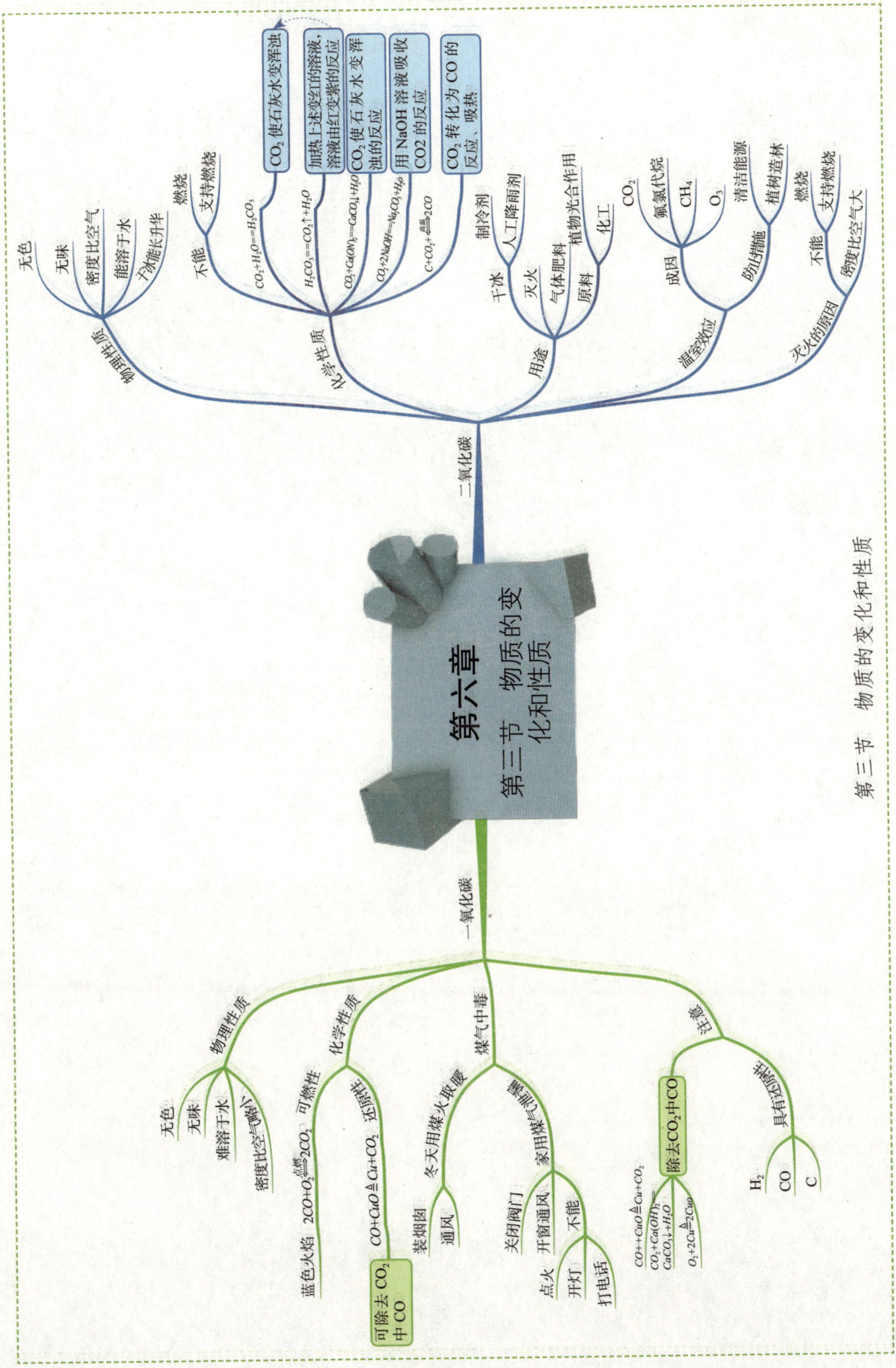

第六章 碳和碳的化合物

第三节 物质的变化和性质

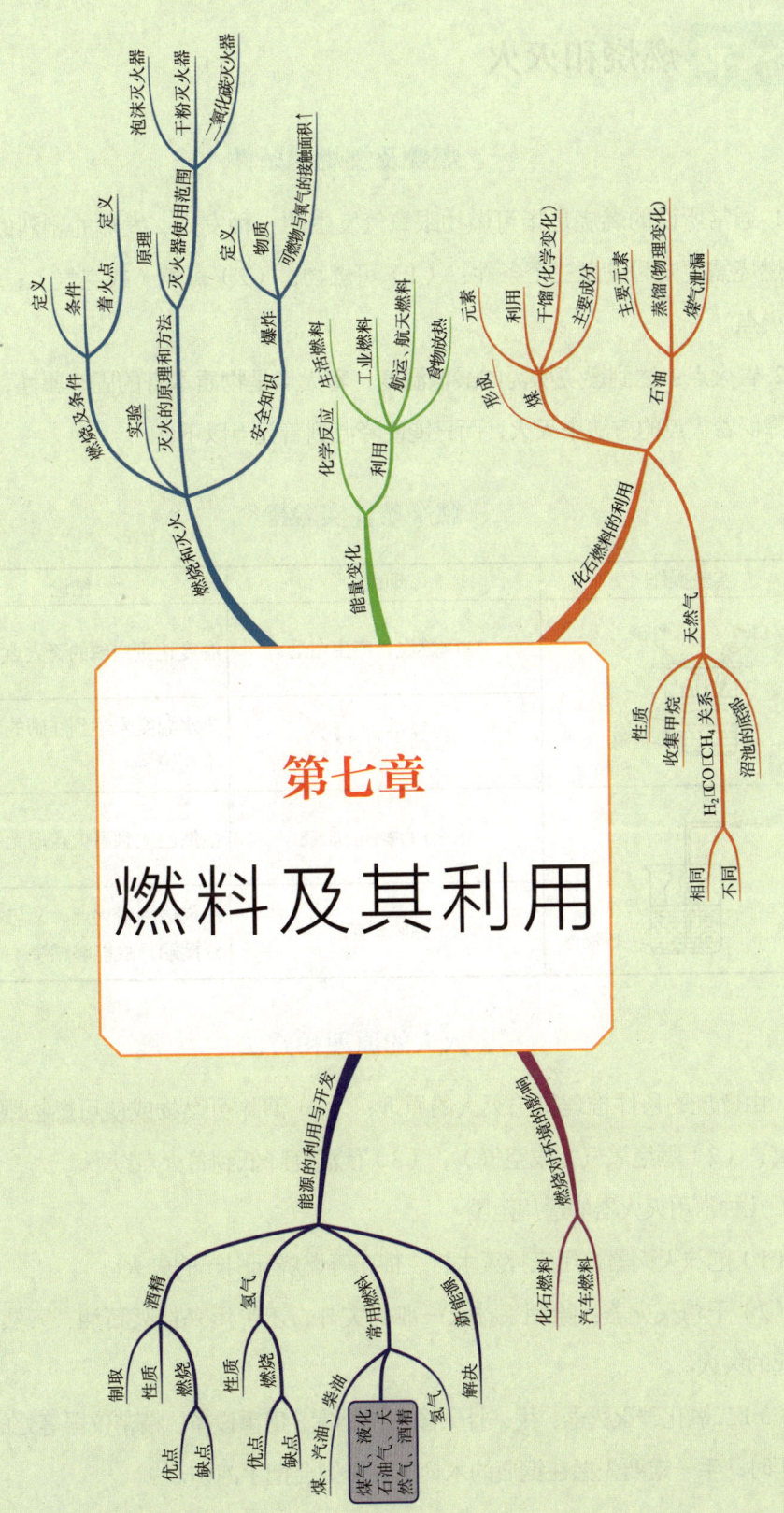

第一节 燃烧和灭火

一、燃烧及燃烧的条件

1. 通常所说的燃烧是指可燃物跟氧气发生的一种发光、发热的剧烈的氧化反应。燃烧需要同时满足三个条件：（1）可燃物；（2）氧气（或空气）；（3）达到着火点。

2. 着火点：达到燃烧所需的最低温度，着火点是物质本身的固有属性，因此不能说降低着火点的方法来灭火，而只能说降温到着火点以下。

二、燃烧条件实验探究

实验操作	现象	结论
白磷 红磷 热水 白磷	白磷燃烧，产生白烟	温度达到白磷的着火点
	红磷没有变化	热水温度未达到红磷的着火点不能燃烧
氧气 热水 白磷	水中白磷不能燃烧	虽然已达到着火点但无氧气
	白磷燃烧	白磷达到着火点，又与氧气充分接触，故能够燃烧

三、灭火的原理和方法

1. 由燃烧的条件推理得出灭火的原理：（1）清除可燃物或使可燃物跟其他物品隔离；（2）隔绝氧气（或空气）；（3）使温度降低到着火点以下。

2. 几种常用灭火器的适用范围

（1）泡沫灭火器：用来扑灭木材、棉布等燃烧而引起的失火。

（2）干粉灭火器：除用来扑灭一般火灾外，还可用来扑灭石油、天然气等燃烧引起的失火。

（3）二氧化碳灭火器：用来扑灭图书馆档案、贵重设备、精密仪器等处的失火。（使用时，手一定要先握在钢瓶的木柄上，否则会把手冻伤。）

四、易燃易爆物的安全知识

1. 爆炸：可燃物在有限空间发生急剧燃烧，使气体体积发生迅速膨胀而引起的。
2. 除可燃性气体能发生爆炸外，面粉、煤粉等粉尘也能发生爆炸。
3. 可燃物与氧气的接触面积越大，燃烧就越剧烈。

本节练习

例题

1. （2017 江苏省无锡中考 6 题）关于燃烧和灭火，下列说法正确的是（　　）

   A. 家用电器着火，应立即用水浇灭

   B. 厨房天然气泄露，可打开脱排油烟机排气

   C. 燃着的酒精灯不慎碰倒而着火，应立即用湿抹布扑盖

   D. 面粉在有限的空间内遇到明火会急剧燃烧，但不会发生爆炸

答案

C

解析

A. 电器着火，首先应切断电源，为防止触电，不能用水扑灭，故选项 A 说法错误。

B. 可燃性气体与空气混合后点燃可能发生爆炸，天然气具有可燃性，打开油烟机会产生电火花，可能发生爆炸，故选项 B 说法错误。

C. 燃着的酒精灯不慎碰倒而着火，应立刻用湿抹布扑盖，隔绝空气而灭火，故选项 C 说法正确。

D. 面粉在有限的空间内遇到明火会急剧燃烧，也可能会发生爆炸，故选项 D 说法错误。

故选 C。

例题

2.（2017 江苏省南京中考 3 题）下列图标中表示禁止吸烟的是（　　）

 A.  B.  C.  D.

答案 D

解析

A. 表示的是禁止烟火。

B. 表示的是禁止携带火种。

C. 表示的是禁止燃放鞭炮。

D. 表示的是禁止吸烟。

故选 D。

例题

3.（2018 四川省成都中考 4 题）下列说法正确的是（　　）

A. 加油站严禁烟火 　　B. 高层楼房着火乘电梯逃生

C. 燃气泄漏关闭阀门打开排气扇　　D. 灭火要同时破坏燃烧的三个条件

答案 A

解析

A. 加油站空气中含有燃油蒸气，遇火易发生爆炸，故选项 A 正确。

B. 高层楼房着火时，易发生断电现象，不能乘电梯逃生，故选项 B 错误。

C. 煤气具有可燃性，与空气混合后，遇到明火或电火花易发生爆炸，所以不能打开换气扇，而应先关闭阀门，打开门窗通风，故选项 C 错误。

D. 灭火时只需破坏燃烧的一个条件即可，故选项 D 错误。

故选 A。

例题

4.（2016 江苏省盐城中考 9 题）如图是探究燃烧条件的实验装置，有关该实验的说法不正确的是（　　）

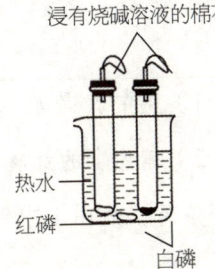

A. 只有左侧试管中的红磷能燃烧

B. 只有右侧试管中的白磷能燃烧

C. 磷燃烧的反应属于氧化反应

D. 烧碱溶液的作用是吸收燃烧产物，减轻污染

答案

A

解析

A. 红磷的着火点是 200 ℃左右，热水的温度达不到其着火点，所以红磷不能燃烧，选项 A 故错误。

B. 白磷的着火点较低，热水的温度达到了白磷的着火点，且与氧气接触，所以白磷发生了燃烧，故选项 B 正确。

C. 磷燃烧是磷与氧气发生的化学反应，属于氧化反应，故选项 C 正确。

D. 白磷燃烧生成的五氧化二磷是一种有毒物质，可以与氢氧化钠反应，所以烧碱溶液的作用是吸收燃烧产物，减轻空气污染，故选项 D 正确。

故选 A。

例题

5.（2016 湖南省永州中考 27 题）如图是教材燃烧条件探究的实验图，请根据实验回答下列问题：

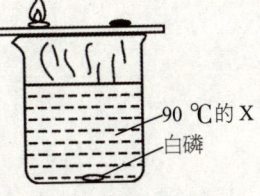

（1）图中 X 是 _____ 。

（2）铜片上不能燃烧的物质是 _____（填名称）。

（3）要使烧杯底部的白磷燃烧起来，需要将 _____ 通过导管通入白磷处。

答案

（1）水；（2）红磷；（3）氧气。

解析

（1）图中X是水。

（2）铜片上的红磷，没有达到燃烧所需要的最低温度（240 ℃），不满足燃烧所需条件，故图1中铜片的红磷不能燃烧，说明燃烧需要温度达到可燃物的着火点。

（3）水中的白磷不燃烧，说明燃烧需要可燃物与氧气接触；使烧杯底部的白磷燃烧起来，需要将氧气通过导管通入白磷处。

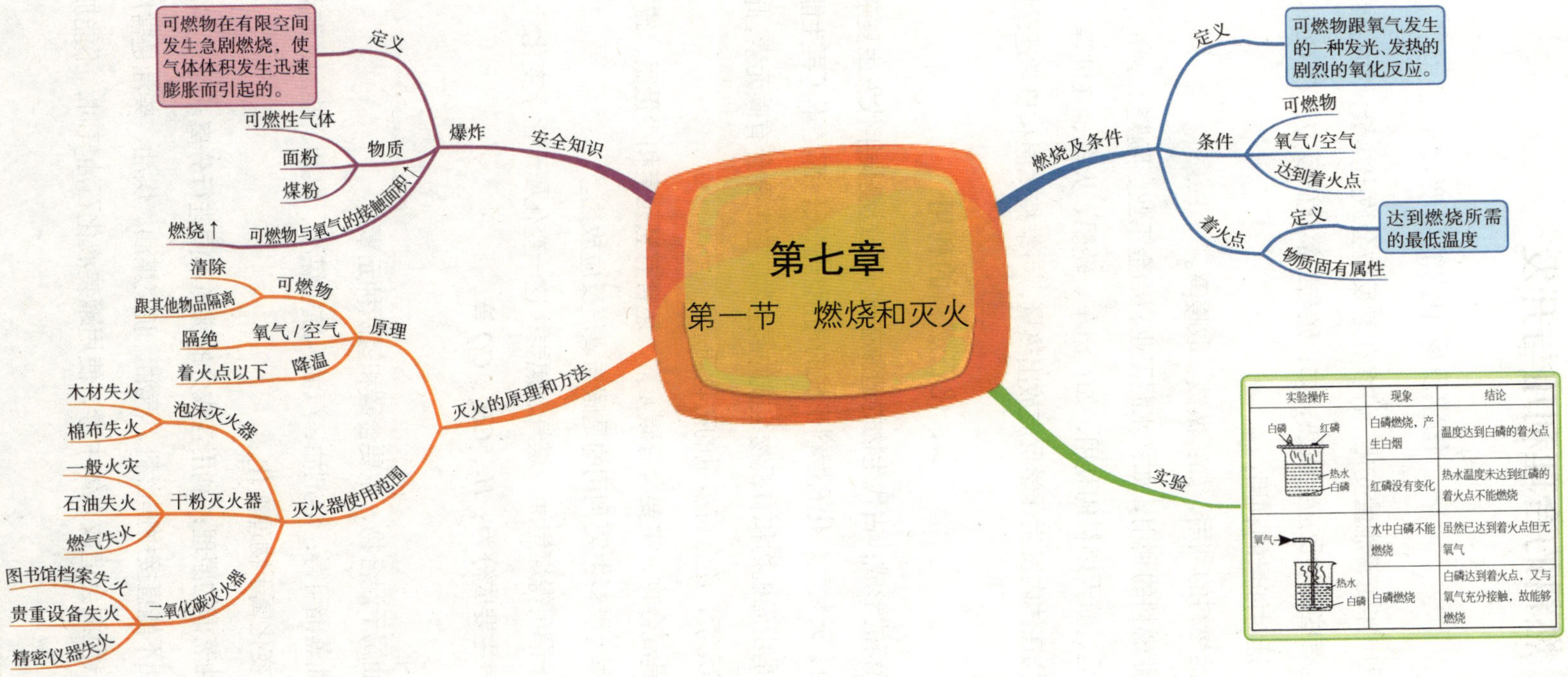
第七章
第一节 燃烧和灭火
燃烧及条件
定义
可燃物跟氧气发生的一种发光、发热的剧烈的氧化反应。
条件
可燃物
氧气/空气
达到着火点
着火点
定义
达到燃烧所需的最低温度
物质固有属性
实验
实验操作
现象
结论
白磷
红磷
热水
白磷
白磷燃烧，产生白烟
温度达到白磷的着火点
红磷没有变化
热水温度未达到红磷的着火点不能燃烧
氧气
热水
白磷
水中白磷不能燃烧
虽然已达到着火点但无氧气
白磷燃烧
白磷达到着火点，又与氧气充分接触，故能够燃烧
安全知识
爆炸
定义
可燃物在有限空间发生急剧燃烧，使气体体积发生迅速膨胀而引起的。
物质
可燃性气体
面粉
煤粉
可燃物与氧气的接触面积↑
燃烧↑
灭火的原理和方法
原理
可燃物
清除
跟其他物品隔离
氧气/空气
隔绝
降温
着火点以下
灭火器使用范围
泡沫灭火器
木材失火
棉布失火
干粉灭火器
一般火灾
石油失火
燃气失火
二氧化碳灭火器
图书馆档案失火
贵重设备失火
精密仪器失火

第一节 燃烧和灭火

第二节 燃料的合理利用与开发

一、化学反应中的能量变化

1. 化学反应伴随着能量变化。许多化学反应会放出热量，如：燃烧、镁和盐酸反应等。但也有些化学反应会吸热，如：碳与二氧化碳反应：$C+CO_2 \xrightarrow{\text{高温}} 2CO$

2. 人类生活对能量的利用：

（1）生活燃料的利用，如：做饭、取暖等。

（2）工业燃料的利用，如：水泥工业、冶金工业、陶瓷工业等。

（3）航运、航天燃料的利用，如：汽车、轮船、火车、飞机等。

（4）食物在体内发生化学反应放出热量，可维持体温和日常活动所需的能量。

二、化石燃料的利用

1. 化石燃料的形成：古代生物的遗骸在地下经过漫长年代发生复杂变化形成的，包括煤、石油、天然气。化石燃料形成的周期非常长，都是不可再生能源。

2. 煤：煤是由无机物和有机物组成的混合物，它主要含有碳元素，此外还含有氮、氢、硫、氧等元素，还含有少量的矿物质。

（1）煤是混合物，主要含有碳元素，还含有氢元素和少量氮、硫等元素。

（2）煤作为燃料主要利用的是碳与氧气反应放热。

（3）煤干馏可得煤焦油、煤气、焦炭，这一变化属于化学变化。

（4）煤气主要成分为：H_2、CH_4、CO 等。

3. 石油

（1）石油属于混合物，主要含碳和氢两种元素。

（2）石油蒸馏可得：溶剂油、汽油、航空煤油、煤油、柴油、润滑油、石蜡、沥青等，这一变化属于物理变化。

（3）石油蒸馏的原理：利用各成分的沸点不同进行分离。

（4）石油不能直接用作燃料，汽油、航空煤油、煤油、柴油是常用的燃料。

（5）煤气泄漏会造成人体中毒，使用罐装液化石油气时，不能加热、不能猛烈撞击。

4. 天然气

（1）性质：无色无味的气体，密度比空气小，极难溶于水，易燃烧。

$$CH_4+2O_2 \xrightarrow{\text{点燃}} CO_2+2H_2O$$

（2）收集甲烷可用排水法和向下排空气法。

（3）区分 H_2、CO、CH_4：三种气体都具可燃性，可利用其燃烧产物来鉴别。

（4）沼池的底部常含有沼气。把植物残体、动植物粪便等放在密闭沼气池中发酵制取。农村可用沼气解决生活用燃料、照明等问题，提高肥效。

三、使用燃料对环境的影响

1. 化石燃料燃烧对空气的影响

（1）空气污染的原因

①煤中主要含有碳元素，还含有硫和氮元素等。煤燃烧会排放出的有害气体：SO_2、二氧化氮等污染物。

②燃料燃烧不充分，产生一氧化碳等。

③未燃烧的碳氢化合物及炭粉、尘粒等排放到空气中形成浮尘。

（2）酸雨的形成、危害及防治

酸雨的形成	煤燃烧时会排放二氧化硫（SO_2）、二氧化氮（NO_2）等污染物，SO_2、NO_2等气体溶于水，会形成酸雨。
酸雨的危害	危害人体健康；导致水体酸化，严重影响水生动植物的生长；破坏土壤、植被、森林；腐蚀金属及建筑物。
酸雨防治措施	尽量少用含硫燃料；含硫燃料脱硫后再使用；尾气处理后再排放；开发新能源。

2. 汽车用燃料的燃烧：多数汽车使用的燃料：汽油或柴油。汽油或柴油燃烧会产生的有毒气体：一氧化碳、未燃烧的碳氢化合物、氮的化合物、含铅化合物和烟尘等。

四、能源的利用与开发

1. 酒精的制取（学名乙醇，化学式 C_2H_5OH）

（1）乙醇由高粱、玉米、薯类等经过发酵、蒸馏得的，属于可再生能源。

（2）性质：无色透明有特殊香味的液体，能与水以任何比例互溶。在空气中燃烧，放出大量的热量。

$C_2H_5OH+3O_2 \xrightarrow{\text{点燃}} 2CO_2+3H_2O$。

（3）用途：用作酒精灯、火锅、内燃机等的燃料。它属于可再生能源，在汽油中加入适量酒精作为汽车燃料，可节省石油资源，减少汽车尾气造成的污染。

（4）乙醇作燃料的优缺点

优点：制取成本低，较易贮存。

缺点：燃烧时会产生对环境有负面影响的物质。

2. 氢气

（1）性质：无毒，极易燃烧，燃烧放出大量热量。

化学方程式：$2H_2+O_2 \xrightarrow{\text{点燃}} 2H_2O$

（2）氢气作燃料的优缺点：

优点：氢气本身无毒，极易燃烧，燃烧值高，其燃烧产物为水。

缺点：氢气的制取成本高和贮存困难。

3. 常用燃料的优缺点：经常使用的燃料有煤、煤气、液化石油气、天然气、汽油、柴油和酒精等，从资源、环境、经济等方面考虑，这些燃料各自的优缺点：煤、汽油、柴油的成本低，放热高，但污染大；煤气、液化石油气、天然气、酒精等燃料污染小，使用成本高；氢气无污染，但成本高，贮存困难。故相比酒精是较好的燃料，因为它是可再生能源。

4. 新能源

（1）可供人类开发利用的能源有：太阳能、地热能、核能、风能和潮汐能等。

（2）新能源的利用既能部分解决化石能源面临耗尽之危机，又可减少对环境的污染。

例题

【例1】（2019广东省广州中考12题）燃料和能源与生活息息相关，下列说法正确的是（　　）

A. 石油是一种清洁能源，也是一种可再生能源

B. 炒菜时油锅着火，应立即用水浇灭

C. "钻木取火"的原理是通过摩擦生热提高木材的着火点

D. 燃气灶火焰出现黄色，锅底出现黑色时，可增大灶具进风口

第七章 燃料及其利用

答案

D

解题思路
- 试题分析：本题考查燃烧的条件及燃料的利用。
- 方法指引：石油属于化石燃料，属于不可再生能源；炒菜时油锅着火，应盖上锅盖隔绝氧气以灭火；"钻木取火"的原理是摩擦生热提高了温度，达到了木材的着火点；当燃气灶的火焰呈黄色，锅底出现黑色时，说明氧气不足，燃气燃烧不充分生成碳黑，应该将进风口调大，增加进入空气（或氧气）的量，促进燃气燃烧。

例题

【例2】（2018 天津市中考 1 题）从环境保护的角度考虑，下列燃料中最理想的是（　　）

A. 天然气　　B. 氢气　　C. 酒精　　D. 乙醇汽油

答案

B

解题思路
- 试题分析：本题考查各类燃料的燃烧及利用。
- 方法指引：天然气、酒精、乙醇汽油燃烧会产生温室气体，氢气燃烧产物为水，属于最理想的燃料。
- 易错事项：理想的燃料要最大可能降低对环境的污染。

例题

【例3】（2017 广西贵港中考 11 题）下列关于燃料的说法中，正确的是（　　）

A. 石油是纯净物

B. 煤、石油、天然气和酒精都是化石燃料

C. 煤和石油的燃烧会造成空气污染

D. 只有通过燃料的燃烧才能获得热能

239

答案 C

解析

A. 石油是由多种物质组成的，属于混合物，故选项 A 错误。

B. 煤、石油、天然气属于化石燃料，酒精不属于化石燃料，故选项 B 错误。

C. 煤、石油等化石燃料的燃烧能生成大量的二氧化碳、一氧化碳、二氧化硫、氮氧化物等，会造成空气污染，故选项 C 正确。

D. 燃烧、摩擦等都可以产生热能，所以说只有通过燃料的燃烧才能得到热能是错误的，故选项 D 错误。

故选 C。

例题

【例4】（2018江苏省扬州中考1题）下列做法与低碳环保理念一致的是（　　）

A. 生活垃圾分类回收　　B. 市区尽量开车出行

C. 工业废气直接排放　　D. 化石燃料过度使用

答案 A

解析

A. 生活垃圾分类回收，可以减少对环境的污染，故选项 A 符合题意。

B. 市区尽量开车出行，增加化石燃料的使用，加重环境的污染，故选项 B 不符合题意。

C. 工业废气直接排放，会对环境造成污染，故选项 C 不符合题意。

D. 化石燃料过度使用会产生大量的空气污染物，故选项 D 不符合题意。

故选 A。

本节练习

1.（2018 江苏省苏州中考 2 题）新能源的开发利用是人类社会可持续发展的重要课题。下列属于新能源的是（　　）

A. 天然气　　　B. 石油　　　C. 氢气　　　D. 煤

C

解析

天然气、石油、煤属于传统三大化石燃料，故选择 C。

2.（2018 广东省广州中考 7 题）下列说法正确的是（　　）

A. 石油是一种混合物　　　　B. 可燃冰是可再生能源

C. 煤燃烧时只生成二氧化碳　　　D. "西气东输"的"气"是指氢气

A

解析

A. 石油是一种混合物，选项 A 正确。

B. 可燃冰是天然气水合物，是不可再生的，选项 B 错误。

C. 煤不充分燃烧会生成 CO，选项 C 错误。

D. "西气东输"的气是指甲烷，选项 D 错误。

故选 A。

3.（2018 天津市中考 1 题）从环境保护的角度考虑，下列燃料中最理想的是（　　）

A. 天然气　　　B. 氢气　　　C. 酒精　　　D. 乙醇汽油

答案

B

解析

天然气、酒精、乙醇汽油燃烧会产生温室气体，氢气燃烧产物为水，属于最理想的燃料。故选 B。

例题

4.（2018黑龙江省哈尔滨中考10题）下列关于能源、资源的叙述正确的是（　　）

  A. 常用来炼铁的矿石有赤铁矿、磁铁矿

  B. 石油炼制可得到汽油、柴油、煤焦油等

  C. 海洋是地球上最大的储水库，海水中含有的化学元素有100多种

  D. 人们正在利用和开发的其他能源有水能、太阳能、风能、地热能、可燃冰等

答案

A

解析

  A. 常用来炼铁的矿石有赤铁矿、磁铁矿，故选项A正确。

  B. 石油炼制可得到汽油、柴油、航空煤油等，故选项B错误。

  C. 海洋是地球上最大的储水库，海水中含有的化学元素有80多种，故选项C错误。

  D. 人们正在利用和开发的其他能源有水能、太阳能、风能、地热能等，可燃冰还没有利用和开发，故选项D错误。

  故选A。

例题

5.（2018重庆市中考A卷4题）我市拥有丰富的页岩气，它与天然气的主要成分相同。下列关于页岩气的说法不正确的是（　　）

A. 它是混合物 B. 它是不可再生能源

C. 它的主要成分是有机物 D. 加压使它液化，其分子间的间距不变

答案

D

解析

页岩气与天然气一样，主要成分是甲烷，还含有其他物质，属于混合物；页岩气属于化石能源，属于不可再生能源；页岩气的主要成分是甲烷，甲烷是含碳元素的化合物，属于有机物；加压使它液化，其分子间的间距变小。故选 D。

例题

6.（2018 四川省雅安中考 10 题）家用燃料使用的发展历程（括号内表示燃料主要成分）如图所示。

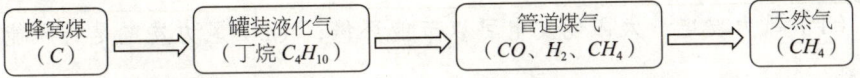

下列有关说法错误的是（　　）

A. 燃料燃烧时均放出热量 B. 煤、石油、天然气都属于化石燃料

C. 管道煤气有毒 D. 丁烷中碳、氢元素的质量比为 4：10

答案

D

解析

A. 燃料燃烧时均放出热量，故选项 A 正确。

B. 煤、石油、天然气都属于化石燃料，故选项 B 正确。

C. 管道煤气中含有有毒的一氧化碳，故选项 C 正确。

D. 丁烷中碳、氢元素的质量比为 $(12×4):(1×10)=24:5$，故选项 D 错误。

故选 D。

例题

7.（2018 山西省中考 21 题）能源既是国家经济发展的命脉。也是国家发展战略的重要支柱。我省多地有效调整能源结构，稳步发展安全高效的能源体系，合理利用如下三种发电方式，并取得了显著成效。

A. 风力发电

B. 火力发电

C. 太阳能发电

（1）与 B 相比，A、C 发电的共同优点是 ＿＿＿＿＿＿＿＿（写一条）。

（2）A 的能量转化方式是把 ＿＿＿＿能经过一系列变化转化成电能。

答案

（1）节约资源（或绿色环保 / 无废渣废气排放）；（2）风。

解析

（1）风力发电、太阳能发电可以节能环保；（2）风力发电是将风能转化为电能。

例题

8.（2018 山东省德州中考 19 题）能源、材料问题越来越引起人们的重视。

（1）目前人类需要的能量主要来自化石燃料的燃烧，化石燃料包括煤、石油和 ＿＿＿＿等。

（2）锰钢是一种重要的合金，比组成它的纯金属硬度 ＿＿＿＿，韧性好，可用于制作钢轨。

（3）篝火晚会时为使木柴燃烧的更旺，常把木柴架空，其原理是 ＿＿＿＿＿＿＿＿＿＿＿＿＿＿＿＿。

（4）登山运动员用氢化钙（CaH_2）与水反应制取的氢气作为燃料，同时得到一种碱。氢化钙与水反应的化学方程式为 ＿＿＿＿＿＿＿＿＿＿＿＿，为防止爆炸，点燃氢气前一定要进行的操作是 ＿＿＿＿＿＿＿＿。

答案

（1）天然气；（2）大；（3）增大木柴与空气的接触面积，促进燃烧；（4）$CaH_2+H_2O \!=\!\!=\! Ca(OH)_2+H_2\uparrow$、检验气体的纯度。

解析

（1）常见的化石燃料包括煤、石油和天然气。

（2）合金比组成它的纯金属硬度大。

（3）篝火晚会时为使木柴燃烧的更旺，常把木柴架空，是为了增大木柴与空气的接触面积，促进燃烧。

（4）氢化钙（CaH_2）与水反应生成氢气和氢氧化钙，反应的化学方程式为：$CaH_2+2H_2O\!=\!\!=\!Ca(OH)_2+2H_2\uparrow$；为防止爆炸，点燃氢气前一定要检验气体的纯度。

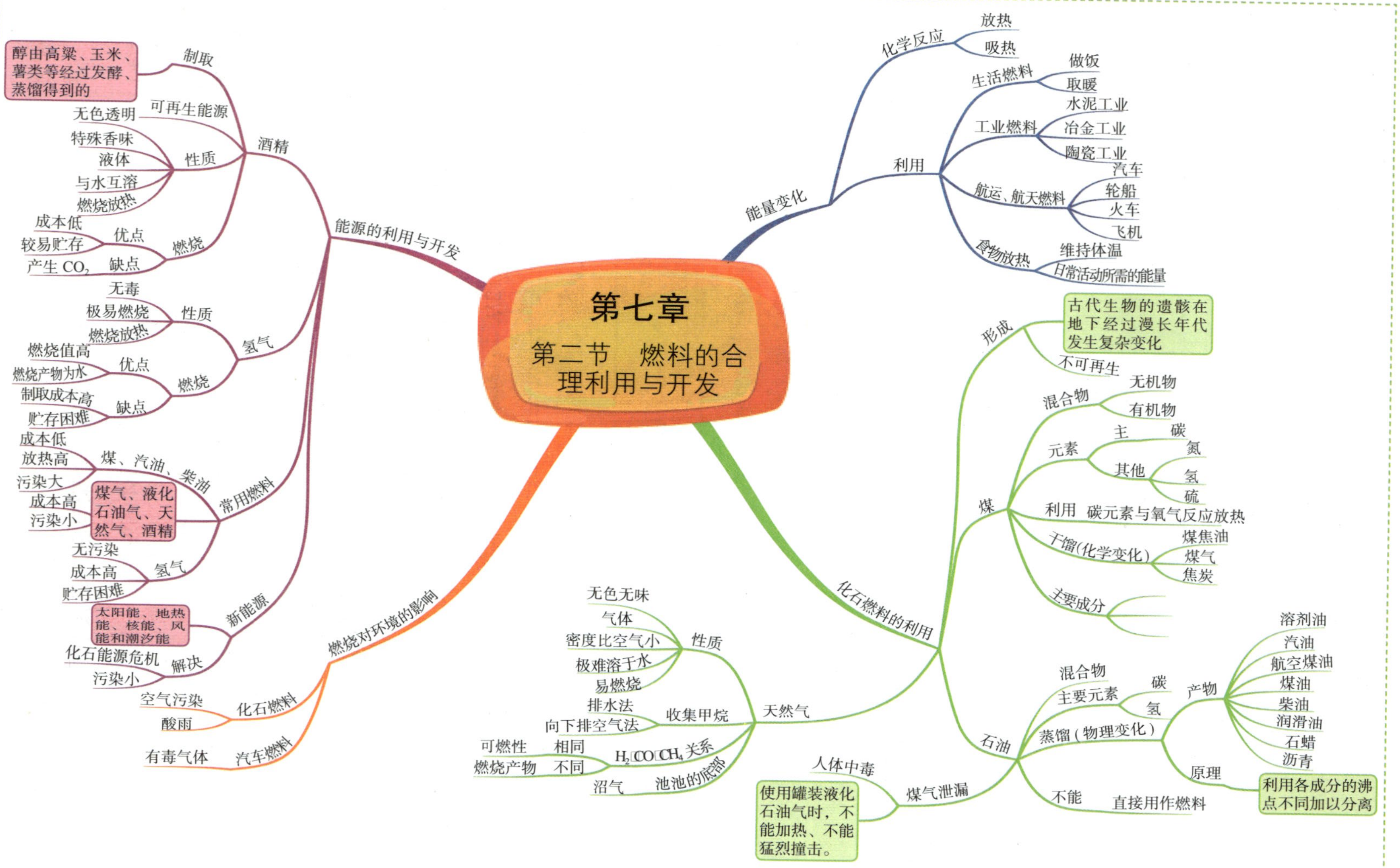

第七章 第二节 燃料的合理利用与开发

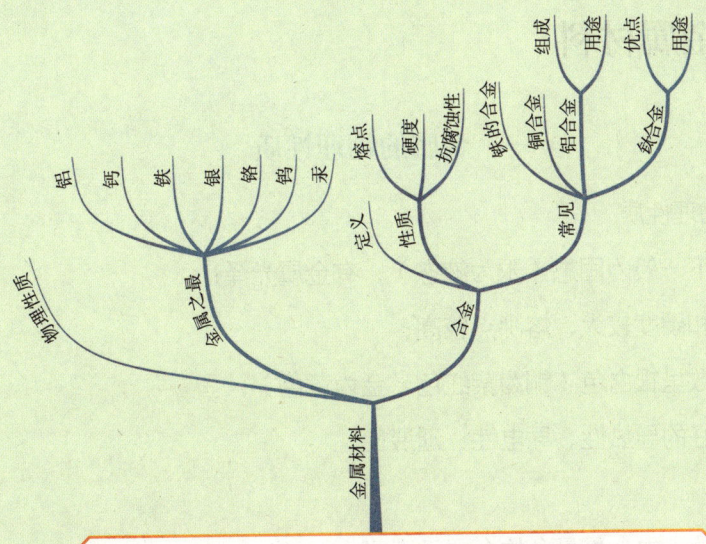

第八章
金属和金属材料

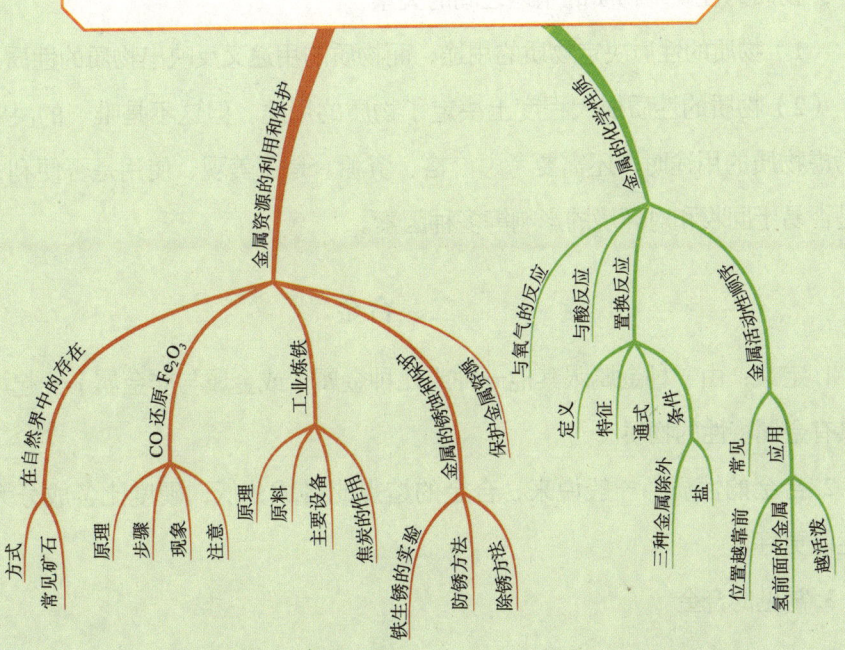

第一节 金属材料

一、金属的物理性质

1. 金属的物理性质

（1）常温下一般为固态（汞为液态），有金属光泽；

（2）密度和硬度较大，熔沸点较高；

（3）大多数呈银白色（铜为紫红色，金为黄色）；

（4）有良好的导热性、导电性、延展性。

2. 金属之最

（1）铝：地壳中含量最多的金属元素；

（2）钙：人体中含量最多的金属元素；

（3）铁：目前世界年产量最多的金属（铁＞铝＞铜）；

（4）银：导电、导热性最好的金属（银＞铜＞金＞铝）；

（5）铬：硬度最高的金属；

（6）钨：熔点最高的金属；

（7）汞：熔点最低的金属。

3. 物质的性质与物质的用途之间的关系

（1）物质的性质决定物质的用途，而物质的用途又反映出物质的性质。

（2）物质的性质很大程度上决定了物质的用途。但这不是唯一的决定因素，在考虑物质的用途时，还需要考虑价格、资源、是否美观、使用是否便利，以及废料是否易于回收和对环境的影响等多种因素。

二、合金

1. 定义：由一种金属跟其他一种或几种金属（或金属与非金属）一起熔合而成的具有金属特性的物质。

2. 合金的性质：一般说来，合金的熔点比各成分低，硬度比各成分大，抗腐蚀性能更好。

3. 常见的合金

（1）铁的合金。生铁（含碳量2%~4.3%）和钢（含碳量0.03%~2%），区别：含碳量不同。

（2）铜合金。黄铜：铜、锌的合金；青铜：铜、锡的合金，它是人类使用最早的合金。

（3）铝合金。铝中加入镁、铜、锌等金属形成合金。广泛应用于制造飞机、舰艇和载重汽车等。

（4）钛合金。优点：熔点高、密度小、可塑性好、易于加工、机械性能好、抗腐蚀性能好。用途：广泛用于火箭、导弹、航天飞机、船舶、化工和通信设备等。

【例1】（2018 四川省自贡中考8题）下列关于铁、锌、铜三种金属及其合金的说法错误的是（   ）

　A. 铁在潮湿的空气中易生锈

　B. 黄铜（铜与锌的合金）的硬度大于纯铜

　C. 可以用铁桶盛放硫酸铜溶液

　D. 可以用稀硫酸鉴别锌与铜的金属活动性强弱

答案 C

试题分析 本题主要考查几种重要金属及合金的物理性质和化学性质。

方法指引 铁在潮湿的空气中易生锈；黄铜（铜与锌的合金）的硬度大于纯铜；铁与硫酸铜反应，不可以用铁桶盛放硫酸铜溶液；可以用稀硫酸鉴别锌与铜的金属活动性强弱。

【例2】（2018 湖南省邵阳中考19题）2018年3月9日，特朗普正式签署关税令"对进口钢铁和铝分别征收25%的关税"，这一做法严重违反国际贸易规则，严重损害我国利益。下列选项中不属于合金的是（   ）

　A. 钢　　　B. 金刚石　　　C. 焊锡　　　D. 黄铜

答案 B

解题思路
- 试题分析：由合金的定义即可做出判断，合金是在金属中加热熔合某些金属或非金属制得的具有金属特征的物质。
- 方法指引：钢是铁合金，其中含有少量的碳等杂质；金刚石是碳单质，不属于合金；焊锡是锡和铅的合金；黄铜是铜和锌的合金。合金是混合物。

本节练习

例题

1.（2017 上海市中考 2 题）属于金属的是（　　）

A. Mg　　　B. O_2　　　C. S　　　D. P

答案 A

解析
A. Mg 是镁的化学式，带"钅"字旁，属于金属，故选项 A 正确。
B. O_2 是氧气的化学式，属于气态非金属单质，故选项 B 错误。
C. S 是硫的化学式，属于固态非金属单质，故选项 C 错误。
D. P 是磷的化学式，属于固态非金属单质，故选项 D 错误。
故选 A。

例题

2.（2018 江西省中考 1 题）常温下为液态的金属是（　　）

A. 汞　　　B. 金　　　C. 银　　　D. 铝

答案 A

解析

常温下，铝、银、金等大多数金属都是固体，但金属汞熔点最低，常温下为液态。故选 A。

例题

3.（2018 江苏省南京中考 4 题）通常状况下，颜色呈紫红色的金属是（　　）

A. 铁　　　　B. 银　　　　C. 铜　　　　D. 铝

答案

C

解析

铁为黑色金属；银、铝为银白色金属；铜为紫红色的金属。故选 C。

例题

4.（2017 江苏省徐州中考 15 题）国产大飞机 C919 机壳采用了先进的铝锂合金材料。已知金属锂（Li）的活动性比铝强。下列有关说法错误的是（　　）

A. 铝锂合金硬度大、密度小

B. 铝在空气中表面会形成致密的氧化膜

C. 锂能与盐酸反应，放出热量、生成氢气

D. 锂能与氧气反应，生成的 Li_2O 中 Li 显 +2 价

答案

D

解析

A. 由题意可知，国产大飞机 C919 机壳采用了先进的铝锂合金材料，说明了铝锂合金硬度大、密度小，故选项 A 正确。

B. 铝在空气中表面会形成致密的氧化膜，所以铝的耐腐蚀性强，故 B 正确。

C. 由题意可知，锂（Li）的活动性比铝强，所以锂能与盐酸反应，放出热量、生成氢气，故 C 正确。

D. 在 Li_2O 中，由于氧显 –2 价，可推出 Li 显 +1 价，故 D 错误。

故选 D。

例题

5.（2017 江苏省苏州中考 14 题）下列关于金属的说法中，不正确的是（ ）

A. 铜有良好的导电性，常用于制作导线

B. 所有的金属都能与稀盐酸反应

C. 铁制品的在干燥的空气中不易生锈

D. 不锈钢具有较强的耐腐蚀性，可用于制作医疗器械

答案 B

解析

A. 铜有良好的导电性，常用于制作导线，故选项 A 正确。

B. 排在氢前面的金属可以将排在后面的金属从其盐溶液中置换出来，所以不是所有的金属都能与稀盐酸反应，故选项 B 错误。

C. 铁制品锈蚀是铁和空气中的氧气、水共同作用的结果，所以铁制品在干燥的空气中不易生锈，故选项 C 正确。

D. 不锈钢具有较强的耐腐蚀性，可用于制作医疗器械，故选项 D 正确。

故选 B。

例题

6.（2018 四川省成都中考 10 题）科学家发现一种新金属。根据图表信息推测其用途错误的是（ ）

熔点	2500 ℃
密度	3 g/cm³
强度	与钢相似
导电性	良好
导热性	良好
抗腐蚀性	优异

A．用于焊接金属　　B．制造航天飞机　　C．制外科手术刀　　D．用于通信设备

答案

A

解析

A．该金属的熔点很高，不能用于焊接金属，故选项 A 错误。

B．该金属密度小、强度大，耐腐蚀，可用于制造航天飞机，故选项 B 正确。

C．该金属强度大，耐腐蚀，可用于制外科手术刀，故选项 C 正确。

D．该金属导电性好、耐腐蚀，可用于通信设备，故选项 D 正确。

故选 A。

7．（2017 云南省中考 24 题）金属在生产、生活中应用广泛。

（1）我国是世界上已知矿物种类比较齐全的少数国家之一，以下是 3 种常见的金属矿石，其中主要成分属于氧化物的是 _____（填字母）。

A．铝土矿（Al_2O_3）　　B．孔雀石[$Cu_2(OH)_2CO_3$]　　C．辉铜矿（Cu_2S）

（2）人类每年从自然界提取大量的金属，其中提取量最大的是铁，工业上用赤铁矿和一氧化碳炼铁的化学方程式为 _____。

（3）钢窗表面喷漆不仅美观，还可有效防止钢窗与空气中的_____（填物质名称）和水接触而生锈。

答案

（1）A；（2）$3CO+Fe_2O_3 \xrightarrow{\text{高温}} 2Fe+3CO_2$；（3）氧气。

解析

（1）氧化物是由两种元素组成，并且含有氧元素的化合物，故填：A。

（2）一氧化碳能与氧化铁高温反应生成铁和二氧化碳，故填：$3CO+Fe_2O_3 \xrightarrow{\text{高温}} 2Fe+3CO_2$。

（3）铁在与氧气和水蒸气同时接触时会生锈，在车体表面喷漆可以防止铁与氧气、水蒸气接触而生锈，故填：氧气。

例题

8.（2017重庆市中考B卷19题）我国自行研发的大型客机C9I9于今年5月成功试飞，请根据所学知识回答问题。

（1）选用铝合金做飞机机身而不选用纯铝，主要原因是铝合金硬度和强度_____（填"大于"或"小于"）纯铝。

（2）飞机所用的下列材料属于合成材料的是_____（填序号）。

  A. 塑料扶手 B. 纯羊毛毯 C. 真皮座套 D. 铜制扣件

（3）飞机上的镀铬铁制品能防锈蚀，其防锈原理是阻止了铁与_____接触。

答案

（1）大于；（2）A；（3）氧气和水。

解析

（1）选用铝合金做飞机机身而不选用纯铝，主要原因是铝合金硬度和强度大于纯铝。

（2）A. 塑料扶手是三大合成材料之一塑料，故选项 A 正确。

B. 纯羊毛毯，是天然纤维，不是人工合成，故选项 B 错误。

C. 真皮座套，用真皮制成的，属于天然材料，故选项 C 错误。

D. 铜制扣件属于金属材料，故选项 D 错误。

（3）飞机上的镀铬铁制品能防锈蚀，其防锈原理是阻止了铁与氧气和水接触。

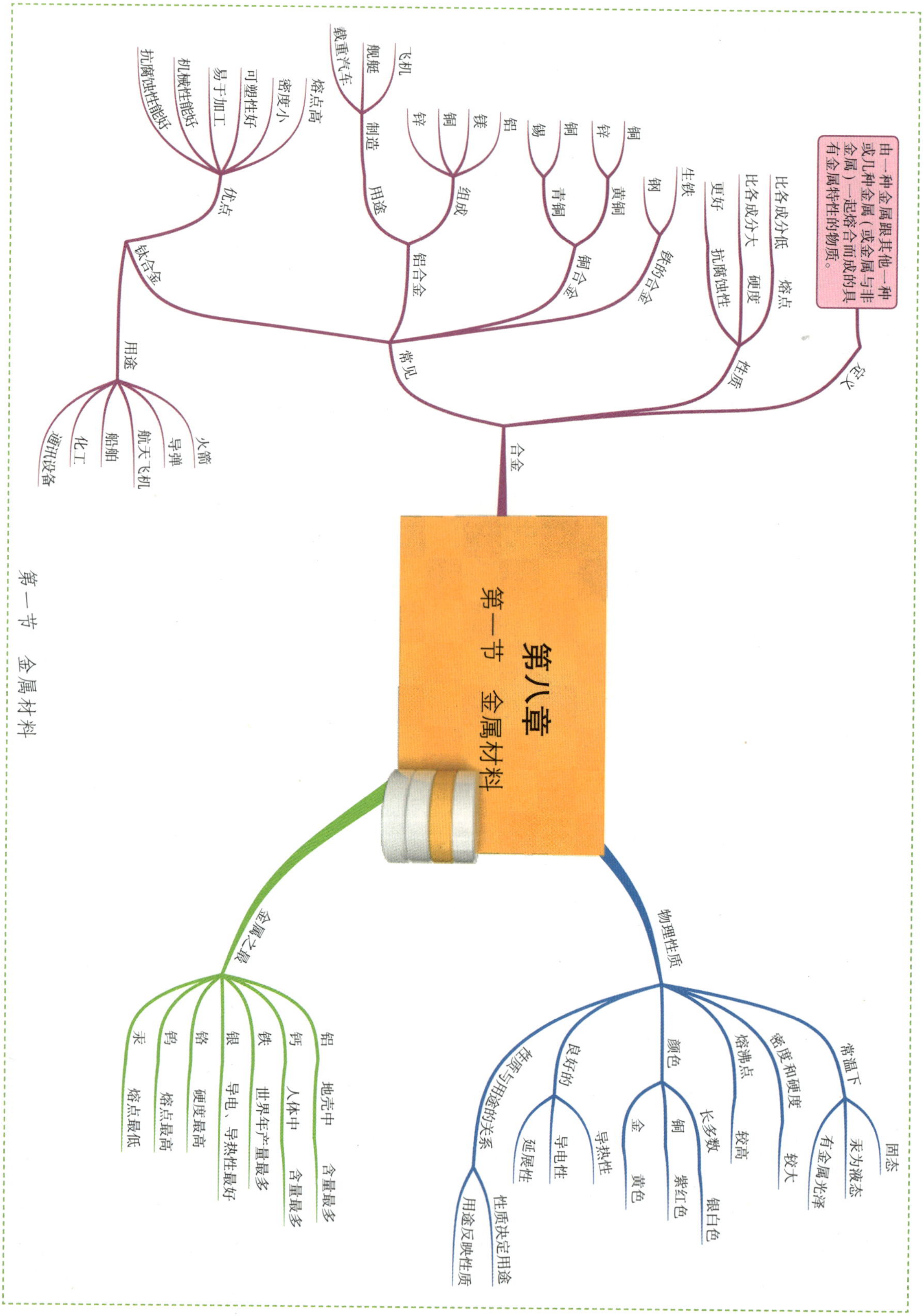

思维导图玩转化学

第八章 第一节 金属材料

合金

- **定义**：由一种金属跟其他一种或几种金属（或金属与非金属）一起熔合而成的具有金属特性的物质。
- **性质**
  - 比各成分低：熔点
  - 比各成分大：硬度
  - 更好：抗腐蚀性
- **常见**
  - 铁的合金
    - 生铁
    - 钢
  - 铜合金
    - 青铜
    - 黄铜
  - 铝合金
    - 组成：铝、铜、镁、锌、锰
    - 用途：制造飞机、舰艇、载重汽车
  - 钛合金
    - 优点
      - 熔点高
      - 密度小
      - 可塑性好
      - 易于加工
      - 机械性能好
      - 抗腐蚀性能强
    - 用途
      - 火箭
      - 导弹
      - 航天飞机
      - 船舶
      - 化工通讯设备

物理性质

- 常温下
  - 固态
  - 汞为液态
  - 有金属光泽
- 密度和硬度
  - 密度：较大
  - 熔沸点：较高
- 颜色
  - 金：黄色
  - 铜：紫红色
  - 银白色
- 良好的
  - 延展性
  - 导电性
  - 导热性
- 存在与用途的关系：性质决定用途，用途反映性质

金属之最

- 地壳中含量最多：铝
- 人体中含量最多：钙
- 世界年产量最多：铁
- 导电、导热性最好：银
- 硬度最高：铬
- 熔点最高：钨
- 熔点最低：汞

第二节 金属的化学性质

一、金属与氧气的反应

金属	条件	反应方程式	现象
镁	常温下（在空气中）	$2Mg+O_2 = 2MgO$	银白色镁条在空气中表面逐渐变暗，生成白色固体。
	点燃时（在空气中或在氧气中）	$2Mg+O_2 \xrightarrow{点燃} 2MgO$	剧烈燃烧，放出大量的热，发出耀眼的白光，生成一种白色固体。（在空气和氧气中都能燃烧）
铝	常温下（在空气中）	$4Al+3O_2 = 2Al_2O_3$	银白色的表面逐渐变暗，生成一层致密的薄膜。（固体在空气中不燃烧）
	点燃时（在氧气中）	$4Al+3O_2 \xrightarrow{点燃} 2Al_2O_3$	剧烈燃烧，放出大量的热，产生耀眼的白光，生成白色固体。（白色固体在空气中不燃烧）
铁	常温下，干燥的空气	/	/
	常温下，在潮湿的空气中	铁与空气中的氧气和水共同作用下会生成暗红色疏松的物质—铁锈（$Fe_2O_3 \cdot xH_2O$）或写成 Fe_2O_3	
	在氧气中点燃（在空气中可加热至红热，但不能燃烧）	$3Fe+2O_2 \xrightarrow{点燃} Fe_3O_4$	剧烈燃烧，火星四射，放出大量的热，生成一种黑色固体。
铜	常温下，干燥的空气	/	/
	加热时	$2Cu+O_2 \xrightarrow{\triangle} 2CuO$	铜丝表面逐渐变为黑色
	在潮湿的空气中	$2Cu+O_2+CO_2+H_2O = Cu_2(OH)_2CO_3$	铜表面生成一层绿色物质
金、银	即使在高温下也不与氧气反应"真金不怕火炼"。		

结论：大多数金属都能与氧气反应，但反应的难易和剧烈程度不同。Mg、Al 等在常温下就能与氧气反应；Fe、Cu 等在常温下几乎不能单独与氧气反应，但在点燃或加热的情况下可以发生反应；Au、Ag 等在高温时也不与氧气反应。

二、金属与酸的反应

金属	现象		反应的化学方程式	
	稀盐酸	稀硫酸	稀盐酸	稀硫酸
镁	剧烈反应，产生大量气泡，放出热量（试管壁发热），生成的气体能够燃烧并且产生淡蓝色火焰。		$Mg+2HCl=\!=\!MgCl_2+H_2\uparrow$	$Mg+H_2SO_4=\!=\!MgSO_4+H_2\uparrow$
铝	剧烈反应，产生大量气泡，放出热量，生成的气体能够燃烧并且产生淡蓝色火焰。		$2Al+6HCl=\!=\!2AlCl_3+3H_2\uparrow$	$2Al+3H_2SO_4=\!=\!Al_2(SO_4)_3+3H_2\uparrow$
锌	反应比较剧烈，产生大量气泡，试管壁发热，生成的气体能够燃烧并且产生淡蓝色火焰。		$Zn+2HCl=\!=\!ZnCl_2+H_2\uparrow$	$Zn+H_2SO_4=\!=\!ZnSO_4+H_2\uparrow$
铁	反应缓慢，有气泡产生，溶液由无色逐渐变为浅绿色，生成气体能够燃烧并且产生淡蓝色火焰。		$Fe+2HCl=\!=\!FeCl_2+H_2\uparrow$	$Fe+H_2SO_4=\!=\!FeSO_4+H_2\uparrow$
铜	不反应			

结论：Mg、Zn、Fe 的金属活动性比铜强，它们能置换出稀硫酸或稀盐酸中的氢。

三、置换反应

1. 定义：由一种单质与一种化合物反应，生成另一种单质与化合物的反应叫做置换反应。

2. 特征：反应物和生成物都是一种单质和一种化合物。

3. 通式：A+BC → B+AC

4. 举例：（1）$Fe+CuSO_4=\!=\!Cu+FeSO_4$；（2）$Cu+2AgNO_3=\!=\!Cu(NO_3)_2+2Ag$

5. 金属与盐发生置换反应的条件：（1）K、Ca、Na 三种金属除外；（2）盐必须为可溶性盐；（3）在活动顺序表中只能是在前面的金属置换后面的金属。

四、金属活动性顺序

1. 常见的金属活动性顺序

$$K\ Ca\ Na\ Mg\ Al\ Zn\ Fe\ Sn\ Pb\ H\ Cu\ Hg\ Ag\ Pt\ Au \longrightarrow$$

金属活动性由强逐渐减弱

2. 金属活动性顺序的应用

（1）金属的位置越靠前，它的活动性就越强；

（2）位于氢前面的金属能置换出盐酸、稀硫酸中的氢（不可用浓硫酸、硝酸）；

（3）位于前面的金属能把位于后面的金属从它们的盐溶液中置换出来（除 K、Ca、Na）；

（4）越活泼，开发利用的越晚。

【例1】（2018 山东省临沂中考 A 卷 18 题）向 $Cu(NO_3)_2$、$AgNO_3$ 的混合溶液中加入一定量的铁粉，充分反应后过滤，再向滤渣中加入稀盐酸，发现没有气泡产生，则滤渣中一定含有的物质是（　　）

A. Fe、Cu　　　B. Cu、Ag　　　C. Cu　　　D. Ag

答案 D

解题思路

试题分析：加入稀盐酸无气泡产生说明溶液中已经没有能与稀盐酸发生反应的物质。

方法指引：充分反应后过滤，再向滤渣中加入稀盐酸，发现没有气泡产生，说明滤渣中不含有铁，则滤渣中一定含有的物质是铁和硝酸银反应生成的银。要会利用金属活动顺序表分析实验，氢前边的金属会与稀硫酸、盐酸反应，但氢后边的金属不会与稀硫酸、盐酸反应，前边的金属会把后边的金属从其盐溶液中置换出来。

【例2】（2018 广东省广州中考 15 题）有 X、Y、Z 三种金属片，分别放入稀硫酸中，X、Z 表面有气泡产生，Y 没有明显现象，将 X 放入 ZCl_n 溶液，没有明显现象。判断这三种金属的活动性由强到弱的顺序是（　　）

A. X>Y>Z　　　B. Z>X>Y　　　C. X>Z>Y　　　D. Y>X>Z

答案 B

解题思路
- 试题分析：利用金属活动性顺序即可判断置换反应能否发生。
- 方法指引：X、Z 能与硫酸反应置换出氢气，Y 不能，说明 X、Z 是氢前金属，Y 是氢后金属，而 X 放入 Z 盐溶液中不能反应，说明 Z 金属性比 X 强，综上，金属活动性：Z>X>Y，故选 B。

本节练习

例题

1.（2018 湖北省荆州中考 3 题）下列金属中，金属活动性最强的是（　　）
A. 铁　　　　B. 镁　　　　C. 锌　　　　D. 铜

答案

B

解析

常见金属活动性顺序为 K、Ca、Na、Mg、Al、Zn、Fe、Sn、Pb、H、Cu、Hg、Ag、Pt、Au；在金属活动性顺序中，金属的位置越靠前，金属的活动性就越强，铁、镁、锌、铝四种金属中镁的位置最靠前，故金属活动性最强的是镁。

故选 B。

例题

2.（2017 湖南省益阳中考 11 题）铝、铁、铜三种金属与我们的生活密切相关，下列关于铝、铁、铜的说法错误的是（　　）

A. 铝与硫酸铜溶液反应的化学方程式为 $Al+CuSO_4 = AlSO_4+Cu$

B. 用硫酸铝溶液、氯化铜溶液、单质铁三种物质可探究出三种金属活动性顺序

C. 铝制品具有抗腐蚀性，是因为铝制器品表面可形成致密的氧化物薄膜

D. 我国历史上最早使用的金属是铜

答案

A

解析

A.铝与硫酸铜溶液反应的化学方程式为：$2Al+3CuSO_4 = Al_2(SO_4)_3+3Cu$，故选项A错误。

B.由于铁不能与用硫酸铝溶液反应，能与氯化铜溶液反应，可探究出三种金属活动性顺序是铝＞铁＞铜，故选项B正确。

C.铝制品具有抗腐蚀性，是因为铝制器品表面可形成致密的氧化物薄膜，故选项C正确。

D.我国历史上最早使用的金属是铜，故选项D正确。

故选A。

例题

3.（2018 四川省雅安中考9题）下列关于金属的说法中，错误的是（　　）

A.铜有良好的导电性，常用于制作导线

B.所有的金属都能与稀盐酸反应

C.铁制品在干燥的空气中不易生锈

D.不能用铁桶盛放硫酸铜溶液

答案

B

解析

A.铜有良好的导电性，常用于制作导线，故选项A正确。

B.不是所有的金属都能与稀盐酸反应，如金、银、铜等，故选项B错误。

C.铁在空气中锈蚀，实际上是铁跟空气中的氧气和水共同作用的结果，铁制品在干燥的空气中不易生锈，故选项C正确。

D.不能用铁桶盛放硫酸铜溶液，因为铁能与硫酸铜溶液反应生成硫酸亚铁溶液和铜，故选项D正确。

故选B。

4.（2018山东省聊城中考11题）下列各组物质不能验证 Mg、Fe、Cu 三种金属活动性强弱的是（　　）

  A. 稀盐酸　　　　　　　　　　B. $MgSO_4$ 溶液、Fe、Cu

  C. Mg、$FeSO_4$ 溶液、Cu　　　D. $MgSO_4$ 溶液、Fe、$Cu(NO_3)_2$ 溶液

B

解析

  A. 在相同条件下，将三种金属分别插入稀盐酸中，产生气泡速率快的是镁，产生气泡速率慢的是铁，无气泡产生的是铜，说明镁的活动性大于铁大于铜，稀盐酸能验证 Mg、Fe、Cu 三种金属活动性强弱，故选项A错误。

  B. 将 Fe、Cu 分别插入 $MgSO_4$ 溶液中均没有明显变化，说明 Fe、Cu 的活动性小于 Mg，不能验证 Fe、Cu 的活动性强弱，用 $MgSO_4$ 溶液、Fe、Cu 不能验证 Mg、Fe、Cu 三种金属活动性强弱，故选项B正确。

  C. 将 Mg、Cu 分别插入 $FeSO_4$ 溶液中，Mg 表面有金属析出，说明 Mg 的活动性大于 Fe，Cu 表面无明显变化，说明 Fe 的活动性大于铜，用 Mg、$FeSO_4$ 溶液、Cu 能验证 Mg、Fe、Cu 三种金属活动性强弱，故选项C错误。

  D. 将 Fe 插入 $MgSO_4$ 溶液中 Fe 表面无明显变化，说明 Mg 的活动性大于 Fe，将 Fe 插入 $Cu(NO_3)_2$ 溶液中 Fe 表面有红色物质生成，说明 Fe 的活动性大于铜，用 $MgSO_4$ 溶液、Fe、$Cu(NO_3)_2$ 溶液能验证 Mg、Fe、Cu 三种金属活动性强弱，故选项D错误。

  故选B。

5.（2018海南省中考13题）向氧化铜和铁粉的混合物中加入一定量稀硫酸，充分反应后过滤，向滤渣中再滴入稀硫酸，有气泡产生，则下列判断正确的是（　　）

A. 滤渣中可能含 Cu　　　　B. 滤渣中只含 Fe

C. 滤液中不含 $CuSO_4$　　　D. 滤液中不一定含 $FeSO_4$

答案

C

解析

氧化铜和铁粉都与稀硫酸反应，向滤渣中再滴入稀硫酸，有气泡产生说明铁剩余，铁与硫酸铜反应生成铜，即滤渣中一定含 Fe 和 Cu，一定不含 $CuSO_4$；滤液中一定含 $FeSO_4$。故选 C。

例题

6.（2018 贵州省安顺中考 4 题）"愚人金"实为铜锌合金，外观与黄金极为相似，常被不法商贩冒充黄金牟取暴利，下列关于鉴别"愚人金"与黄金的实验方案，合理的是（　　）

①比较硬度，硬度小的是"愚人金"

②灼烧，表面变色的是"愚人金"

③浸没在稀硫酸中，表面有气泡产生的是"愚人金"

④浸没在硫酸锌溶液中，表面附着白色物质的是"愚人金"

A.①③　　　B.②④　　　C.①④　　　D.②③

答案

D

解析

①比较硬度，合金的硬度比纯金属的硬度大，所以硬度小的是纯金，故①错误。

②灼烧，铜能够和氧气反应产生氧化铜，表面变黑色的是"愚人金"，故②正确。

③浸没在稀硫酸中，锌能够和稀硫酸反应产生氢气，因此表面有气泡产生的是"愚人金"，故③正确。

④浸没在硫酸锌溶液中，三种金属都不能和硫酸锌反应，无法鉴别，故④错误。

故选 D。

例题

7.（2018 山西省中考 9 题）验证镁、铜的金属活动性顺序，下列试剂不能选用的是（　　）

　　A. $MgSO_4$ 溶液　　B. KCl 溶液　　C. 稀盐酸　　D. $ZnCl_2$ 溶液

答案

B

解析

铜不与 $MgSO_4$ 溶液反应，说明镁的金属活动性比铜强；镁、铜都不与 KCl 溶液反应，无法判断镁、铜的金属活动性顺序；镁与稀盐酸反应生成氯化镁和氢气，铜不与稀盐酸反应，说明镁的金属活动性比铜强；镁与 $ZnCl_2$ 溶液反应生成氯化镁和锌，铜不与 $ZnCl_2$ 溶液反应，说明镁的金属活动性比铜强。故选 B。

例题

8.（2018 四川省自贡中考 15 题）现有等质量甲、乙、丙三种金属，分别放入三份溶质质量分数相同的足量稀硫酸中，产生氢气的质量与反应时间的关系如图所示（已知甲、乙、丙在生成物中化合价均为 +2 价）。则下列说法中错误的是（　　）

　　A. 金属活动性：乙＞甲＞丙

　　B. 生成氢气的质量：甲＞乙＞丙

　　C. 相对原子质量：乙＞丙＞甲

　　D. 消耗硫酸的质量：甲＞乙＞丙

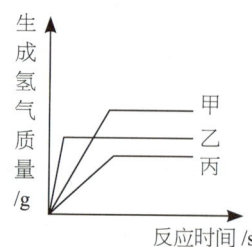

第八章　金属和金属材料

答案

C

解析

据图判断生成氢气的速率：乙＞甲＞丙，即金属活动性：乙＞甲＞丙；生成氢气的质量：甲＞乙＞丙；相对原子质量：丙＞乙＞甲；根据质量守恒定律可知，生成氢气的质量与消耗稀硫酸的质量有关，生成氢气的质量：甲＞乙＞丙，即消耗硫酸的质量：甲＞乙＞丙。故选C。

例题

9.（2018 山东省青岛中考30题）同学们到实验室去进行"探究金属的性质"实验。将锌粉和铁粉的混合物加入到盛有一定量硝酸银溶液的烧杯中，充分反应后过滤，得到滤渣和滤液。请你填空。

（1）若将所得滤渣放入稀盐酸中，有气泡产生，则

①滤液里一定含有 ＿＿＿＿（填写化学式，下同），可能含有 ＿＿＿＿；

②滤渣中一定含有 ＿＿＿＿，可能含有 ＿＿＿＿。

（2）若反应后所得滤液呈无色，则滤渣中一定含有 ＿＿＿＿（填写化学式）。

（3）反应后所得滤液的溶质质量分数 ＿＿＿＿（选填"大于"、"等于"或"小于"）原硝酸银溶液的溶质质量分数。

答案

（1）① $Zn(NO_3)_2$；$Fe(NO_3)_2$；② Ag、Fe；Zn；（2）Ag、Fe、Zn；（3）小于。

解析

由于金属活动性是：锌比铁活泼，铁比银活泼，将锌粉和铁粉的混合物加入到盛有一定量硝酸银溶液的烧杯中，锌先和硝酸银反应生成硝酸锌和银，如果锌

265

不足，则铁再和硝酸银反应生成硝酸亚铁和银。

（1）若将所得滤渣放入稀盐酸中，有气泡生成，则说明滤渣中一定有铁，可能含有锌，溶液中的硝酸银完全参加了反应，①滤液里一定含有 $Zn(NO_3)_2$，可能含有 $Fe(NO_3)_2$；②滤渣中一定含有 Ag、Fe，可能含有 Zn。

（2）若反应所得滤液呈无色，说明了铁未参加反应，则滤渣中一定含有 Ag、Fe、Zn。

（3）由于每65份质量的锌能够反应生成216份的银，每65份质量的铁能反应生成216份质量的银，所有反应后所得滤液的质量分数小于原硝酸银溶液的质量分数。

例题

10.（2018吉林省中考17题）用铝丝、洁净的铜丝、稀盐酸、$AgNO_3$ 溶液，验证 Al、Cu、Ag 的活动性顺序。

（1）把打磨过的铝丝和洁净的铜丝分别浸入稀盐酸中，观察到铝丝表面有气泡产生，铜丝表面无明显现象，由此判断出 Al 和 Cu 的活动性强弱顺序为 _____ >（H）> _____ ；发生反应的基本反应类型是 _____；铝丝使用前需用砂纸打磨的原因是 _____；

（2）为了达到实验目的，除（1）中实验外，还需要进行的实验是 _____。

答案

（1）Al、Cu（或铝、铜）；置换反应；除去铝表面致密的氧化铝薄膜，防止其影响反应；（2）将铜丝浸入硝酸银溶液中。

解析

（1）Al 与稀盐酸反应，属于置换反应，Cu 不与稀盐酸反应，说明 Al>（H）>Cu；氧化铝薄膜覆盖在铝表面，致使稀盐酸先于氧化铝反应，再与铝反应。

（2）将铜丝浸入硝酸银溶液中，证明 Cu>Ag。

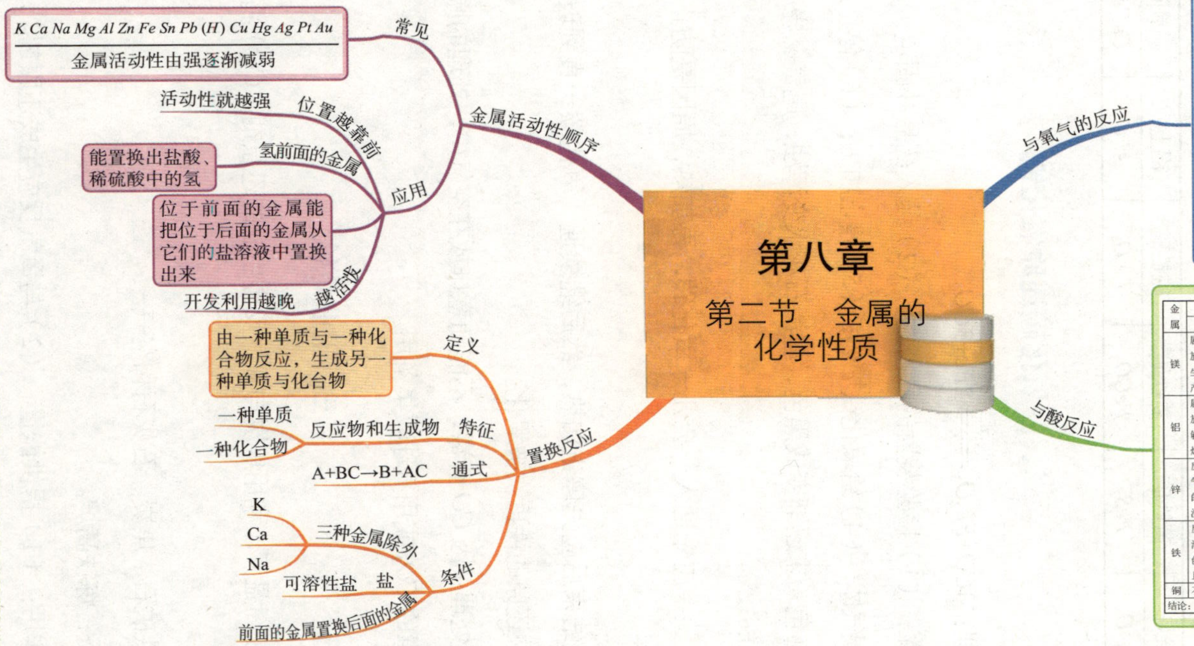

金属	条件	反应方程式	现象
镁	常温下（在空气中）	$2Mg+O_2 == 2MgO$	银白色镁条在空气中表面逐渐变暗，生成白色固体。
	点燃时（在空气中或在氧气中）	$2Mg+O_2 \xlongequal{点燃} 2MgO$	剧烈燃烧，放出大量的热，发出耀眼的白光，生成一种白色固体。（在空气和氧气中都能燃烧）
铝	常温下（在空气中）	$4Al+3O_2 == 2Al_2O_3$	银白色的表面逐渐变暗，生成一层致密的薄膜。（固体在空气中不燃烧）
	点燃时（在氧气中）	$4Al+3O_2 \xlongequal{点燃} 2Al_2O_3$	剧烈燃烧，放出大量的热，产生耀眼的白光，生成白色固体。（白色固体在空气中不燃烧）
铁	常温下，干燥的空气		
	常温下，在潮湿的空气中	铁与空气中的氧气和水共同作用下会生成暗红色疏松的物质—铁锈（$Fe_2O_3 \cdot xH_2O$）或写成 Fe_2O_3	
	在氧气中点燃（在空气中可加热至红热，但不能燃烧）	$3Fe+2O_2 \xlongequal{点燃} Fe_3O_4$	剧烈燃烧，火星四射，放出大量的热，生成一种黑色固体。
铜	常温下，干燥的空气		
	加热时	$2Cu+O_2 \xlongequal{\triangle} 2CuO$	铜丝表面逐渐变为黑色
	在潮湿的空气中	$2Cu+O_2+CO_2+H_2O == Cu_2(OH)_2CO_3$	铜表面生成一层绿色物质
金、银	即使在高温下也不与氧气反应"真金不怕火炼"。		

结论：大多数金属都能与氧气反应，但反应的难易和剧烈程度不同。Mg、Al 等在常温下就能与氧气反应；Fe、Cu 等在常温下几乎不能单独与氧气反应，但在点燃或加热的情况下可以发生反应；Au、Ag 等在高温时也不与氧气反应。

金属	现象		反应的化学方程式	
	稀盐酸	稀硫酸	稀盐酸	稀硫酸
镁	剧烈反应，产生大量气泡，放出热量（试管壁发热），生成的气体能够燃烧并且产生淡蓝色火焰。		$Mg+2HCl == MgCl_2+H_2\uparrow$	$Mg+H_2SO_4 == MgSO_4+H_2\uparrow$
铝	剧烈反应，产生大量气泡，放出热量，生成的气体能够燃烧并且产生淡蓝色火焰。		$2Al+6HCl == 2AlCl_3+3H_2\uparrow$	$2Al+3H_2SO_4 == Al_2(SO_4)_3+3H_2\uparrow$
锌	反应比较剧烈，产生大量气泡，试管壁发热，生成的气体能够燃烧并且产生淡蓝色火焰。		$Zn+2HCl == ZnCl_2+H_2\uparrow$	$Zn+H_2SO_4 == ZnSO_4+H_2\uparrow$
铁	反应缓慢，有气泡产生，溶液由无色逐渐变为浅绿色，生成气体能够燃烧并且产生淡蓝色火焰。		$Fe+2HCl == FeCl_2+H_2\uparrow$	$Fe+H_2SO_4 == FeSO_4+H_2\uparrow$
铜	不反应			

结论：Mg、Zn、Fe 的金属活动性比铜强，它们能置换出稀硫酸或稀盐酸中的氢。

第二节　金属的化学性质

第三节 金属资源的利用和保护

一、金属在自然界中的存在

1. 金属资源的存在方式：地球上的金属资源广泛存在于地壳和海洋中，大多数金属化合物性质较活泼，所以它们以化合物的形式存在；只有少数金属化学性质很不活泼，如金、银等，以单质形式存在。

2. 常见矿石名称与其主要成分

名称	赤铁矿	黄铁矿	菱铁矿	磁铁矿	铝土矿	黄铜矿	辉铜矿
主要成分	Fe_2O_3	FeS_2	$FeCO_3$	Fe_3O_4	Al_2O_3	$CuFeS_2$	Cu_2S

二、一氧化碳还原氧化铁

1. 实验原理：$3CO+Fe_2O_3 \xrightarrow{\text{高温}} 2Fe+3CO_2$

2. 实验步骤：（1）检验装置的气密性；（2）装入药品并固定；（3）向玻璃管内通入一氧化碳气体；（4）给氧化铁加热；（5）停止加热；（6）停止通入一氧化碳。

3. 现象：红色粉末逐渐变成黑色，澄清石灰水变浑浊，尾气燃烧产生蓝色火焰。

4. 注意事项

（1）在实验中应先通入一会儿一氧化碳，再加热，原因是防止一氧化碳混入空气而发生爆炸。

（2）实验结束后应先停止加热，然后继续通一氧化碳一直到玻璃管冷却，主要是为了防止被还原的铁再次被氧化。

（3）尾气处理：因 CO 有毒，不能随意排放在空气中，处理的原则是将 CO 燃烧掉转化为无毒的 CO_2 或用气球收集备用。

三、工业炼铁

1. 原理：在高温下，利用焦炭与氧气反应生成的还原剂（CO）将铁从铁矿石里还原出来。

2. 原料：铁矿石、焦炭、石灰石和空气。

3. 主要设备：炼铁高炉。

4. 焦炭的作用：（1）提供能量；（2）与氧气反应生成还原剂。

四、金属的锈蚀和保护

1. 铁生锈的实验

（1）操作：取三根洁净无锈的铁钉，一根放在盛有蒸馏水的试管中，并使铁钉外露一半；一根放在用植物油密封的蒸馏水中；一根放在干燥的空气中，注意每天观察铁钉锈蚀的现象，连续观察约一周。

（2）现象：第一个试管中的铁钉生锈，而第二、第三个试管中没有明显现象。

（3）结论：铁生锈实际上是铁与空气中的氧气、水蒸气共同作用的结果。

2. 常见防锈的方法：（1）保持铁制品干燥，洁净；（2）在金属表面涂一层保护膜，如：涂油，刷油漆，镀一层其他耐腐蚀的金属（如锌），或搪瓷，烤蓝（其实质是形成一层氧化膜）；（3）制成不锈钢。

3. 常见的除锈方法：（1）用砂纸打磨，用刀刮；（2）用酸清洗（酸不能过量）。

$Fe_2O_3 + 6HCl = 2FeCl_3 + 3H_2O$。

$Fe_2O_3 + 3H_2SO_4 = Fe_2(SO_4)_3 + 3H_2O$。

五、保护金属资源

途径：防止金属的腐蚀；金属的回收利用；有计划合理地开采矿物；寻找金属的代用品。

【例1】（2017 山东省青岛中考6题）下列防锈措施不合理的是（　　　）

A. 钢管存放在干燥的地方

B. 用盐水清洗菜刀

C. 及时清除铁制品表面的锈渍

D. 在铁管表面镀上一层不易锈蚀的金属

B

解题思路

- **试题分析**：钢铁的锈蚀主要是铁与空气中的氧气、水蒸气等物质发生化学反应的结果。

- **方法指引**：钢管存放在干燥的地方，能防止铁与水分接触，能防止铁锈蚀；用盐水清洗菜刀，盐水能加快铁锈蚀的速率；铁锈很疏松，及时清除铁制品表面的锈渍，能防止铁锈蚀；在铁管表面镀上一层不易锈蚀的金属，能防止铁锈蚀。故选B。

- **易错事项**：酸碱盐的溶液可加快铁的腐蚀。

例题

【例2】（2017 广东省广州中考 11 题）下列有关金属材料说法正确的是（　　）

A. 铁片在海水中不易生锈

B. 钢是纯铁

C. 铝片表面易生成一层致密的氧化膜

D. 纯铜硬度高于黄铜（铜锌合金）

答案：C

解析

A. 铁片在海水中与水、氧气和盐充分接触，易生锈，故选项A错误。

B. 钢是铁和碳的合金，属于混合物，故选项B错误。

C. 铝片表面易生成一层致密的氧化膜，故选项C正确。

D. 合金的硬度大于纯金属，故纯铜硬度小于黄铜，故选项D错误。

故选 C。

例题

【例3】（2018 山东省临沂中考 18 题）向 $Cu(NO_3)_2$、$AgNO_3$ 的混合溶液中加入一定量的铁粉，充分反应后过滤，再向滤渣中加入稀盐酸，发现没有气泡产生，则滤渣中一定含有的物质是（　　）

A. Fe、Cu　　　B. Cu、Ag　　　C. Cu　　　D. Ag

答案

D

解析

充分反应后过滤，再向滤渣中加入稀盐酸，发现没有气泡产生，说明滤渣中不含有铁，则滤渣中一定含有的物质是铁和硝酸银反应生成的银。

故选 D。

例题

【例4】（2017 广西玉林中考16题）下列环境中，铁钉表面最容易产生铁锈的是（　　）

A. 在稀盐酸中　　　　　　B. 在潮湿的空气中

C. 在干燥的空气中　　　　D. 浸没在植物油中

答案

B

解析

A. 稀盐酸能与铁锈反应，所以在稀盐酸中铁钉表面不会生锈，故选项A错误。

B. 在潮湿的空气中，铁与氧气，水同时共存，最容易生锈，故选项B正确。

C. 铁钉置于干燥的空气中，在干燥的空气中缺乏水蒸气，铁钉不容易生锈，故选项C错误。

D. 铁钉浸泡在植物油中，铁钉与氧气和水隔绝，不容易生锈，故选项D错误。

本节练习

例题

1.（2017 上海市中考9题）除铁锈的试剂是（　　）

A. 氯化钠溶液　　B. 稀盐酸　　C. 氢氧化钠溶液　　D. 水

答案 B

解析

　　A．铁锈的主要成分是氧化铁，氯化钠能加快铁锈蚀的速率，不能用作除铁锈的试剂，故选项A错误。

　　B．铁锈的主要成分是氧化铁，能与稀盐酸反应生成氯化铁和水，能用作除铁锈的试剂，故选项B正确。

　　C．铁锈的主要成分是氧化铁，不与氢氧化钠溶液反应，不能用作除铁锈的试剂，故选项C错误。

　　D．铁锈的主要成分是氧化铁，难溶于水，不能用作除铁锈的试剂，故选项D错误。

　　故选B。

例题

2.（2018湖南省长沙中考9题）2018年5月我国自主建造的第一艘航母下海，为保证航母的使用寿命，下列防锈措施不可行的是（　　）

　　A．用抗锈蚀性能优异的合金制造航母零部件　　B．刷防锈漆

　　C．船体表面镀一层黄金　　D．给某些部位涂油

答案 C

解析

　　A．用抗锈蚀性能优异的合金制造航母零部件，能延长航母的使用寿命，故选项A错误。

　　B．刷防锈漆能隔绝氧气和水，能延长航母的使用寿命，故选项B错误。

　　C．黄金的价格昂贵，通过船体表面镀一层黄金防锈，方法不可行，故选项C

正确。

D.给某些部位涂油能隔绝氧气和水，能延长航母的使用寿命，故选项D错误。

故选C。

例题

3.（2017广西来宾中考33题）如图所示，铁钉最容易生锈的是____处（填"a"、"b"或"c"），常用稀硫酸除去铁锈，写出该反应的化学方程式：_____。

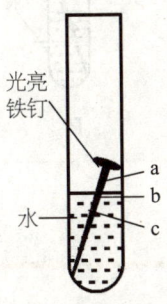

答案

b；$Fe_2O_3+3H_2SO_4==Fe_2(SO_4)_3+3H_2O$。

解析

铁生锈的条件：铁与水和氧气同时接触，所以因b处与水和氧气同时充分接触，所以最易生锈。铁锈的主要成分是氧化铁，与稀硫酸反应生成硫酸铁和水，化学反应式是：$Fe_2O_3+3H_2SO_4==Fe_2(SO_4)_3+3H_2O$。

例题

4.（2017广东省深圳中考13题）我国矿物种类齐全，储量丰富。工业上从含有金属元素的矿石中提炼金属。其中赤铁矿是炼铁的主要原料。请回答下列问题：

（1）铁制品广泛应用于生产、生活中。

①下列不属于铁合金的是_____（选填字母）。

A. $Fe(OH)_3$　　　B. 生铁　　　C. 不锈钢

②铁钉生锈，属于_____变化（选填"物理""化学"）；下图是探究铁钉在不同条件下发生生锈的实验，其中铁锈蚀最快的是_____（选填字母）。

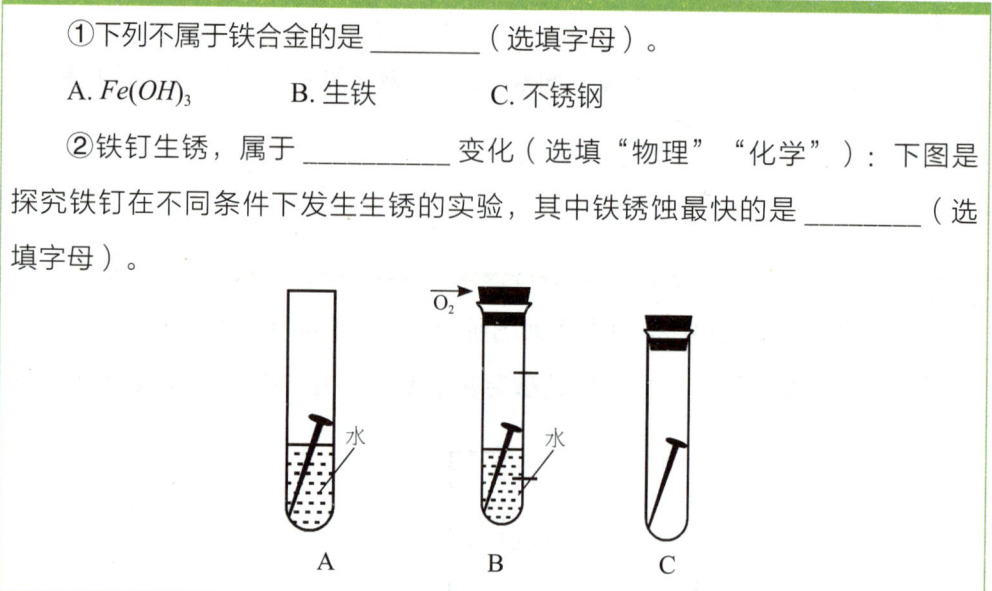

> **答案**
>
> （1）①A；②化学；B。

> **解析**
>
> ①铁合金是铁与一种或几种元素组成的中间合金，属于混合物，A项氢氧化铁属于纯净物，不属于合金。②铁钉生锈，产生了新的物质氧化铁，属于化学变化，铁生锈的条件是：与空气（或氧气）、水接触，故B项铁锈蚀的最快。

例题

5.（2017辽宁省葫芦岛中考20题）金属材料的研究和应用是化学学习的一个重要内容。

（1）为了探究铁制品锈蚀的条件做了如图三个对比实验，一周后，B、C中无明显现象，A中的现象是_____、_____，实验证明，铁制品锈蚀主要是铁与空气中的_____共同作用的结果。

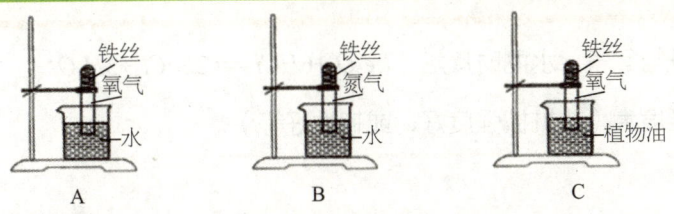

（2）铁制品锈蚀可用稀盐酸除去铁锈，发生反应的化学方程式为_____。

（3）今年，我市投放了若干辆共享单车，制造这种自行车使用了大量的铁合金，该合金与铁相比具有的优点是_____。

答案

（1）铁丝生锈；试管内液面上升；氧气和水蒸气；

（2）$Fe_2O_3+6HCl=\!=\!=2FeCl_3+3H_2O$；（3）硬度大，耐腐蚀等。

解析

（1）一周后，B、C中无明显现象，A中的现象是铁丝生锈，试管内液面上升，实验证明，铁制品锈蚀主要是铁与空气中的氧气和水蒸气共同作用的结果。

（2）铁制品锈蚀可用稀盐酸除去铁锈，发生反应的化学方程式为 $Fe_2O_3+6HCl=\!=\!=2FeCl_3+3H_2O$。

（3）铁合金与铁相比具有的优点是硬度大，耐腐蚀等。

例题

6.（2018内蒙古呼和浩特中考12题）古往今来，金属材料和制品在我们的社会生活中一直起着非常重要的作用。

（1）考古工作者发现铁质的出土文物往往锈蚀严重，铁生锈的条件是_____。在实验室常用稀盐酸清除铁锈，化学方程式为_____。

（2）近年来，我国高铁建设促进了经济、社会的快速发展。制造铁轨的材料是合金钢，主要原因是合金钢具有_____的优越性能（要求只答一条）。

答案

（1）铁与氧气、水同时接触；$Fe_2O_3+6HCl=\!=\!=2FeCl_3+3H_2O$；

（2）硬度大（或机械强度好、或韧性好等）。

解析

（1）铁在与氧气、水共存时会发生锈蚀；铁锈的主要成分是氧化铁，与盐酸反应生成氯化铁和水，反应的化学方程式是：$Fe_2O_3+6HCl=\!=\!=2FeCl_3+3H_2O$。故填：铁与氧气、水同时接触；$Fe_2O_3+6HCl=\!=\!=2FeCl_3+3H_2O$。

（2）合金钢的主要成分是铁、锰、碳，其韧性好，硬度大，纯铁硬度小且脆；所以铁轨用合金钢。故填：硬度大（或机械强度好、或韧性好等）。

例题

7.（2018云南省中考24题）金属在生产生活中有广泛应用。

（1）"共享单车"作为代步工具，既轻便灵活，又环保。如图是一款自行车的图片，所标材料中，车架主要含有的金属元素是_____，为防止车架生锈，可以采取的防锈措施是_____，铝合金与纯铝相比，其硬度更_____（填"大"或"小"）。

（2）赤铁矿（主要成分Fe_2O_3）是炼铁的一种矿石，Fe_2O_3属于_____（填"单质"或"氧化物"）。我国是使用"水法冶铜"最早的国家，请写出铁和硫酸铜溶液反应的化学方程式_____。

答案

（1）铁；刷漆；大；（2）氧化物；$Fe+CuSO_4=\!=\!=FeSO_4+Cu$。

> **解析**
> （1）如图是一款自行车的图片，所给材料中，车架主要含有的金属元素是铁，为防止车架生锈，可以采取的防锈措施是刷漆；铝合金与纯铝相比，其硬度更大。故答案为：铁；刷漆；大；（2）赤铁矿（主要成分Fe_2O_3）是炼铁的一种矿石，Fe_2O_3属于氧化物；铁和硫酸铜溶液反应生成铜和硫酸亚铁；故答案为：氧化物；$Fe+CuSO_4 =\!=\!= FeSO_4+Cu$。

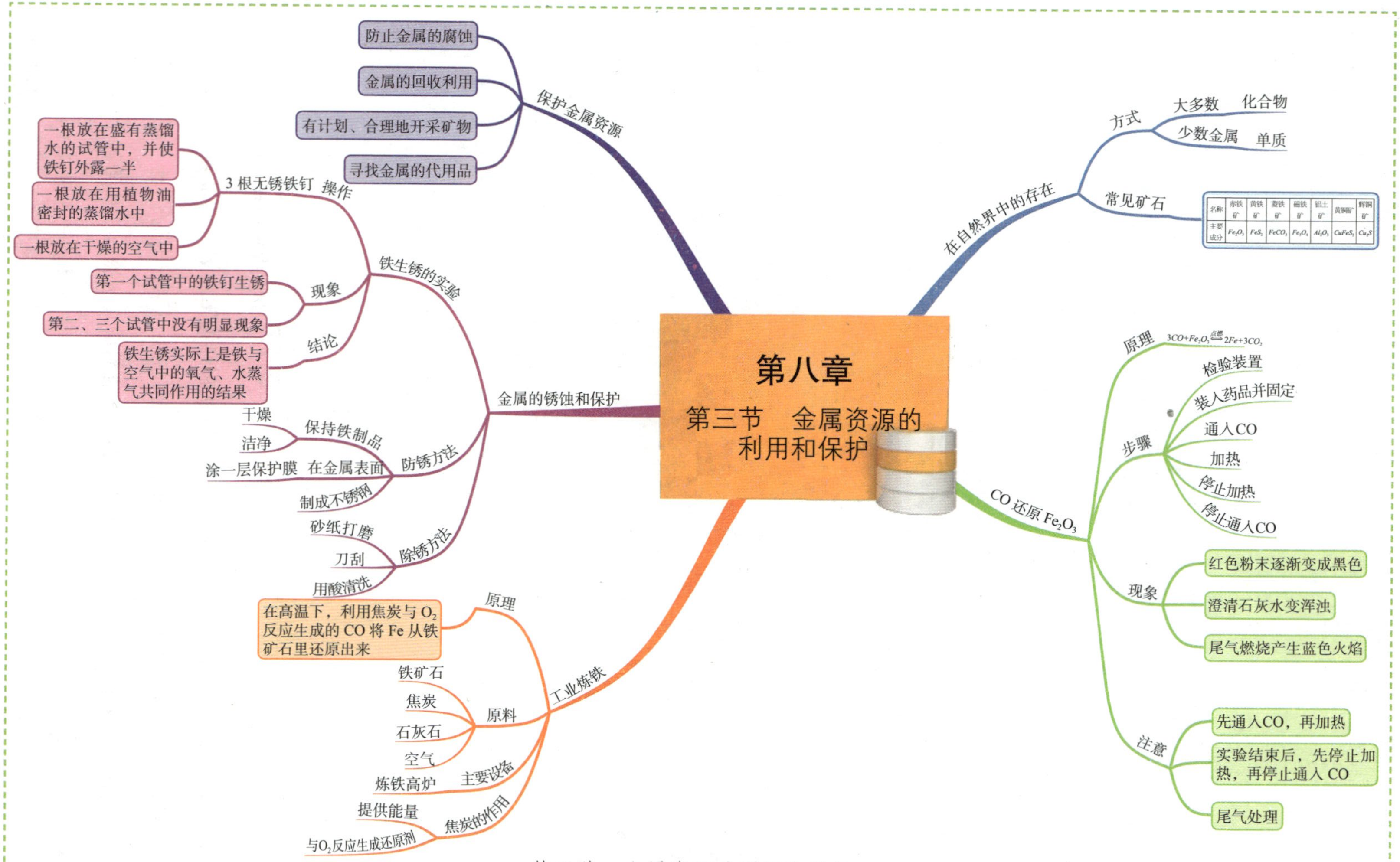

思维导图玩转化学

第八章 第三节 金属资源的利用和保护

在自然界中的存在
- 方式：大多数 化合物；少数金属 单质
- 常见矿石

名称	主要成分
赤铁矿	Fe_2O_3
磁铁矿	Fe_3O_4
菱铁矿	$FeCO_3$
黄铁矿	FeS_2
铝土矿	Al_2O_3
黄铜矿	$CuFeS_2$
辉铜矿	Cu_2S

保护金属资源
- 防止金属的腐蚀
- 金属的回收利用
- 寻找金属的代用品
- 有计划、合理地开采矿物

金属的锈蚀和保护
- 铁生锈的探究
  - 操作
    - 第一个试管中的铁钉一半浸在蒸馏水中，并使铁钉外露一半
    - 一根放在干燥的空气中
    - 一根放在盛有蒸馏水的试管中，并使铁钉外露一半
  - 现象
    - 第一、三个试管中没有明显现象
    - 第二个试管中的铁钉锈蚀
  - 结论：铁生锈实际上是铁与空气中的氧气、水蒸气共同作用的结果
- 铁生锈的条件：与空气（氧气）和水接触
- 防锈方法
  - 保持铁制品表面的洁净、干燥
  - 在金属表面涂一层保护膜
  - 制成不锈钢
- 除锈方法：刀刮、砂纸打磨、用酸清洗

工业炼铁
- 原理：在高温下，利用焦炭与O_2反应生成的CO将Fe从铁矿石里还原出来
- 原料：铁矿石、焦炭、石灰石、空气
- 主要设备：高炉
- 焦炭的作用
  - 提供能量
  - 与O_2反应生成还原剂

CO还原Fe_2O_3
- 原理：$3CO+Fe_2O_3 \xrightarrow{\text{高温}} 2Fe+3CO_2$
- 步骤
  - 装入药品并固定装置
  - 通入CO
  - 加热
  - 停止加热
  - 继续通入CO
- 现象
  - 红色粉末逐渐变成黑色
  - 澄清石灰水变浑浊
  - 尾气燃烧产生蓝色火焰
- 注意
  - 先通入CO，再加热，实验结束后，先停止加热，再停止通入CO
  - 尾气处理

278

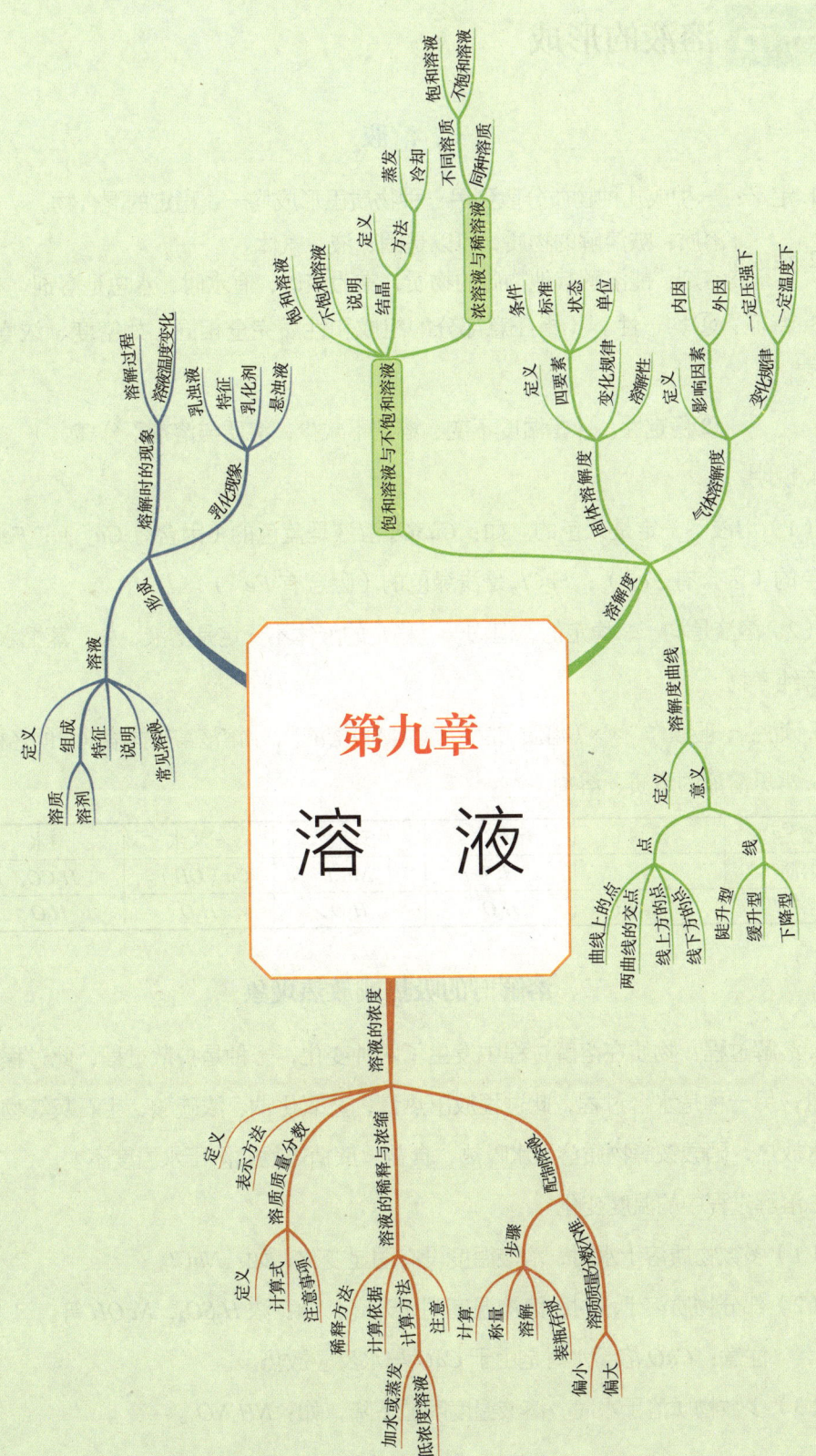

第一节 溶液的形成

一、溶液

1. 定义：一种或几种物质分散到另一种物质里形成均一、稳定的混合物。

2. 组成 $\begin{cases} 溶质：被溶解的物质，可以是固、液、气体。\\ 溶剂：能溶解其他物质的物质，常为液体，有水时，水总是溶剂。 \end{cases}$

3. 特征：①均一性。（指任意部分的组成和性质完全相同，如密度、浓度等均相同。）

　　　　②稳定性。（指温度不变、溶剂不减少，溶质与溶剂不分离。）

4. 说明

（1）溶液不一定是无色的。如：$CuSO_4$ 溶液是蓝色的（因含有 Cu^{2+}）；$FeCl_3$ 是黄色的（因含有 Fe^{3+}）；$FeCl_2$ 是浅绿色的（因含有 Fe^{2+}）。

（2）溶液是均一、稳定的，但均一、稳定的液体不一定是溶液，如：蒸馏水、酒精等纯净物。

5. 读法：一般读作"××（溶质）的××（溶剂）溶液"，水溶液常省掉溶剂水的名称。

6. 常见溶液的溶质、溶剂

溶液名称	碘酒	稀盐酸	生理盐水	石灰水	汽水
溶质	I_2	HCl	$NaCl$	$Ca(OH)_2$	H_2CO_3
溶剂	C_2H_5OH	H_2O	H_2O	H_2O	H_2O

二、溶解时的吸热或放热现象

1. 溶解过程：物质在溶解过程中发生了两种变化，一种是扩散过程，此过程吸收热量；另一种是水合过程，此过程放出热量，氢氧化钠、浓硫酸、生石灰等物质溶于水放热，硝酸铵等物质溶于水吸热，食盐、蔗糖等物质溶于水温度不变。

2. 溶解过程中的温度变化

（1）多数物质溶于水时，溶液温度没有明显变化，如：$NaCl$。

（2）部分物质溶于水时，溶液温度明显升高，如：浓 H_2SO_4，$NaOH$ 等。

　　注意：CaO 溶于水时是由于 CaO 与水反应放热。

（3）少数物质溶于水时，溶液温度明显下降，如：NH_4NO_3。

三、乳化现象

1. 乳浊液：小液滴分散到液体里形成的混合物。

2. 特征：不均一、不稳定。静置后分层，但加乳化剂后就不分层。

3. 乳化剂：能使互不相溶的液体形成稳定乳浊液的物质。

4. 悬浊液：细小固体分散到液体里形成的混合物。分散后的小液滴是分子集合体或离子集合体。

【例1】（2018 广西梧州中考 8 题）有关溶液的说法正确的是（　　）

A. 溶液都是无色的　　　　　B. 稀溶液一定是不饱和溶液

C. 固体溶解时都放出热量　　D. 溶液都是均一、稳定的混合物

D

解题思路

试题分析：本题考查溶液的特点及吸热放热现象。

方法指引：溶液不一定都是无色的，如硫酸铜溶液是蓝色；稀溶液不一定是不饱和溶液，如饱和氢氧化钙溶液属于稀溶液；固体溶解时不都放出热量，如硝酸铵溶于水吸热；溶液由溶质和溶剂组成，都是均一、稳定的混合物。故选 D。

【例2】（2018 湖北省宜昌中考 11 题）下列物质溶于水的过程中，溶液温度会明显降低的是（　　）

A. 氯化钠　　B. 硝酸铵　　C. 浓硫酸　　D. 氢氧化钠

B

解题思路

- **试题分析**：物质在溶解时经常伴随有吸热或放热现象，如氢氧化钠固体、浓硫酸溶于水放出大量的热，温度升高；硝酸铵固体溶于水吸热，温度降低。

- **方法指引**：氯化钠溶于水温度基本保持不变；硝酸铵溶于水溶液温度明显降低；浓硫酸溶于水溶液温度明显升高；氢氧化钠溶于水溶液温度明显升高。故选 B。

- **易错事项**：需要熟记以上几种物质在溶解过程中是吸热还是放热，放热溶液温度升高，吸热溶液温度降低。

本节练习

例题

1.（2018 山东省青岛中考 5 题）下列物质分别加入适量水中，充分搅拌，能够得到溶液的是（ ）

A. 蔗糖　　　B. 花生油　　　C. 面粉　　　D. 冰块

答案

A

解析

A. 蔗糖易溶于水，形成均一、稳定的混合物，属于溶液，故选项 A 正确。

B. 花生油不溶于水，与水混合形成乳浊液，故选项 B 错误。

C. 面粉不溶于水，与水混合形成悬浊液，故选项 C 错误。

D. 冰块与水混合属于纯净物，不属于溶液，故选项 D 错误。

故选 A。

例题

2.（2018 山东省潍坊中考 4 题）下列物质不属于溶液的是（ ）

A. 碘酒　　　B. 矿泉水　　　C. 白醋　　　D. 蒸馏水

答案

D

解析

A. 碘酒属于均一稳定的混合物，属于溶液，故选项 A 错误。

B. 矿泉水属于均一稳定的混合物，属于溶液，故选项 B 错误。

C. 白醋属于均一稳定的混合物，属于溶液，故选项 C 错误。

D. 蒸馏水属于纯净物，溶液属于混合物，不属于溶液，故选项 D 正确。

故选 D。

例题

3.（2018 湖北省宜昌中考 11 题）下列物质溶于水的过程中，溶液温度会明显降低的是（　　）

A. 氯化钠　　B. 硝酸铵　　C. 浓硫酸　　D. 氢氧化钠

答案

B

解析

物质在溶解时经常伴随有吸热或放热现象，如氢氧化钠固体、浓硫酸溶于水放出大量的热，温度升高；硝酸铵固体溶于水吸热，温度降低。

A. 氯化钠溶于水温度基本保持不变，故选项 A 错误。

B. 硝酸铵溶于水温度明显降低，故选项 B 正确。

C. 浓硫酸溶于水温度明显升高，故选项 C 错误。

D. 氢氧化钠溶于水温度明显升高，故选项 D 错误。

故选 B。

例题

4.（2018 湖南省长沙中考 10 题）小军同学需要快速配制一杯可口的白糖溶液，下列措施不能达到目的的是（　　）

A. 用冰水溶解　　　　　　B. 用热水溶解

C. 把白糖碾成粉末后溶解　　D. 溶解时用筷子搅拌

答案

A

解析

A．温度越低，分子的运动速度越慢，即蔗糖的溶解速度越慢，用冰水溶解不能达到目的，故选项 A 正确。

B．温度越高，分子的运动速度越快，即蔗糖的溶解速度越快，用热水溶解能达到目的，故选项 B 错误。

C．白糖碾成粉末增加蔗糖与水的接触面积，能加快蔗糖的溶解速度，把白糖碾成粉末后溶解能达到目的，故选项 C 错误。

D．用筷子不断搅拌，能加快分子运动速度，能加快固体物质的溶解速度，溶解时用筷子搅拌能达到目的，故选项 D 错误。

故选 A。

例题

5.（2018 广西区梧州中考 8 题）有关溶液的说法正确的是（　　）

A．溶液都是无色的　　　　　　B．稀溶液一定是不饱和溶液
C．固体溶解时都放出热量　　　D．溶液都是均一、稳定的混合物

答案

D

解析

溶液不一定都是无色的，如硫酸铜溶液是蓝色；稀溶液不一定是不饱和溶液，如饱和氢氧化钙溶液属于稀溶液；固体溶解时不都放出热量，如硝酸铵溶于水吸热；溶液由溶质和溶剂组成，都是均一、稳定的混合物。故选 D。

例题

6.（2017浙江省义乌中考2题） 某次蔗糖溶解实验过程如图所示，不考虑水分蒸发，下列判断错误的是（　　）

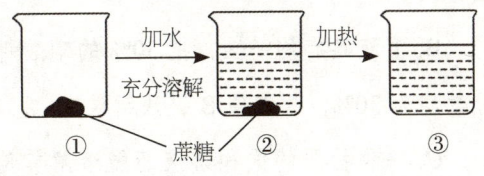

A. ②中溶液是饱和溶液
B. ③中溶液一定是不饱和溶液
C. ②③中溶液的溶质质量分数不相同
D. ③中溶液的溶质质量大于②中溶液的溶质质量

答案

B

解析

结合某次蔗糖溶解实验过程图示，不考虑水分蒸发，①→②充分溶解后固体有剩余，②中溶液是饱和溶液，②加热形成③中没有剩余固体的溶液，③中溶液有可能是饱和溶液，也有可能是不饱和溶液，②③中溶剂质量相同，溶质质量不同，②③中溶液的溶质质量分数一定是不相同的，从图直观看出：③中蔗糖全部溶解，②中蔗糖部分溶解，③中溶液的溶质质量大于②中溶液的溶质质量。故选B。

例题

7.（2018湖南省娄底中考7题） 下列关于溶液说法正确的是（　　）

A. 将硫酸钠和汽油放入水中，充分搅拌后都能形成溶液
B. 把30%的硝酸钾溶液均分成两份，每份溶液的溶质质量分数为15%
C. 向20℃时的蔗糖饱和溶液中加入食盐，食盐不再溶解
D. 配制100 g 10%的氯化钠溶液一般经过计算、称量（或量取）、溶解、装瓶存放等步骤

答案

D

解析

A.汽油难溶于水，将汽油放入水中，充分搅拌后不能形成溶液，故选项 A 说法错误。

B.溶液具有均一性，把 30% 的硝酸钾溶液均分成两份，每份溶液的溶质质量分数均为 30%，故选项 B 说法错误。

C.一种物质的饱和溶液还能溶解其他的溶质，向 20 ℃时的蔗糖饱和溶液中加入食盐，食盐能继续溶解，故选项 C 说法错误。

D.配制 100 g 10% 的氯化钠溶液，首先计算配制溶液所需氯化钠和水的质量，再称量所需的氯化钠和量取水，最后进行溶解、装瓶存放，故选项 D 说法正确。

故选 D。

例题

8.（2017 天津市中考 20 题）溶液与人们的生活息息相关。

（1）下列少量物质分别放入水中，充分搅拌，可以得到溶液的是 _____（填字母）。

　　A.高锰酸钾　　　B.汽油　　　C.面粉

（2）在盛有水的烧杯中加入以下某种物质，形成溶液过程中，温度升高，这种物质是 _____（填字母）。

　　A.烧碱　　　B.硝酸铵　　　C.氯化钠

（1）A；（2）A。

解析

（1）A.高锰酸钾易溶于水，形成均一、稳定的混合物，属于溶液，故选项 A 正确。

B.汽油不溶于水，与水混合形成的是乳浊液，不是溶液，故选项 B 错误。

C.面粉不溶于水，与水混合形成的是悬浊液，不是溶液，故选项 C 错误。

故选 A。

（2）物质溶于水分为两个过程，向水中扩散的过程吸收热量，与水分子结合形成水合分子的过程放出热量，如果吸收热量大于放出热量，就表现为吸热；如果吸收热量小于放出热量，就表现为放热；如果相等，就表现为既不放热，也不吸热。

A. 烧碱溶于水放出热量，溶液温度升高，故选项 A 正确。

B. 硝酸铵溶于水吸收热量，溶液温度降低，故选项 B 错误。

C. 氯化钠溶于水溶液温度基本不变，故选项 C 错误。

故选 A。

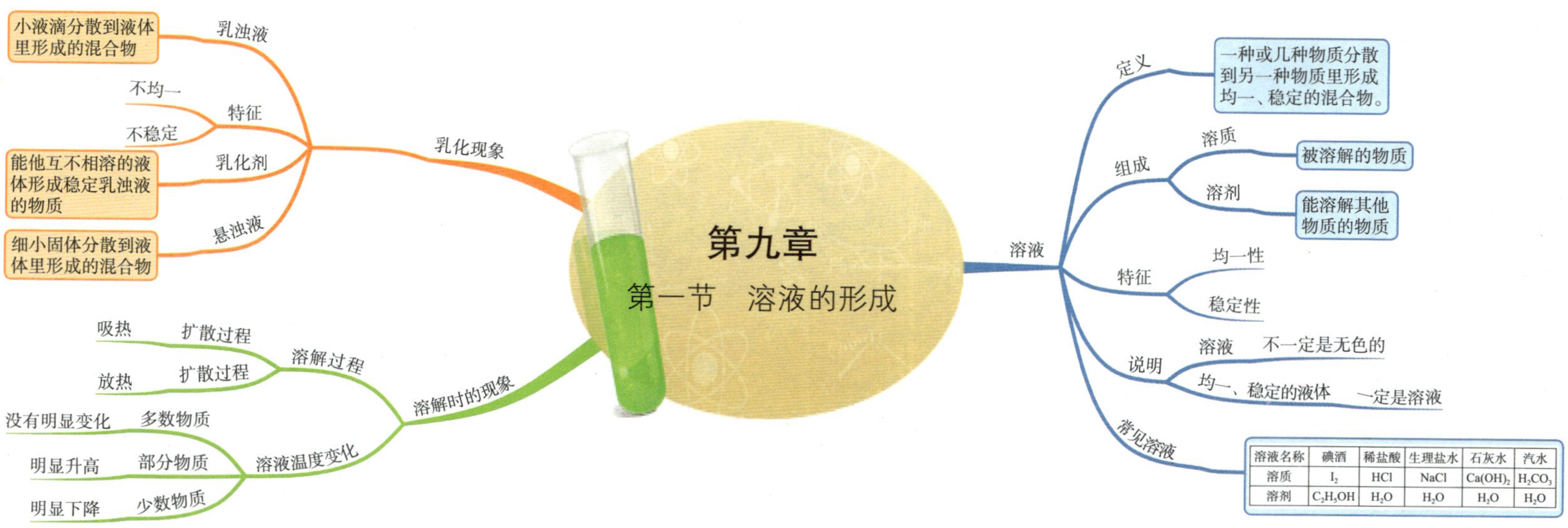

第九章 溶液的形成

第一节 溶液的形成

乳化现象

乳浊液
- 特征：
  - 小液滴分散到液体里形成的混合物
  - 不均一
  - 不稳定
- 乳化剂：能使互不相溶的液体形成稳定乳浊液的物质

悬浊液：细小固体分散到液体里形成的混合物

溶解时的现象

- 溶液温度变化
  - 溶解过程
    - 扩散过程：吸热
    - 水合过程：放热
  - 多数物质：没有明显变化
  - 部分物质：明显升高
  - 少数物质：明显下降

溶液

- **定义**：一种或几种物质分散到另一种物质里形成的均一、稳定的混合物
- **组成**：
  - 溶质：被溶解的物质
  - 溶剂：能溶解其他物质的物质
- **特征**：
  - 均一性
  - 稳定性
- **说明**：
  - 均一、稳定的液体不一定是溶液
  - 溶液不一定是无色的
- **常见溶液**：

溶液名称	碘酒	稀盐酸	生理盐水	石灰水	汽水
溶质	I_2	HCl	$NaCl$	$Ca(OH)_2$	H_2CO_3
溶剂	C_2H_5OH	H_2O	H_2O	H_2O	H_2O

第二节 溶解度

一、饱和溶液与不饱和溶液

1. 饱和溶液：在一定温度下，一定量的溶剂里，溶质不能再溶解时所得溶液。

2. 不饱和溶液：在一定温度下，一定量的溶剂里，溶质能再溶解的溶液。

3. 说明：（1）饱和溶液还可溶解其他溶质，不是不能溶解任何物质。（2）谈到饱和溶液时必须指明温度。（3）判断溶液是否饱和的方法：一定温度下继续加入溶质，看溶质能否再溶解。

4. 饱和溶液与不饱和溶液的相互转化：（一般情况下）

$$\text{不饱和溶液} \underset{\text{①增加溶剂 ②升高温度}}{\overset{\text{①增加溶质 ②降低温度 ③蒸发溶剂}}{\rightleftarrows}} \text{饱和溶液}$$

5. 结晶

（1）定义：已溶解在溶液中的溶质从溶液中以晶体形式析出的过程。

（2）结晶的两种方法：蒸发结晶和冷却结晶。蒸发结晶适用于溶解度受温度影响较小的物质，如 $NaCl$ 溶液。冷却结晶适用于溶解度受温度影响较大的物质，如 KNO_3 溶液。

6. 浓溶液与稀溶液：一定量的溶液中，含溶质的量相对较多的是浓溶液。反之，是稀溶液。

（1）对不同溶质来说：饱和溶液不一定是浓溶液； 不饱和溶液不一定是稀溶液。

（2）对同种溶质来说：在相同条件下，饱和溶液一定比不饱和溶液浓度大。

二、固体溶解度

1. 固体溶解度：在一定温度下，某固态物质在 100 g 溶剂里达到饱和状态时所溶解的质量。

2. 理解溶解度概念的四个要素

（1）条件：在一定温度下； （2）标准：在 100 g 溶剂里；

（3）状态：达到饱和状态； （4）单位：通常用"克"作单位。

3.固体溶解度的含义：表示某温度下，100 g 溶剂里最多溶解多少克溶质。如：20 ℃时，NaCl 的溶解度为 36 g。表示在 20 ℃时，在 100 g 水中最多溶解 36 g NaCl。

4.影响固体物质的溶解度因素：内因是溶剂种类、溶质种类；外因是温度。

5.固体物质溶解度的变化规律：

（1）大多数固体物质的溶解度随温度升高而升高，如 KNO_3；

（2）少数固体物质的溶解度受温度的影响很小，如 NaCl；

（3）极少数固体物质的溶解度随温度升高而降低，如 $Ca(OH)_2$。

6.物质的溶解性

溶解性	易溶物质	可溶物质	微溶物质	难溶物质
20 ℃溶解度（g）	大于 10 g	10 ~1 g	1 ~0.01 g	小于 0.01 g

三、气体溶解度

1.定义：气体的溶解度是指气体物质在一定压强、一定温度下、一定体积水中最多溶解气体的体积分数来表示。

2.影响气体的溶解度因素：内因是溶剂种类、溶质种类；外因是温度、压强。

3.在一定压强下，温度越高气体的溶解度越小，温度越低气体的溶解度越大；在一定温度下，压强越大气体的溶解度越大，压强越小气体的溶解度越小。

四、溶解度曲线

1.溶解度曲线：用纵坐标表示溶解度，横坐标表示温度，根据物质在不同温度下的溶解度绘制成不同物质随温度变化的曲线。

2.溶解度曲线的意义

（1）点的含义

①曲线上的点：所示某温度下某物质的溶解度是多少（该温度下饱和状态）。

②两曲线的交点：表示在该点所示的温度下，两种物质的溶解度相等。

③线上方的点表示：在该温度下，该溶液是饱和且有部分晶体。

④线下方的点表示：该温度下，该溶液是不饱和溶液。

（2）线的含义

① "陡升型"：大多数固体物质的溶解度随温度升高而升高，如 KNO_3。

② "缓升型"：少数固体物质的溶解度受温度的影响很小，如 $NaCl$。

③ "下降型"：极少数固体物质溶解度随温度的升高而降低。

【例1】（2017山东省聊城中考19题）如图是a、b、c三种物质的溶解度曲线，据图回答下列问题：

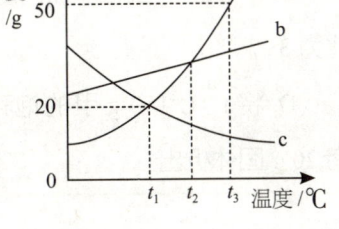

（1）三种物质的溶解度随着温度升高而减小的是_____。

（2）t_2 ℃时，物质a的溶解度与物质_____的相等。

（3）t_3 ℃时，把80 g 物质a加入到200 g 水中充分搅拌、静置，形成的是_____溶液（填"饱和"或"不饱和"）。

（4）t_3 ℃时，将等质量a和b的饱和溶液降到 t_1 ℃时，析出晶体的质量关系正确的是_____（填字母序号）。

A. a>b　　　　　B. a=b　　　　　C. a<b　　　　　D. 不能确定

答案

（1）c；（2）b；（3）不饱和；（4）A。

试题分析 本题考查溶解度曲线的意义。

解题思路

方法指引 （1）据图可以看出，三种物质的溶解度随温度升高而减小的是c。（2）据图可以看出，t_2℃时，物质a的溶解度与物质b的相等。（3）t_3℃时，a的溶解度为50 g，故把80 g 物质a加入到200 g 水中充分搅拌、静置，形成的是不饱和溶液。（4）a的溶解度随温度的升高增大明显，故 t_3℃时，将等质量a和b的饱和溶液降到 t_1℃时，析出晶体的质量关系为a>b。

易错事项 理解溶解度曲线点、线、面表示的意义是解答该类题目的前提。

本节练习

例题

1.（2018 山东省深圳中考 9 题）甲、乙两种物质（不含结晶水）的溶解度曲线如下图所示，下列叙述正确的是（   ）

A. 甲和乙的溶解度相等且均为 30 g

B. 甲物质的溶解度随温度的升高而减小

C. t_1 ℃时，乙的饱和溶液中溶质与溶剂的质量比为 3∶7

D. 将 t_2 ℃ 150 g 甲的饱和溶液降温到 t_1 ℃，有 20 g 固体析出

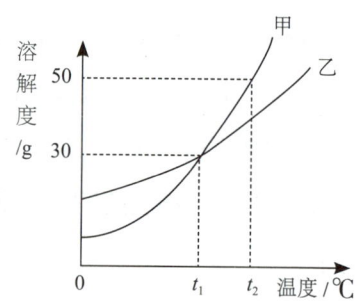

答案 D

解析

A. 固体物质溶解度一定要注意其四要素，A 没有指定温度，故选项 A 错误。

B. 甲的曲线随温度的升高而增大，故选项 B 错误。

C. t_1 ℃时，乙的溶解度为 30 g，即 100 g 水中最多可溶解 30 g 乙物质即达到饱和状态，此时溶液中溶质与溶剂的质量比为 30∶100＝3∶10，故选项 C 错误。

D. t_2 ℃时，甲的溶解度为 50 g，故 150 g 甲的饱和溶液中含有 50 g 溶质甲，其降温到 t_1 ℃，此时甲的溶解度降到 30 g，故有 20 g 固体甲析出，故选项 D 正确。

故选 D。

例题

2.（2018 山东省青岛中考 16 题）已知氯化钾、硝酸钾在不同温度时的溶解度如下表：

温度/℃		0	20	40	60
溶解度/g	氯化钾	27.6	34.0	40.0	45.5
	硝酸钾	13.3	31.6	63.9	110.0

292

依据上表数据和溶解度曲线判断，下列说法错误的是（　　）

A. 能表示硝酸钾和氯化钾的溶解度曲线分别是甲和乙

B. t_1 ℃时，氯化钾和硝酸钾的溶解度相等，在34.0 g 至35.0 g 之间

C. t_2 ℃时，将接近饱和的丙物质的溶液升高温度，可使其变成饱和溶液

D. 氯化钾中混有少量的硝酸钾，可采用降温结晶的方法提纯

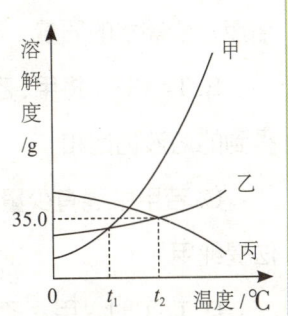

答案

D

解析

A. 通过分析溶解度表中的数据可知，硝酸钾的溶解度受温度变化影响较大，氯化钾的溶解度受温度变化影响较小，所以能表示硝酸钾和氯化钾的溶解度曲线分别是甲和乙，故选项A正确。

B. 通过分析溶解度表中的数据可知，t_1 ℃时，氯化钾和硝酸钾的溶解度相等，在34.0 g 至35.0 g 之间，故选项B正确。

C. 丙物质的溶解度随温度的升高而减小，所以 t_2 ℃时，将接近饱和的丙物质的溶液升高温度，可使其变成饱和溶液，故选项C正确。

D. 氯化钾的溶解度受温度变化影响较小，所以氯化钾中混有少量的硝酸钾，可采用蒸发结晶的方法提纯，故选项D错误。

故选D。

例题

3.（2018 江苏省连云港中考11题）甲、乙、丙三种固体物质的溶解度曲线如图所示。下列说法不正确的是（　　）

293

A. T_2 ℃时，取等质量的甲、乙分别配制成饱和溶液，所需水的质量：甲＞乙

B. T_2 ℃时，将甲、乙的饱和溶液均降温到 T_1 ℃，得到的溶液仍饱和

C. 若甲中混有少量的丙，可采用降温结晶的方法提纯甲

D. T_1 ℃时，甲、乙各 30 g 分别加入 100 g 水中，均形成饱和溶液

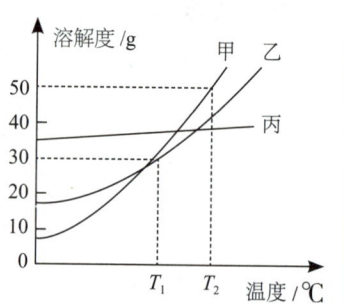

答案

A

解析

A. T_2 ℃时，取等质量的甲、乙分别配制成饱和溶液，所需水的质量：甲＜乙，因此甲＞乙错误，符合题意，故选项 A 正确。

B. T_2 ℃时，将甲、乙的饱和溶液均降温到 T_1 ℃，得到的溶液仍饱和正确，因为甲、乙两种固体物质的溶解度，都是随温度升高而增大，正确，但不符合题意，故选项 B 错误。

C. 若甲中混有少量的丙，可采用降温结晶的方法提纯甲正确，因为甲的溶解度受温度的影响变化比丙大，正确，但不符合题意，故选项 C 错误。

D. T_1 ℃时，甲、乙各 30 g 分别加入 100 g 水中，均形成饱和溶液正确，因为它们在该温度下的溶解度是 30 g，正确，但不符合题意，故选项 D 错误。

故选 A。

例题

4.（2018 浙江省舟山中考 2 题）硝酸钾的溶解度随温度升高而增大。如图是有关硝酸钾溶液的实验操作及变化情况。下列说法正确的是（　　）

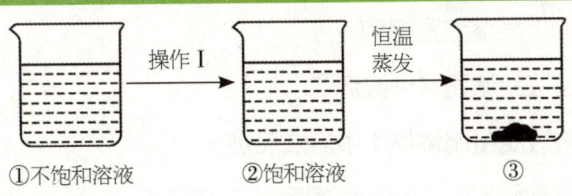

A. 操作Ⅰ一定是降温
B. ①与②的溶液质量一定相等
C. ①与③的溶质质量一定相等
D. ②与③的溶质质量分数一定相等

D

解析

A. 操作Ⅰ是将不饱和溶液转化为饱和溶液，不一定是降温，也可能是增加溶质、蒸发溶剂，故选项A错误。

B. 操作Ⅰ是将不饱和溶液转化为饱和溶液，②是饱和溶液，若采用的是增加溶质的方法，溶质的质量不相等，故选项B错误。

C. ①是一定温度下的不饱和溶液，②转化为③的过程中，有硝酸钾析出，①与③的溶质质量不相等，故选项C错误。

D. ②与③均为相同温度下的饱和溶液，溶质质量分数一定相等，故选项D正确。
故选 D。

5.（2018 湖北省咸宁中考 8 题）在 t_1 ℃时，将等质量的硝酸钾和氯化钾分别加入到各盛有 100 g 水的两个烧杯中，充分搅拌后现象如图甲所示，硝酸钾和氯化钾的溶解度曲线如图乙所示。下列说法错误的是（　　）

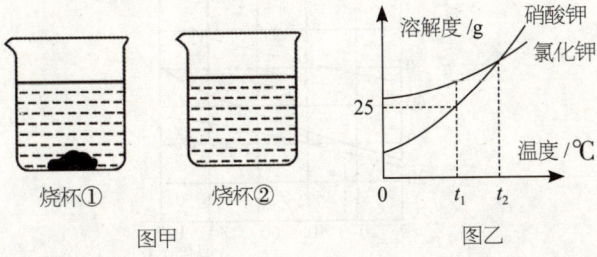

A. 烧杯①中的上层溶液是饱和溶液

B. 烧杯②中溶液的溶质是硝酸钾

C. 烧杯③中溶液质量比烧杯①中溶液质量大

D. 将温度升高到 t_2 ℃，烧杯①中的固体全部溶解

答案

B

解析

A. 烧杯①中有固体剩余，上层溶液一定是饱和溶液，故选项 A 正确。

B. t_1 ℃时，氯化钾的溶解度大于硝酸钾的溶解度，所以将等质量的硝酸钾和氯化钾分别加入到各盛有 100 g 水的两个烧杯中，烧杯②中没有固体剩余，溶液的溶质是氯化钾，故选项 B 错误。

C. 在 t_1 ℃时，将等质量的硝酸钾和氯化钾分别加入到各盛有 100 g 水的两个烧杯中，烧杯②中的固体全部溶解，烧杯①中有固体剩余，所以烧杯②溶液质量比烧杯①中溶液质量大，故选项 C 正确。

D. t_2 ℃时，硝酸钾、氯化钾的溶解度相等，所以将温度升高到 t_2 ℃，烧杯①中的固体全部溶解，故选项 D 正确。

故选 B。

例题

6.（2018 山东省枣庄中考 6 题）溶解度是定量表示物质溶解性的一种方法，图中给出了三种物质的溶解度曲线，下列说法不正确的是（　　）（多选）

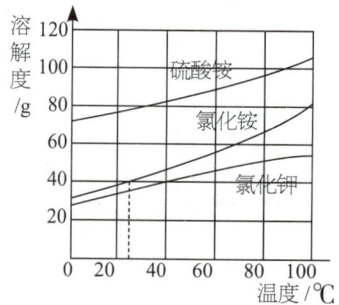

A. 60 ℃时，三种物质中溶解度最大的是硫酸铵

B. 三种物质的溶解度均随温度升高而增大

C. t ℃时，将30 g氯化铵加入50 g水中，最终所得溶液溶质质量分数为37.5%

D. 80 ℃时氯化钾和氯化铵的饱和溶液分别降温至20 ℃，析出晶体的质量后者大

答案

CD

解析

A. 据图可以看出，60 ℃时，三种物质中溶解度最大的是硫酸铵，故选项A正确。

B. 据图可以看出，三种物质的溶解度均随温度升高而增大，故选项B正确。

C. t ℃时，氯化铵的溶解度为40 g，将30 g氯化铵加入50 g水中，只能溶解20 g，最终所得溶液溶质质量分数为 $\dfrac{20\text{g}}{20\text{g}+50\text{g}} \times 100\% \approx 28.6\%$，故选项C错误。

D. 80 ℃时氯化钾和氯化铵的饱和溶液分别降温至20 ℃，由于不知道饱和溶液的质量，故不能确定析出晶体质量的大小，故选项D错误。

故选CD。

例题

7. （2017江苏省镇江中考17题）$MgSO_4$ 和 Na_2CO_3 的溶解度表及溶解度曲线如下。下列说法正确的是（　　）（多选）

温度/℃		20	30	40	50	60	70	80
溶解度S/g	$MgSO_4$	25.1	28.2	30.8	32.9	34.3	35.0	34.9
	Na_2CO_3	21.5	39.7	49.0	48.5	46.0	45.2	43.9

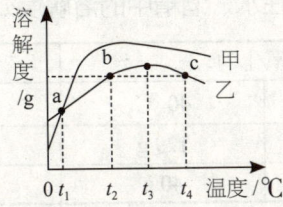

A. 甲为 Na_2CO_3

B. 乙的饱和溶液从 t_1 升温到 t_4，溶质质量分数增大

C. 等质量甲、乙饱和溶液从 t_3 降温到 t_1，析出晶体的质量（不带结晶水）：乙＞甲

D. b、c 点乙的饱和溶液溶质质量分数相等，且大于 a 点甲的饱和溶液溶质质量分数

答案

AD

解析

A. 通过分析溶解度曲线可知，大于 t_1 ℃时，甲物质的溶解度始终大于乙物质的溶解度，所以甲为 Na_2CO_3，故选项 A 正确。

B. 乙的饱和溶液从 t_1 升温到 t_4，t_4 ℃的溶解度大于 t_1 ℃时的溶解度，溶质质量分数不变，故选项 B 错误。

C. t_3 ℃时，甲物质的溶解度大于乙物质的溶解度，t_1 ℃时，甲、乙物质的溶解度相等，所以等质量甲、乙饱和溶液从 t_3 降温到 t_1，析出晶体的质量（不带结晶水）：乙＜甲，故选项 C 错误。

D. b、c 点物质的溶解度相等，大于 a 点甲物质的溶解度，所以 b、c 点乙的饱和溶液溶质质量分数相等，且大于 a 点甲的饱和溶液溶质质量分数，故选项 D 正确。

故选 AD。

例题

8.（2017 山东省枣庄中考 35 题）图表法是一种常用的数据处理方法，结合所给图表回答下列问题

氢氧化钠、碳酸钠分别在水、酒精中的溶解度如表所示。

	氢氧化钠		碳酸钠	
	20 ℃	40 ℃	20 ℃	40 ℃
水	109 g	129 g	21.8 g	49 g
酒精	17.3 g	40 g	不溶	不溶

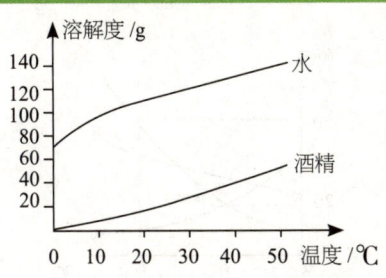

（1）上述图像表示＿＿＿＿＿＿（填"氢氧化钠"或"碳酸钠"）的溶解度曲线；

（2）20 ℃时，氢氧化钠的溶解度＿＿＿＿＿＿（填"大于"或"小于"）碳酸钠；

（3）40 ℃时，若将 50 g $NaOH$ 分别投入到 100 g 水和 100 g 酒精中，能形成饱和溶液的是＿＿＿＿＿＿，再将 CO_2 通入所得 $NaOH$ 的酒精溶液中，观察到的现象为＿＿＿＿＿＿。

（1）氢氧化钠；（2）大于；（3）酒精，出现浑浊。

解析

（1）20 ℃时，碳酸钠在酒精中不溶，溶解度为零，所以上述图像表示氢氧化钠的溶解度曲线。

（2）通过分析溶解度表中的数据可知，20 ℃时，氢氧化钠的溶解度大于碳酸钠。

（3）40 ℃时，氢氧化钠在水中的溶解度是 129 g，在酒精中的溶解度是 40 g，所以将 50 g $NaOH$ 分别投入到 100 g 水和 100 g 酒精中，能形成饱和溶液的是酒精，二氧化碳和氢氧化钠反应生成碳酸钠和水，40 ℃时，碳酸钠不溶，所以再将 CO_2 通入所得 $NaOH$ 的酒精溶液中，观察到的现象为出现浑浊。

9.（2018 湖南省衡阳市中考 26 题）如图是 a、b、c 三种固体物质的溶解度曲线图，请回答问题：

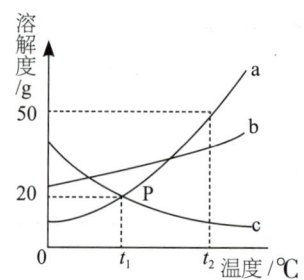

（1）t_1 ℃时，a、b、c三种物质中，溶解度由大到小的顺序是_____。

（2）将c物质的不饱和溶液转变成饱和溶液可采取的方法有_____（写出一种即可）。

（3）t_2 ℃时，将30 g a物质加入50 g水中充分溶解后，所得溶液的质量是_____g。

（4）图中P点所表示的意义是_____。

（1）b>a=c；

（2）升高温度；

（3）75 g；

（4）t_1 ℃时，a、c物质的溶解度相等。

解析

（1）通过分析溶解度曲线可知，t_1 ℃时，a、b、c三种物质中，溶解度由大到小的顺序是：b>a=c。

（2）c物质的溶解度随温度的升高而减小，所以将c物质的不饱和溶液转变成饱和溶液可采取的方法有：升高温度。

（3）t_2 ℃时，a物质的溶解度是50 g，所以将30 g a物质加入50 g水中充分溶解后，所得溶液的质量是75 g。

（4）图中P点所表示的意义是：t_1 ℃时，a、c物质的溶解度相等。

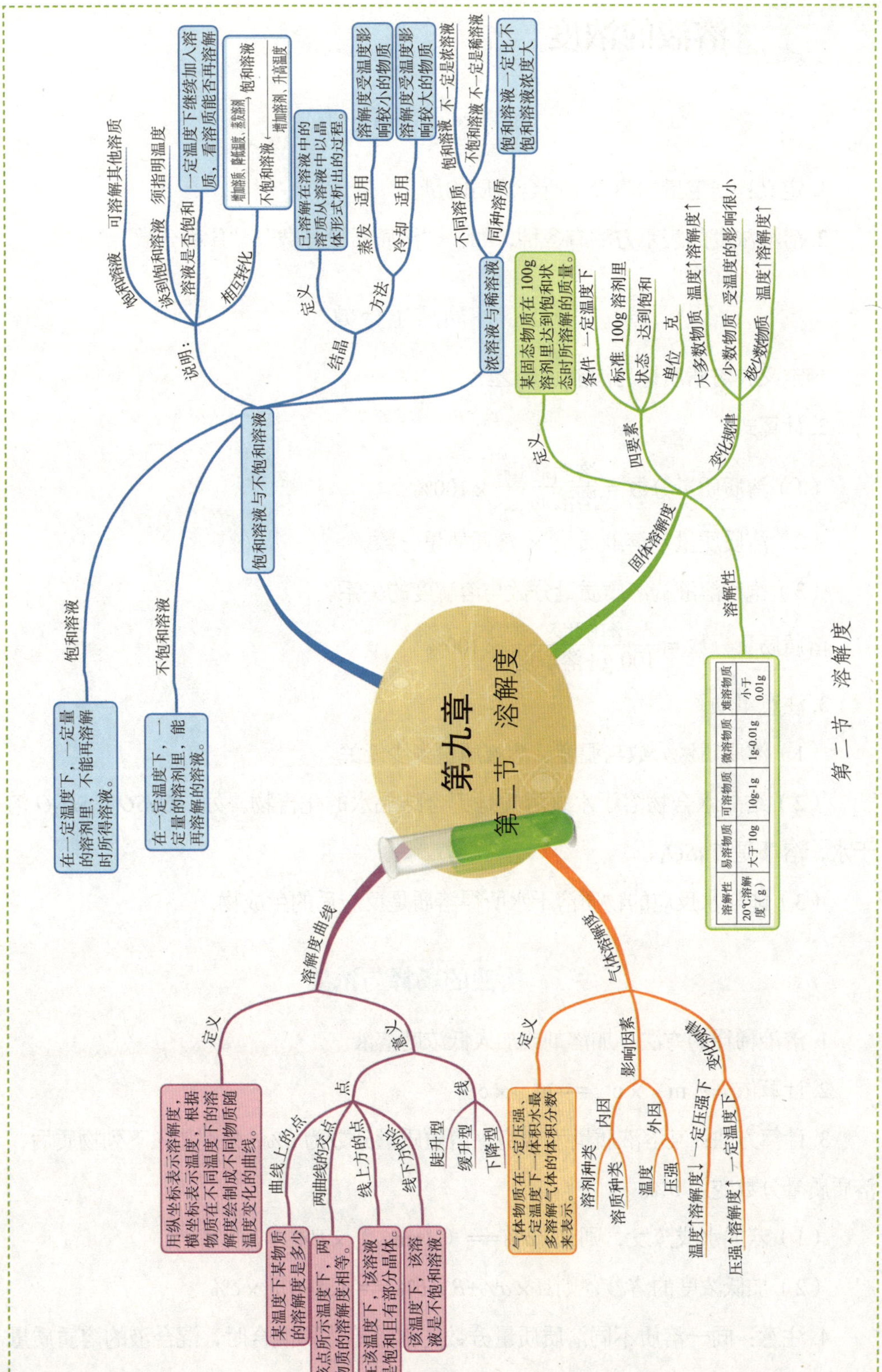

第九章 溶液

第二节 溶解度

这是一张关于"第九章 第二节 溶解度"的思维导图，主要分支包括：

饱和溶液与不饱和溶液
- 饱和溶液：在一定温度下，一定量的溶剂里，不能再溶解的溶液。
- 不饱和溶液：在一定温度下，一定量的溶剂里，能再溶解的溶液。
- 说明：
  - 饱和溶液：该溶液是否饱和，须指明温度
  - 可溶解其他物质
  - 相互转化
  - 结晶：
    - 定义：已溶解在溶液中的溶质从溶液中以晶体形式析出的过程
    - 方法：蒸发、冷却
- 一定温度下继续加入溶质，看溶质能否再溶解
  - 增加溶剂、升温→不饱和溶液
  - 增加溶质、蒸发溶剂、降温→饱和溶液
- 不同溶质：不适用
- 同种溶质：适用
- 浓溶液与稀溶液：
  - 饱和溶液不一定是浓溶液
  - 不饱和溶液不一定是稀溶液
  - 溶解度受温度影响较小的物质：饱和溶液一定比不饱和溶液浓
  - 溶解度受温度影响较大的物质：饱和溶液不一定比不饱和溶液浓

固体溶解度
- 定义：某固态物质在100g溶剂里达到饱和状态时所溶解的质量
- 四要素：
  - 条件：一定温度下
  - 标准：100g溶剂
  - 状态：达到饱和
  - 单位：克
- 变化规律：
  - 大多数物质：温度↑溶解度↑
  - 少数物质：受温度影响很小
  - 极少数物质：温度↑溶解度↓
- 溶解性：

溶解性	易溶物质	可溶物质	微溶物质	难溶物质
20℃溶解度(g)	大于10g	10g～1g	1g～0.01g	小于0.01g

溶解度曲线
- 定义：用纵坐标表示溶解度，横坐标表示温度，根据物质在不同温度下的溶解度绘制成不同物质随温度变化的曲线。
- 点：
  - 曲线上的点：某温度下该物质的溶解度是多少
  - 两曲线的交点：在该点所示温度下，两种物质的溶解度相等
  - 线上方的点：在该温度下，是饱和溶液且有部分晶体
  - 线下方的点：在该温度下，该溶液是不饱和溶液
- 线的意义：
  - 陡升型
  - 缓升型
  - 下降型

气体溶解度
- 定义：气体物质在一定压强、一定温度下，一体积水最多溶解气体的体积分数来表示
- 影响因素：
  - 内因：溶质种类、溶剂种类
  - 外因：温度、压强
  - 温度↑溶解度↓，一定压强下
  - 压强↑溶解度↑，一定温度下

第三节 溶液的浓度

一、溶液的浓度

1. 定义：一定量的溶液里所含溶质的量。

2. 溶液浓度的表示方法有多种，如："溶质质量分数""体积分数"。

二、溶质质量分数

1. 定义：溶质质量与溶液质量之比。

2. 计算式

（1）溶质质量分数 = $\dfrac{溶质质量}{溶液质量} \times 100\%$

（2）溶质质量 = 溶液质量 × 溶质质量分数

（3）饱和溶液的溶质质量分数与溶解度的关系。

溶质质量分数 = $\dfrac{溶解度}{100\ g + 溶解度} \times 100\%$

3. 注意事项

（1）溶质质量分数与温度、溶液质量多少无关。

（2）结晶水合物溶于水，溶质是不含结晶水的化合物。如：$CuSO_4 \cdot 5H_2O$ 溶于水，溶质是 $CuSO_4$。

（3）能与水反应的物质溶于水所得溶质是反应后的生成物。

三、溶液的稀释与浓缩

1. 溶液稀释的方法：加溶剂或加入低浓度溶液。

2. 计算依据：$m_浓 \times c_浓 = m_稀 \times c_稀$

3. 计算方法：某溶液质量为 A 克，溶质质量分数为 a%，分别加入下列物质后，溶质质量分数变为 b%。

（1）若加水或蒸发，则 $A \times a\% = (A + m_水) \times b\%$

（2）加低浓度的溶液，则 $A \times a\% + B \times b\% = (A+B) \times c\%$

4. 注意：同一溶质不同溶质质量分数的溶液等体积混合时，混合液的溶质质量分数介于二者浓度之和的一半和密度较大的溶液的溶质质量分数之间。

四、配制溶液

例如：配制 50 g 16% 的氯化钠溶液

1. 步骤

（1）计算：需要食盐 8 克，水 42 克，即 42 毫升。

（2）称量：用托盘天平称取食盐 8 g，用量筒量取 42 毫升水。

（3）溶解：先将食盐放入烧杯中，然后将量取的水加入，并用玻璃棒不断搅拌。

（4）装瓶存放：将配好的溶液放入试剂瓶中，注意标签（注明药品的名称和溶质质量分数）向外。

2. 导致溶液的溶质质量分数偏小的原因

（1）天平使用不正确，如：药品、砝码放反。

（2）量取水时仰视读数。

（3）烧杯不干燥，固体药品含有杂质等。

3. 导致溶液的溶质质量分数偏大的原因

（1）天平使用不正确，如：称量前没有调节平衡，指针偏右。

（2）量取水时俯视读数。

（3）将量筒中的水倒入烧杯时，一部分洒在外面等。

例题

【例1】（2018 山东省滨州中考 11 题）小芳在配制一定溶质质量分数的氯化钠溶液时，没有按照正确的方法称量氯化钠。量取水的操作规程进行操作（图示为小芳操作时的读数，其他操作都正确）。小芳实际配制的氯化钠溶液的溶质质量分数（水的密度为 1 g/cm³）约为（　　）

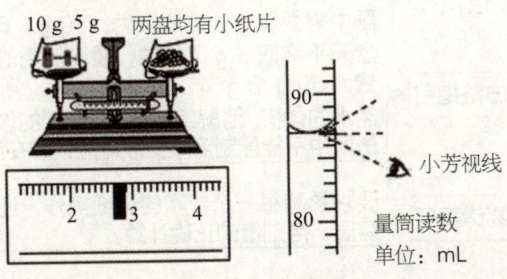

A. 12.4%   B. 17.2%   C. 16.9%   D. 12.5%

答案：A

- **解题思路**
  - **试题分析**：本题考查溶液配制的操作对溶液质量分数造成的影响，以及溶液质量分数的计算。
  - **方法指引**：小芳用托盘天平称量时，将药品与砝码的位置放反了，使用的是10 g和5 g的砝码和2.7 g的游码；由左盘的质量 = 右盘的质量 + 游码的质量可知：砝码质量 = 药品质量 + 游码的质量，所以药品质量 = 砝码质量 − 游码质量，即药品质量 =10 g+5 g−2.7g=12.3 g。量取的水的实际体积为87 mL（合87 g）。小芳实际配制的氯化钠溶液的溶质质量分数为12.3/（87+12.3）×100%≈12.4%。故选A。
  - **易错事项**：理解溶解度曲线点、线、面表示的意义是解答该类题目的前提。

例题

【例2】（2017辽宁省辽阳中考10题）实验室配制50 g溶质质量分数为6%的氯化钠溶液，下列做法正确的是（　　）

A. 用托盘天平称取5 g氯化钠

B. 用50 mL量筒量取所需水的体积

C. 溶解氯化钠时，使用的玻璃仪器有量筒、玻璃棒

D. 将配制好的溶液装入广口瓶中，塞好瓶塞并贴上标签

答案：B

- **解题思路**
  - **试题分析**：本题考查配制溶液的正确操作过程，包括计算、称量、量取、溶解和瓶装保存。
  - **方法指引**：题中需要氯化钠的质量为：50 g×6%=3 g，所以应该用托盘天平称取3 g氯化钠；量筒使用的就近原则，需要水的质量为50 g−3 g=47 g，合47 mL，所以用50 mL量筒量取所需水的体积；溶解氯化钠时，使用的玻璃仪器有烧杯、玻璃棒，量筒中不能配制溶液；液体应该装在细口瓶内。故选B。
  - **易错事项**：要求熟悉每一个步骤的详细操作，还有必须掌握加入的溶质、溶剂量的正确计算。

例题

【例3】（2017江苏省苏州中考16题）下列关于溶液的说法中，正确的是（　　）

  A. 泥土加入水中，振荡后可以形成溶液

  B. 蔗糖溶液上半部分溶液的甜度低于下半部分溶液的甜度

  C. 氢氧化钠溶液能导电，因为溶液中有较多自由移动的离子

  D. 氯化钠饱和溶液中不能再溶解少量硝酸钾晶体

答案 C

解析

  A. 在一定条件下溶质分散到溶剂中形成的是均一稳定的混合物属于溶液，泥水不均一、不稳定属于悬浊液，故选项A错误。

  B. 溶液具有均一性，蔗糖溶液上半部分溶液的甜度等于下半部分溶液的甜度，故选项B错误。

  C. 溶液导电性原因：具有自由移动的带电的离子，氢氧化钠溶液能导电，因为溶液中有较多自由移动的钠离子和氢氧根离子，故选项C正确。

  D. 饱和溶液只是对于某一溶质来说的，对其他物质可以再溶解，所以氯化钠饱和溶液中能再溶解少量硝酸钾晶体，故选项D错误。

  故选C。

【例4】（2017江苏省南通中考6题）如图是甲、乙、丙三种固体物质（均不含结晶水）的溶解度曲线，下列说法正确的是（　　）

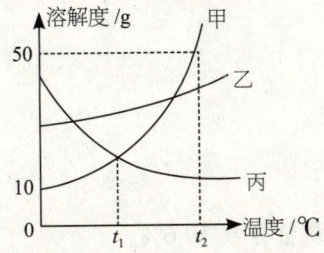

A. t_1 ℃时，甲与丙两种物质的饱和溶液中溶质质量相同

B. 乙中混有少量甲时，应采用降温结晶的方法提纯乙

C. 甲属于易溶物质

D. t_2 ℃时，30 g 甲能溶解于 50 g 水中形成 80 g 溶液

答案

C

解析

甲物质的溶解度是 50 g，所以 30 g 甲溶解于 50 g 水中形成 75 g 溶液，故 D 错误。故选 C。

例题

【例5】（2017 宁夏中考 17 题）实验室测定一瓶稀硫酸中溶质的质量分数，取该稀硫酸 100 g，加入足量的氯化钡溶液，完全反应后生成 46.6 g 沉淀。试计算该稀硫酸中溶质的质量分数。

答案

19.6%

解析

解：设该稀硫酸中溶质的质量分数为 x，

$BaCl_2 + H_2SO_4 =\!=\!= BaSO_4\downarrow + 2HCl$

　　　　　98　　　233

　　　　100x　　46.6 g

$\dfrac{98}{100x} = \dfrac{233}{46.6\ g}$

x=19.6%

答：该稀硫酸中溶质的质量分数 19.6%。

本节练习

例题

1. （2017 江苏省苏州中考 21 题）氯化钠和硝酸钾两种固体物质的溶解度曲线如图所示，下列说法正确的是（　　）

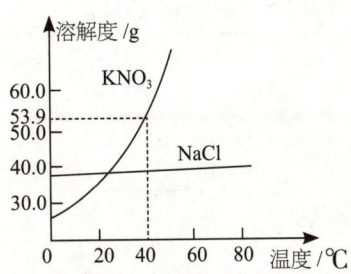

A. 硝酸钾的溶解度大于氯化钠的溶解度

B. 常用冷却结晶的方法从氯化钠溶液中获得其晶体

C. 40 ℃时，将 35 g 硝酸钾晶体放入 50 g 水中，充分搅拌后，所得溶液的溶质质量分数为 35.0%

D. 将 20 ℃的硝酸钾饱和溶液升温至 60 ℃，溶液的溶质质量分数增大（忽略水分蒸发）

答案 C

解析

A. 在比较物质的溶解度时，需要指明温度，故选项 A 错误。

B. 氯化钠的溶解度受温度变化影响较大，所以常用降温结晶的方法从氯化钠溶液中获得其晶体，故选项 B 错误。

C. 40 ℃时，硝酸钾的溶解度是 53.9 g，所以将 35 g 硝酸钾晶体放 50 g 水中，充分搅拌后，所得溶液的溶质质量分数为：$\dfrac{26.95\ g}{26.95\ g+50\ g}\times 100\%=35.0\%$，故选项 C 正确。

D. 将 20 ℃的硝酸钾饱和溶液升温至 60 ℃，溶解度增大，溶液的溶质质量分数不变，故选项 D 错误。

故选 C。

例题

2.（2018福建省中考6题）某同学模拟闽籍化学家侯德榜的"侯氏制碱法"制纯碱，需用50.0 g水配制20 ℃的NaCl饱和溶液（20 ℃时NaCl的溶解度为36.0 g），应称取NaCl的质量为（　　）

A. 18.0 g　　B. 16.0 g　　C. 13.2 g　　D. 11.5 g

答案 A

解析

20 ℃时NaCl的溶解度为36.0 g，即100 g水中最多溶解36.0 g氯化钠固体。那么50 g水中最多溶解18.0 g氯化钠固体。故选A。

例题

3.（2017辽宁省辽阳中考10题）实验室配制50 g溶质质量分数为6%的氯化钠溶液，下列做法正确的是（　　）

A. 用托盘天平称取5 g氯化钠

B. 用50 mL量筒量取所需水的体积

C. 溶解氯化钠时，使用的玻璃仪器有量筒、玻璃棒

D. 将配制好的溶液装入广口瓶中，塞好瓶塞并贴上标签

答案 B

解析

A. 需要氯化钠的质量为：50 g×6%=3 g，所以应该用托盘天平称取3 g氯化钠，故选项A错误。

B. 量筒使用的就近原则，需要水的质量为50 g-3 g=47 g，合47 mL，所以用

50 mL 量筒量取所需水的体积，故选项 B 正确。

C. 溶解氯化钠时，使用的玻璃仪器有烧杯、玻璃棒，量筒中不能配制溶液，故选项 C 错误。

D. 液体应该装在细口瓶内，故 D 错误。

故选 B。

例题

4.（2018 浙江省衢州中考 6 题）甲烧杯中盛有 30 ℃、溶质质量分数为 20% 的饱和硫酸铜溶液 100 克，进行如图所示实验（不考虑水分蒸发）。

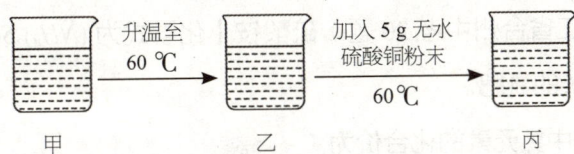

（1）乙中溶液 _____（填"是"、"不是"或"可能是"）饱和溶液。

（2）丙中溶液的溶质质量分数为 _____%（结果保留一位小数）。

答案

（1）不是；（2）23.8%。

解析

（1）乙中溶液不是饱和溶液，因为在该温度下，又加了 5 g 无水硫酸铜粉末全部溶解。故答案为：不是。

（2）丙中溶液的溶质质量分数 $\dfrac{100\ g \times 20\% + 5\ g}{100\ g + 5\ g} \times 100\% \approx 23.8\%$。故答案为：23.8%。

例题

5.（2018 湖北省襄阳中考 19 题）10% 的 $CaCl_2$ 溶液常用作路面的保湿剂。

（1）$CaCl_2$ 中 Ca、Cl 元素的质量比为 _____；

（2）要配制 200 kg 10% 的 $CaCl_2$ 溶液，需要水的质量为 ____kg。

（1）40∶71；（2）180。

解析

（1）$CaCl_2$ 中 Ca、Cl 元素的质量比 =40∶35.5×2=40∶71；

（2）要配制 200 kg 10% 的 $CaCl_2$ 溶液，需要水的质量 = 200 kg −200 kg×10%=180 kg。

例题

6.（2017 浙江省台州中考 20 题）硫酸铵【化学式为 $(NH_4)_2SO_4$】是一种能促进植物茎、叶生长的氮肥。

（1）硫酸铵中氮元素的化合价为 _____。

（2）施肥浓度过高，会造成烧苗现象。小柯通过实验发现，质量分数为 2% 的硫酸铵溶液不会导致植物烧苗。他用 50 克 30% 的硫酸铵溶液配制 2% 的硫酸铵溶液，需要加水 _____ 毫升。

（1）−3；（2）700。

解析

（1）氢元素显 +1 价，硫酸根显 −2 价，设氮元素的化合价是 x，根据在化合物中正负化合价代数和为零，可得：2x+（+1）×4×2+（−2）=0，则 x=−3 价。

（2）设要加水的质量为 x，根据溶液稀释前后溶质的质量不变，则 50 g×30%=（50 g+x）×2% x=700 g（合 700 mL）。

例题

7.（2018 重庆市中考 A 卷 19 题）将 80 g M 物质加入 50 g 水中，充分溶解，测得溶液的质量随温度的变化曲线如右图所示，按要求填空。

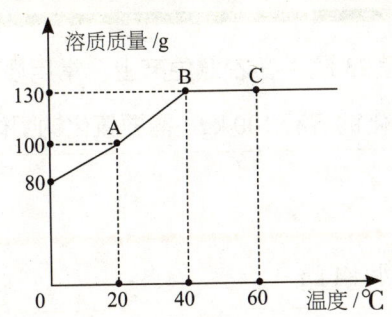

（1）A点时，该溶液的溶质质量分数为 _____。

（2）A、B、C三点所对应的溶液，属于不饱和溶液的是 _____（填字母）。

（3）在40℃时，M物质的溶解度为 _____ g，若保持溶剂的质量不变，从C点对应的溶液获得M的晶体，可以采用的方法是 _____。

答案

（1）50%；（2）C；（3）160；（4）降温结晶。

解析

（1）根据溶液的质量随温度的变化曲线可知，A点时，该溶液的质量为100 g，溶液中的M质量为（100 g-50 g）=50 g，该溶液的溶质质量分数为 $\dfrac{50\ g}{100\ g} \times 100\% = 50\%$。

（2）A点对应的溶液随温度的升高溶液的质量不断增大，A点对应的溶液中存在未溶解的M，A点对应的溶液是饱和溶液；当温度上升到40 ℃，溶液的质量为130 g，说明80 g M物质恰好完全溶解，B点对应的溶液是饱和溶液；当温度上升到60 ℃时，溶液的质量不增加，C点对应的溶液是不饱和溶液。A、B、C三点所对应的溶液，属于不饱和溶液的是C。

（3）根据曲线关系图可知，在40 ℃时，80 g M物质与50 g水形成饱和溶液，则40 ℃时，M物质的溶解度为160 g；根据曲线关系图可知，M的溶解度随温度的升高而增大，若保持溶剂的质量不变，从C点对应的溶液获得M的晶体，可以采用的方法是降温结晶。

8.（2018海南省中考23题）在农业生产上，常用质量分数为16%的氯化钠溶液选种。现要配制该氯化钠溶液100 kg，需要氯化钠固体和水的质量各是多少？

氯化钠固体16 kg、水84 kg

解析

配制该氯化钠溶液100 kg需要的氯化钠的质量：100 kg×16%=16 kg；需要水的质量：100 kg-16 kg=84 kg。

例题

9.（2018甘肃省中考18题）用溶质质量分数为5%的NaOH溶液中和73 g的稀盐酸，反应过程中溶液的酸碱度变化如下图所示。

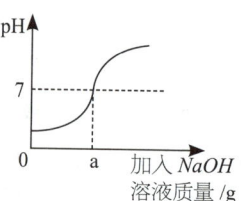

请计算：（1）用质量分数为10%的氢氧化钠溶液配制5%的氢氧化钠溶液100 g，需要水_____克．

（2）当a为80 g时，所得溶液中溶质的质量分数是_____（结果精确到0.1%）?

（1）50；（2）3.8%。

解析

（1）设需要水的质量为x，根据溶质在稀释前后质量不变。

100 g×5%=（100g-x）×10%

x=50 g；

（2）根据图像可知，当 a 为 80 g 时，盐酸与氢氧化钠恰好完全反应。

设：80 g 氢氧化钠与 73 g 盐酸反应生成的氯化钠的质量为 y，

$NaOH + HCl == NaCl + H_2O$

40　　　　　　　58.5

80 g×5%　　　　y

$\dfrac{40}{58.5} = \dfrac{80\ g \times 5\%}{y}$　　y=5.85 g

反应后所得溶液中溶质的质量分数 = $\dfrac{5.85\ g}{80\ g + 73\ g} \times 100\%$ = 3.8%。

例题

10.（2017 辽宁省铁岭中考 27 题）取 4 g 氧化铜固体于烧杯中，向其中加入一定量的稀盐酸，恰好完全反应，得到溶液的质量为 40.5 g。请计算：该稀盐酸中溶质的质量分数。

答案

10%

解析

解：设参加反应的 HCl 质量为 x，

$CuO + 2HCl == CuCl_2 + H_2O$

80　　73

4 g　　x

$\dfrac{80}{73} = \dfrac{4\ g}{x}$

x = 3.65 g

稀盐酸中溶质的质量分数为 $\dfrac{3.65\ g}{40.5\ g - 4\ g} \times 100\%$ = 10%

答：该稀盐酸中溶质的质量分数是 10%。

例题

11.（2018 河北省中考 18 题）小明用某纯碱样品（含少量氯化钠）进行了如图所示的实验。请计算：

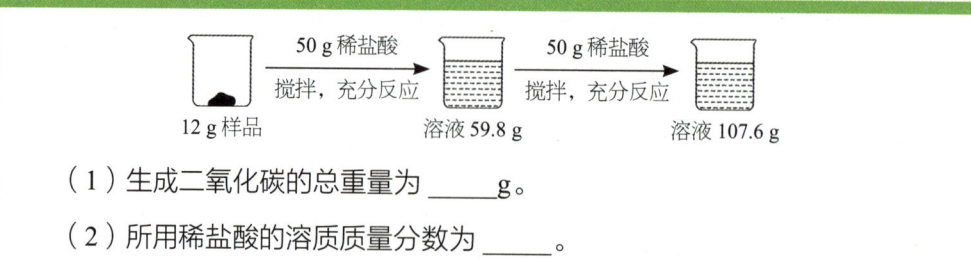

（1）生成二氧化碳的总重量为 _____ g。

（2）所用稀盐酸的溶质质量分数为 _____ 。

（1）4.4 g；（2）7.3%。

解析

（1）根据反应前后物质减少的质量就是产生二氧化碳的质量：

12 g+50 g+50 g-107.6 g=4.4 g。

（2）设反应所用稀盐酸的溶质质量分数为 x，

$$Na_2CO_3+2HCl == 2NaCl+H_2O+CO_2\uparrow$$

     73   44

    100 g x   4.4 g

73 : 100 g x=44 : 4.4 g

x=7.3%

所用稀盐酸的溶质质量分数是 7.3%。

答：所用稀盐酸的溶质质量分数是 7.3%。

例题

12.（2018 辽宁省抚顺中考 26 题）取 6.8 g 含杂质的锌粒于烧杯中，向其中加入稀硫酸至恰好完全反应，共用去稀硫酸 100 g，实验结束后，称得烧杯中物质的总质量为 106.6 g。（杂质不溶于水也不与稀硫酸反应）请计算：

（1）产生氢气的质量为 _____ g。

（2）所用稀硫酸中溶质的质量分数。（写出计算过程）

（1）0.2 g；（2）9.8%。

解析

（1）根据质量守恒定律可得，生成的氢气的质量为 100 g+6.8 g-106.6 g=0.2 g

（2）设所用稀硫酸中溶质的质量分数为 x，

$$Zn+H_2SO_4 = ZnSO_4+H_2\uparrow$$

    98   2

   100 gx   0.2 g

$\dfrac{98}{2}=\dfrac{100\ g\ x}{0.2\ g}$

x=9.8%

答：（1）产生氢气的质量为 0.2g；（2）所用稀硫酸中溶质的质量分数为 9.8%。

例题

13.（2018 山东省临沂中考 31 题）请你仔细分析如图所示的实验过程和提供的数据，并进行计算。

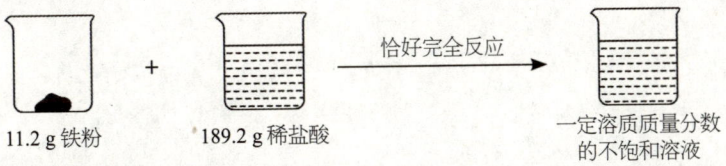

（1）生成氢气 ____ g。

（2）反应后所得溶液中溶质的质量分数是多少？（写出计算过程，精确到 0.1%）。

（1）0.4 g；（2）12.7%。

解析

解：（1）设消耗 11.2 g 铁生成的氯化亚铁的质量为 x，生成的氢气的质量为 y。

$Fe+2HCl=FeCl_2+H_2\uparrow$，

315

$$\begin{array}{ccc} 56 & 127 & 2 \\ 11.2\text{ g} & x & y \end{array}$$

$$\frac{56}{11.2\text{ g}} = \frac{127}{x} = \frac{2}{y}$$

x=25.4 g, y=0.4 g

（2）反应后所得溶液中溶质的质量分数是 $\dfrac{25.4\text{ g}}{11.2\text{ g}+189.2\text{ g}-0.4\text{ g}} \times 100\%$=12.7%，

答：（1）生成氢气0.4 g，（2）反应后所得溶液中溶质的质量分数是12.7%。

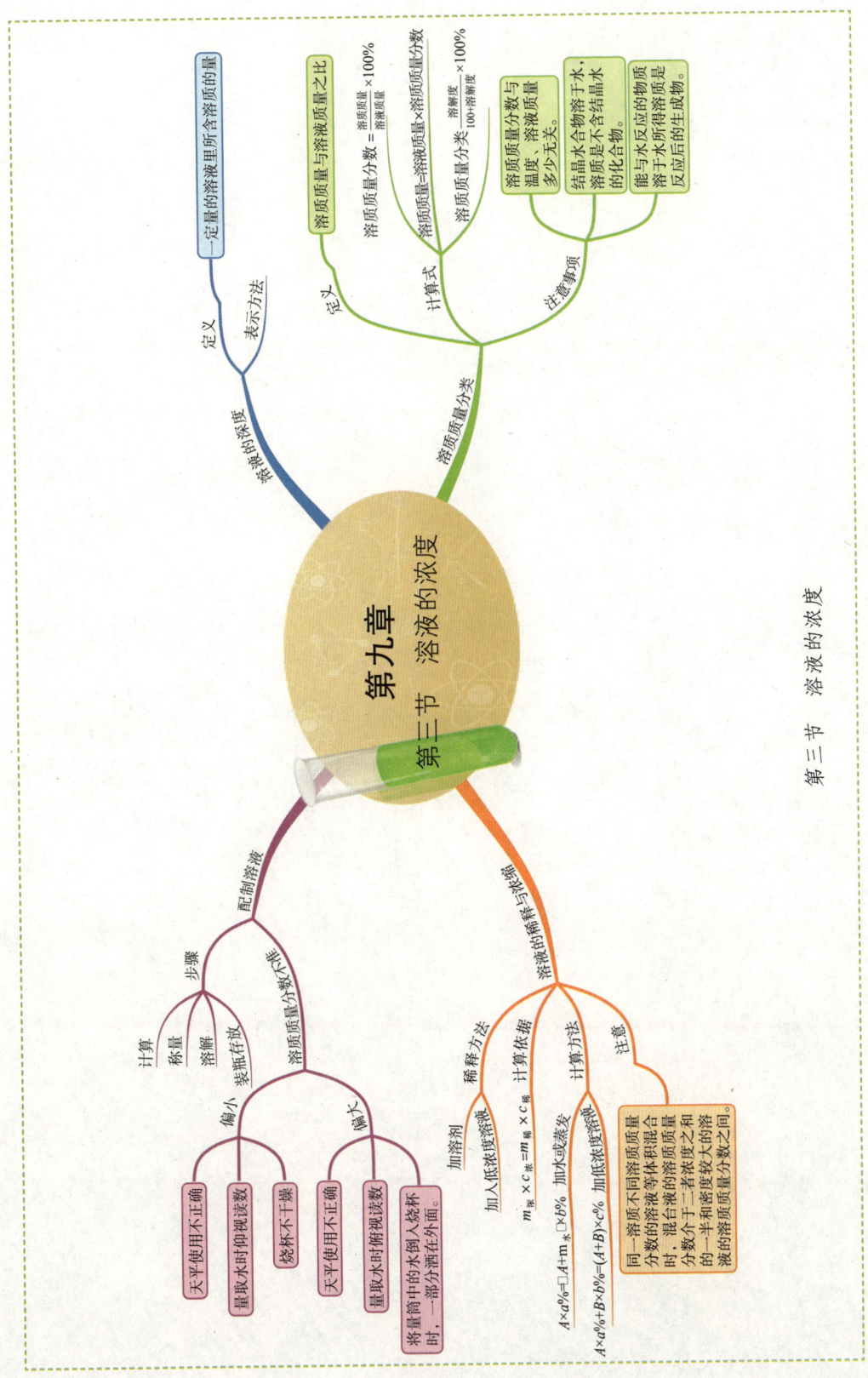

第三节 溶液的浓度

第一节 常见的酸和碱

一、酸碱指示剂

1. 概念：通常能跟酸或碱的溶液起作用而显示不同颜色的物质，叫做酸碱指示剂，通常也简称指示剂。

2. 实验室常用的酸碱指示剂：紫色石蕊溶液和无色酚酞溶液。

3. 酸碱指示剂与溶液作用时的颜色变化

（1）紫色石蕊溶液遇酸溶液变成红色，遇碱溶液变成蓝色。

（2）无色酚酞溶液遇酸溶液不变色，遇碱溶液变成红色。

4. 注意：指示剂与酸、碱性溶液作用发生颜色变化的主体是指示剂。故一般有两种说法：（1）紫色石蕊试液遇酸溶液变红色；（2）酸溶液使紫色石蕊试液变红色。酚酞的叙述同样。

二、常见的酸

1. 酸：解离时产生的阳离子全部是 H^+ 的化合物。

2. 盐酸和硫酸的性质

（1）浓盐酸：无色，有刺激性气味的液体，有强腐蚀性。工业盐酸因含有杂质而呈黄色。浓盐酸在空气中打开瓶口，会在瓶口处形成白雾，这是因为从浓盐酸中挥发出来的氯化氢跟空气中的水蒸气接触，形成盐酸小液滴的缘故，说明浓盐酸具有挥发性。

（2）浓硫酸：纯净的浓硫酸是无色、黏稠油状的液体，不易挥发。浓硫酸有较强的吸水性，因而常用作气体干燥剂。浓硫酸有强烈的腐蚀性，因而使用时要特别小心。

（3）如果不慎将硫酸或盐酸沾到皮肤上，要立刻用大量水冲洗，然后涂上3%到5%的碳酸氢钠溶液，以防止烧伤皮肤。

（4）稀释浓硫酸：一定要把浓硫酸沿器壁慢慢注入水中，并不断用玻璃棒搅拌，切不可将水倒入浓硫酸，原因是防止酸液沸腾溅出伤人。

三、酸的化学性质

1. 酸与酸碱指示剂作用：酸能使紫色石蕊试液变红；使无色酚酞不变色。

2. 酸与活泼金属反应

（1）规律：酸 + 活泼金属 = 氢气 + 盐

（2）举例：$Mg+2HCl \!=\!\!= MgCl_2+H_2\uparrow$；$Fe+H_2SO_4 \!=\!\!= FeSO_4+H_2\uparrow$。

3. 酸与金属氧化物反应

（1）规律：酸 + 金属氧化物 = 水 + 盐

（2）盐酸与生锈的铁钉反应

①现象：铁锈逐渐溶解至消失；溶液由无色逐渐变为黄色。

②方程式：$Fe_2O_3+6HCl \!=\!\!= 2FeCl_3+3H_2O$。（铁锈的主要成分为 Fe_2O_3，含 Fe_3^+ 的溶液是黄色。）

（3）硫酸与氧化铜反应

①现象：黑色氧化铜逐渐溶解至消失；溶液由无色逐渐变为蓝色。

②方程式：$CuO+H_2SO_4 \!=\!\!= CuSO_4+H_2O$。

4. 酸与碱反应

（1）规律：酸 + 碱 = 水 + 盐

（2）举例：$NaOH+HCl \!=\!\!= NaCl+H_2O$；$3HCl+Al(OH)_3 \!=\!\!= AlCl_3+3H_2O$（用含氢氧化铝的药物治疗胃酸过多）。

5. 酸与部分盐反应：

（1）与碳酸盐反应（含碳酸根离子的盐）：酸 + 碳酸盐 = 水 + 二氧化碳 + 盐

①石灰石和盐酸反应的化学方程式：$2HCl+CaCO_3 \!=\!\!= CaCl_2+H_2O+CO_2\uparrow$。

②碳酸钠和盐酸反应的化学方程式：$Na_2CO_3+2HCl \!=\!\!= 2NaCl+H_2O+CO_2\uparrow$。

（2）与其他盐反应：酸 + 盐 = 另一种酸 + 另一种盐

①盐酸与硝酸银反应方程式：$HCl+AgNO_3 \!=\!\!= AgCl\downarrow+HNO_3$。现象：生成白色沉淀。

②硫酸与氯化钡反应方程式：$H_2SO_4+BaCl_2 \!=\!\!= BaSO_4\downarrow+2HCl$。现象：生成白色沉淀。

例题

【例1】（2018 广西梧州中考 15 题）关于硫酸的说法错误的是（　　）

A. 稀硫酸与锌反应可制得氢气　　B. 稀硫酸可用于除铁锈

C. 可将水注入浓硫酸中进行稀释　　D. 浓硫酸可用来干燥氢气

答案

C

解析

实验室用稀硫酸与锌反应可制得氢气；氧化铁能与稀硫酸反应生成能溶于水的硫酸铁和水，稀硫酸可用于除铁锈；稀释浓硫酸时不能把水直接注入浓硫酸中，防止局部产生沸腾；浓硫酸具有吸水性，且不与氢气反应，可用来干燥氢气。故选 C。

四、常见的碱

1. 碱：解离时产生的阴离子全部是 OH^- 化合物。

2. 氢氧化钠和氢氧化钙的性质

（1）纯净的氢氧化钠性质：①白色固体；②易溶于水，溶解时放出热量；③暴露在空气中的氢氧化钠固体容易吸收空气中的水蒸气而逐渐溶解，因此可做干燥剂；④强腐蚀性，故俗称火碱、烧碱、苛性钠。

（2）氢氧化钠一定要密封保存是因为：①氢氧化钠在空气中能吸收空气中的水蒸气；②能跟二氧化碳发生反应而生成碳酸钠。

（3）氢氧化钙：纯净的氢氧化钙是白色粉末状固体，微溶于水，其水溶液俗称为石灰水。有腐蚀性，是熟石灰、消石灰的主要成分。

（4）氢氧化钙的制取：从石灰石到生石灰再到熟石灰：

$CaCO_3 \xrightarrow{\text{高温}} CaO+CO_2\uparrow$；$CaO+H_2O=Ca(OH)_2$

（5）如果不慎将强碱沾到皮肤上，应立即用大量水冲洗，然后涂上硼酸溶液。

五、碱的化学性质

1. 碱与酸碱指示剂作用：碱能使紫色石蕊溶液变蓝，使无色酚酞溶液变红。

2. 碱与非金属氧化物反应

  （1）规律：碱 + 非金属氧化物 = 水 + 盐

  （2）举例：$2NaOH+CO_2 = Na_2CO_3+H_2O$；

  $Ca(OH)_2+CO_2 = CaCO_3\downarrow +H_2O$。

3. 碱与酸反应

  （1）规律：碱 + 酸 = 水 + 盐

  （2）举例：$NaOH+HCl = NaCl+H_2O$；

  $3HCl+Al(OH)_3 = AlCl_3+3H_2O$。

4. 碱与部分盐反应

  （1）规律：碱 + 盐 = 另一种碱 + 另一种盐

  （2）举例

  ① $2NaOH+CuCl_2 = Cu(OH)_2\downarrow +2NaCl$，现象是生成蓝色沉淀。

  ② $Ca(OH)_2+Na_2CO_3 = CaCO_3\downarrow +2NaOH$，现象是生成白色沉淀。

  ③ $Ca(OH)_2+MgCl_2 = Mg(OH)_2\downarrow +CaCl_2$，现象是生成白色沉淀。

【例2】（2017 内蒙古通辽中考 5 题）下列物质久置敞口容器中，质量会减少的是（　　）

  A. 浓硫酸　　B. 氢氧化钠　　C. 食盐　　D. 浓盐酸

答案：D

试题分析：本题考查常见酸、碱、盐的物理性质和化学性质。

方法指引：浓硫酸具有吸水性，露置在空气中易吸水而使质量增加；氢氧化钠固体露置在空气中能吸水，且能和二氧化碳反应而使质量增加；食盐露置在空气中很稳定，质量不变；浓盐酸具有挥发性，挥发出溶质氯化氢而导致质量减小。故选 D。

易错事项：敞口容器中的溶液质量是否变化在于判断物质是否具有挥发性、吸水性以及跟空气中的某些成分发生反应等。

例题

【例3】（2018 广西区北部湾中考14题）下列有关氢氧化钠的说法，错误的是（　　）

A. 氢氧化钠俗称烧碱

B. 氢氧化钠有强烈的腐蚀性

C. 氢氧化钠固体可用于干燥二氧化碳气体

D. 氢氧化钠可用于制肥皂、洗涤剂、造纸、纺织工业等

答案

C

解题思路
- 试题分析：本题直接考查氢氧化钠的性质。
- 方法指引：氢氧化钠俗称烧碱、火碱、苛性钠；具有强烈的腐蚀性；能与二氧化碳反应生成碳酸钠和水，不能用来干燥二氧化碳气体；是一种重要的化工基础原料，广泛地应用于制肥皂、洗涤剂、造纸、纺织工业。故选C。

例题

【例4】（2017 山东省潍坊中考18题）下列验证"CO_2与$NaOH$溶液反应"的装置中，不能观察到明显现象的是（装置气密性均良好）（　　）

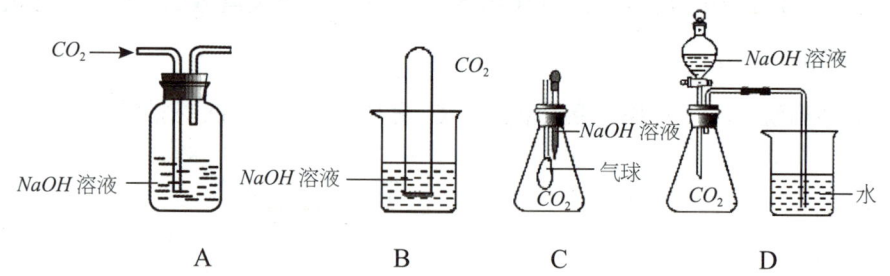

答案

A

第十章　酸和碱

解题思路

试题分析：根据 CO_2 与 $NaOH$ 反应生成的物质，进一步判断会造成装置中哪些现象的发生。

方法指引：A 中通入二氧化碳时，虽然氢氧化钠能和二氧化碳反应生成碳酸钠和水，但是无明显现象；B 的实验过程中，由于二氧化碳和氢氧化钠反应生成了碳酸钠和水，导致试管中气压减小，从而导致液体在试管中上升；C 的实验过程中，由于二氧化碳和氢氧化钠反应生成了碳酸钠和水，导致气球膨胀；D 的实验过程中，由于二氧化碳和氢氧化钠反应生成了碳酸钠和水，导致烧杯中的水流入锥形瓶中。故选 A。

例题

【例 5】（2017 山东省临沂中考 4 题）实验室长期保存下列药品的方法中，不正确的是（　　）

A. 氢氧化钠密封保存在试剂瓶中

B. 硝酸银溶液密封保存在棕色试剂瓶中

C. 浓盐酸密封保存在试剂瓶中

D. 少量氨水保存在烧杯中

答案

D

解析

A. 氢氧化钠固体易吸水潮解，且能与空气中的二氧化碳反应而变质，因此需密封保存，故选项 A 正确。

B. 硝酸银溶液见光易分解，因此保存在棕色瓶中，故选项 B 正确。

C. 浓盐酸具有挥发性，应密封保存在试剂瓶中，故选项 C 正确。

D. 氨水具有挥发性，应密封保存，故选项 D 错误。

故选 D。

325

本节练习

例题

1.（2017中考重庆A卷14题）某实验小组将$Ba(OH)_2$溶液逐滴滴入硫酸溶液中，溶质的质量与加入的$Ba(OH)_2$溶液的质量关系如图所示。下列说法错误的是（　　）

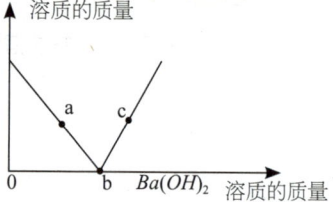

A. a点溶液为酸性　　　　　　B. b点恰好完全反应

C. c点溶液的溶质为硫酸　　　D. b、c两点沉淀质量相等

答案 C

解析

将$Ba(OH)_2$溶液逐滴滴入硫酸溶液中，发生化学反应的方程式为
$Ba(OH)_2+H_2SO_4=\!=\!=BaSO_4\downarrow +2H_2O$。

A. a点所示溶液中，滴加的氢氧化钡溶液还不足，没有将硫酸完全中和，此时溶液显酸性，故选项A正确。

B. b点表示氢氧化钡与硫酸恰好完全中和，生成了硫酸钡沉淀和水，此时所得液体中只有水，故选项B正确。

C. c点表示酸碱恰好完全中和后，滴加的氢氧化钡过量，所示溶液中的溶质是氢氧化钡，故选项C错误。

D. 因为在b点时，硫酸已完全参与反应，所以由b点到c点，继续滴加氢氧化钡溶液时，沉淀的质量不再改变，选项D故正确。

故选C。

例题

2.（2018重庆市中考B卷10题）氢氧化钠溶液和氨水都能使酚酞溶液变红，其原因是二者的溶液中均含有一种相同的粒子是（　　）

A. H^+　　　B. OH^-　　　C. H_2O　　　D. H

第十章 酸和碱

答案

B

解析

碱性溶液可以使无色酚酞溶液变红的主要原因是溶液中均含有氢氧根离子（OH^-）。故选 B。

例题

3.（2017 广西区来宾中考 15 题）分别向甲、乙、丙三种无色溶液中滴加紫色石蕊溶液、观察到甲溶液变红色，乙溶液变蓝色，丙溶液变紫色。则它们的 pH 由小到大的排列是（　　）

　　A.甲、乙、丙　　B.甲、丙、乙　　C.乙、甲、丙　　D.丙、甲、乙

答案

B

解析

甲能使紫色石蕊溶液变红色，说明甲显酸性，溶液的 pH 小于 7。
乙能使紫色石蕊溶液变蓝色，说明乙显碱性，溶液的 pH 大于 7。
丙不能使紫色石溶试液变色，说明丙显中性，溶液的 pH 等于 7。
故选 B。

例题

4.（2018 山东省临沂中考 20 题）向 $NaOH$ 溶液中滴入 HCl 溶液至恰好完全反应。

（1）如图表示该反应前后溶液中存在的主要离子，在下面横线上写出每种图形表示的离子 _____（填离子符号）。

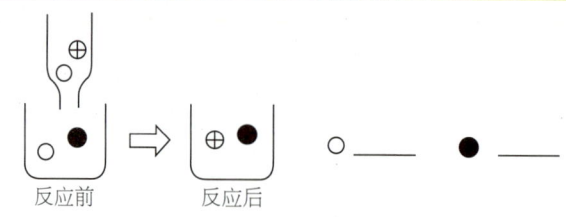

（2）发生反应的化学方程式是 _____。

（3）下列物质中只有一种能与 KOH 溶液发生上述类似反应，应是 ___（填序号）。

① HNO_3　　　　② $CuSO_4$　　　　③ $CaCl_2$

（1）OH^-、Na^+；（2）$HCl+NaOH = NaCl+H_2O$；（3）①。

解析

（1）向 NaOH 溶液中滴入 HCl 溶液至恰好完全反应，氢氧化钠是由钠离子和氢氧根离子构成的，盐酸是由氢离子和氯离子构成的，反应的实质是氢离子结合氢氧根离子生成水分子，故横线上图形表示的离子从左到右分别是氢氧根离子（OH^-）、钠离子（Na^+）。

（2）氢氧化钠与稀盐酸反应生成氯化钠和水，反应的化学方程式为：$HCl+NaOH=\!=\!NaCl+H_2O$。

（3）氢氧化钠与稀盐酸反应生成氯化钠和水，属于中和反应，硝酸属于酸，能与氢氧化钾发生中和反应。

例题

5.（2017 吉林省中考 17 题）根据碱的四条化学性质回答下列问题：

（1）碱溶液能使酚酞溶液变 ____ 色；

（2）图中的 X 代表一类物质，则 X 为 ____（填物质类别），请写出符合性质③的一个化学反应方程式 _____；

（3）碱溶液有相似化学性质的原因是都含有 _____。

答案

（1）红；（2）酸，$NaOH+HCl=\!=\!NaCl+H_2O$；（3）氢氧根离子。

解析

（1）碱能使无色酚酞变红色。

（2）氢氧化钠是一种碱，能与酸碱指示剂、某些非金属氧化物、酸和某些盐反应，所以X应是酸，盐酸和氢氧化钠反应生成氯化钠和水，化学方程式为：$NaOH+HCl=\!=\!NaCl+H_2O$。

（3）碱溶液有相似化学性质的原因是都含有氢氧根离子。

例题

6.（2017 广西贺州中考 29 题）请回答下列有关问题：

（1）小江同学取 5 mL 氢氧化钠溶液于试管中，滴入几滴酚酞溶液，可观察到的现象为 _____。

（2）小东同学走进实验室时，看到氢氧化钠溶液的试剂瓶敞口放置，这样会使氢氧化钠溶液变质。若溶液部分变质，溶质是 _____（填化学式），氢氧化钠溶液变质的化学方程式是 _____。

（3）要配制 50 g 溶质质量分数为 5% 的氯化钠溶液，需要氯化钠固体 _____ 克；量取水时俯视读数，导致配制的氯化钠溶液的溶质质量分数 _____（填"偏大"或"偏小"）。

答案

（1）无色溶液变红色；

（2）$NaOH$、Na_2CO_3，$2NaOH+CO_2=\!=\!Na_2CO_3+H_2O$；

（3）$50\ g\times 5\%=2.5\ g$，偏大。

解析

（1）酚酞遇碱变红色，所以取 5 mL 氢氧化钠溶液于试管中，滴入几滴酚酞溶液，可观察到的现象为：无色溶液变红色。

（2）氢氧化钠和二氧化碳反应生成碳酸钠和水，所以溶液部分变质，溶质是 $NaOH$、Na_2CO_3，氢氧化钠溶液变质的化学方程式是：$2NaOH+CO_2==Na_2CO_3+H_2O$。

（3）需要氯化钠固体的质量为：50 g×5%=2.5 g，量取水时俯视读数，量取水的实际体积偏小，导致配制的氯化钠溶液的溶质质量分数偏大。

例题

7.（2017 江苏省徐州中考 3 题）酸、碱、盐是我们身边重要的化合物

（1）碱溶液有许多共同性质，是因为不同的碱溶液中都有 _____（填离子符号）。

（2）常用小苏打治疗胃酸过多，有关反应的化学方程式是 _____。

（3）将一定量的硫酸铜溶液与氢氧化钠溶液混合，充分反应后过滤，得到无色溶液。该无色溶液中一定含有溶质硫酸钠，可能含有溶质 _____。若要验证这种可能含有的溶质，不宜使用 ____（填字母）

A. 酚酞试液　　　B. pH 试纸　　　C. 硫酸铵　　　D. 氯化钠

答案

（1）OH^-；（2）$NaHCO_3+HCl==NaCl+H_2O+CO_2\uparrow$；（3）氢氧化钠，D。

解析

（1）碱溶液有许多共同性质，是因为不同的碱溶液中都有 OH^-。故填：OH^-。

（2）常用小苏打治疗胃酸过多，这是因为碳酸氢钠能和稀盐酸反应生成氯化钠、水和二氧化碳，反应的化学方程式为：$NaHCO_3+HCl==NaCl+H_2O+CO_2\uparrow$。故填：$NaHCO_3+HCl==NaCl+H_2O+CO_2\uparrow$。

（3）将一定量的硫酸铜溶液与氢氧化钠溶液混合，充分反应后过滤，得到无

色溶液，说明硫酸铜已经完全反应，该无色溶液中一定含有溶质硫酸钠，可能含有溶质氢氧化钠。

若要验证氢氧化钠是否存在，不宜使用氯化钠，这是因为氢氧化钠溶液显碱性，能使酚酞试液变红色，因此可以用酚酞试液检验，pH 大于 7，可以用 pH 试纸测定，氢氧化钠能和硫酸铵反应生成有刺激性气味的气体氨气，可以用硫酸铵检验。

故选 D。

8.（2018 四川省雅安中考）人体内的一些液体正常 pH 范围如下，其中呈酸性的是（　　）

A. 血浆 7.35~7.45　　　　　B. 胆汁 7.1~7.3

C. 胃液 0.9~1.5　　　　　　D. 胰液 7.5~8.0

C

解析

A. 血浆的 pH 为 7.35~7.45，大于 7，呈碱性，故选项 A 错误。

B. 胆汁的 pH 为 7.1~7.3，大于 7，呈碱性，故选项 B 错误。

C. 胃液的 pH 为 0.9~1.5，小于 7，呈酸性，故选项 C 正确。

D. 胰液的 pH 为 7.5~8.0，大于 7，呈碱性，故选项 D 错误。

故选 C。

9.（2018 江苏省苏州中考 13 题）下列关于浓硫酸的说法正确的是（　　）

A. 易挥发　　B. 有腐蚀性　　C. 无吸水性　　D. 密度比水小

B

解析

浓硫酸具有吸水性、腐蚀性、不挥发,密度比水大,溶解放热的性质,故选B。

例题

10.(2016湖南省郴州中考17题)下列有关硫酸的说法,正确的是( )

A.打开盛有浓硫酸的试剂瓶塞,瓶口出现白雾

B.浓硫酸不慎沾到皮肤上,立即用大量的水冲洗,然后再涂上3%~5%的碳酸氢钠溶液

C.实验室用稀硫酸和石灰石制取二氧化碳

D.把铜片放入稀硫酸中,产生大量气泡

答案

B

解析

A.浓硫酸不具有挥发性,打开瓶盖,瓶口不会出现白雾,故选项A错误。

B.浓硫酸不慎沾到皮肤上,立即用大量的水冲洗,然后再涂上3%~5%的碳酸氢钠溶液,故选项B正确。

C.稀硫酸和石灰石反应,生成硫酸钙,微溶于水的硫酸钙覆盖在石灰石的表面,阻碍反应进一步进行,故选项C错误。

D.在金属活动性顺序中,铜在氢的后面,与稀硫酸不反应,故选项D错误。

故选B。

例题

11.(2018湖南省邵阳中考13题)下表是人体内一些液体的正常pH范围,

物质	血浆	唾液	胃液	尿液
pH	7.35~7.45	6.6~7.1	0.9~1.5	4.7~8.4

其中酸性最强的是( )

A.血浆   B.唾液   C.胃液   D.尿液

答案

C

解析

当溶液的pH<7时,随着pH的减小酸性增强,胃液的pH最小,胃液酸性最强。故选C。

例题

12.(2018重庆市中考B卷12题)已知生活中厕所清洁剂的pH=1,厨房清洁剂的pH=12。下列关于两者的说法不正确的是（　　）

A. 厕所清洁剂加水稀释,溶液pH升高

B. 厨房清洁剂可能含有NaOH

C. 混合使用能提高两者的清洁效果

D. 厕所清洁剂可能使铁制下水道腐蚀

答案

C

解析

厕所清洁剂的pH=1,显酸性,厕所清洁剂加水稀释,溶液pH升高,pH只能接近7且小于7;厨房清洁剂pH=12,显碱性,可能含有NaOH;厕所清洁剂和厨房清洁剂发生中和反应,混合使用降低两者的清洁效果;厕所清洁剂显酸性,可以与铁发生反应,可能使铁制下水道腐蚀。故选C。

例题

13.(2017上海市中考9题)除铁锈的试剂是（　　）

A. 氯化钠溶液　　B. 稀盐酸　　C. 氢氧化钠溶液　　D. 水

答案 B

解析

A.铁锈的主要成分是氧化铁,氯化钠能加快铁锈蚀的速率,不能用作除铁锈的试剂,故选项 A 错误。

B.铁锈的主要成分是氧化铁,能与稀盐酸反应生成氯化铁和水,能用作除铁锈的试剂,故选项 B 正确。

C.铁锈的主要成分是氧化铁,不与氢氧化钠溶液反应,不能用作除铁锈的试剂,故选项 C 错误。

D.铁锈的主要成分是氧化铁,难溶于水,不能用作除铁锈的试剂,故选项 D 错误。

故选 B。

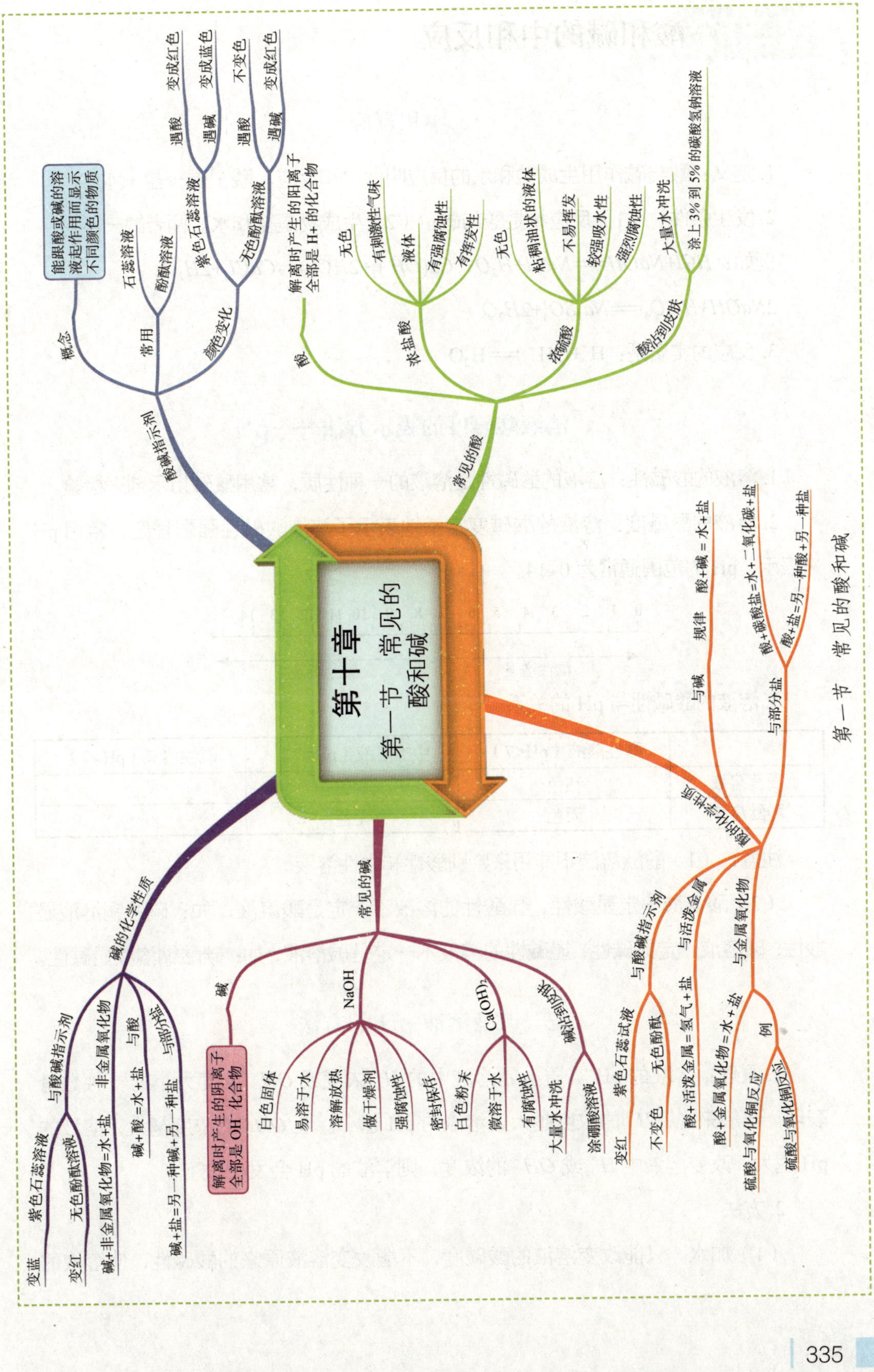
第十章
第一节 常见的酸和碱
酸碱指示剂
概念
能跟酸或碱的溶液起作用而显示不同颜色的物质
常用
石蕊溶液
酚酞溶液
变色变化
紫色石蕊溶液
遇酸
变成红色
遇碱
变成蓝色
无色酚酞溶液
遇酸
不变色
遇碱
变成红色
常见的酸
酸
解离时产生的阳离子全部是 H+ 的化合物
浓盐酸
无色
有刺激性气味
液体
有强腐蚀性
有挥发性
浓硫酸
无色
粘稠油状的液体
不易挥发
较强吸水性
强烈腐蚀性
酸沾到皮肤
大量水冲洗
涂上 3% 到 5% 的碳酸氢钠溶液
酸的化学性质
与碱
规律
酸+碱 = 水+盐
与部分盐
酸+碳酸盐=水+二氧化碳+盐
酸+盐=另一种酸+另一种盐
与酸碱指示剂
紫色石蕊试液
变红
无色酚酞
不变色
与活泼金属
酸+活泼金属=氢气+盐
与金属氧化物
酸+金属氧化物=水+盐
例
硫酸与氧化铜反应
硫酸与氧化铜反应
常见的碱
碱
解离时产生的阴离子全部是 OH⁻ 化合物
NaOH
白色固体
易溶于水
溶解放热
做干燥剂
强腐蚀性
密封保存
Ca(OH)₂
白色粉末
微溶于水
有腐蚀性
碱沾到皮肤
大量水冲洗
涂硼酸溶液
碱的化学性质
与酸碱指示剂
紫色石蕊溶液
变蓝
无色酚酞溶液
变红
非金属氧化物
碱+非金属氧化物=水+盐
与酸
碱+酸 =水+盐
与部分盐
碱+盐=另一种碱+另一种盐

第二节 酸和碱的中和反应

一、中和反应

1. 定义：酸与碱作用生成盐和水的反应叫做中和反应。酸 + 碱→盐 + 水。

2. 发生条件：（1）反应物是酸与碱；（2）生成物是盐和水。两者缺一不可。

例如：$HCl+NaOH=\!=\!NaCl+H_2O$；$Ca(OH)_2+2HCl=\!=\!CaCl_2+2H_2O$；

$2NaOH+H_2SO_4=\!=\!Na_2SO_4+2H_2O$

3. 反应的实质是：$H^++OH^-=\!=\!H_2O$

二、溶液酸碱度的表示方法——pH

1. 溶液的酸碱性：溶液的酸碱性是溶液的一种性质，常用酸碱指示剂来检验。

2. 溶液的酸碱度：溶液的酸碱度定量地表示了溶液酸碱性强弱程度，常用pH来表示，pH的范围通常为0~14。

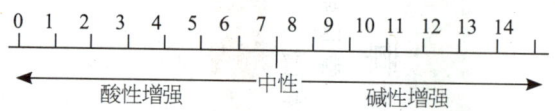

3. 溶液的酸碱性与pH的关系

	酸性溶液（pH<7）	中性溶液（pH=7）	碱性溶液（pH>7）
石蕊溶液	红色	紫色	蓝色
酚酞溶液	无色	无色	红色

注意：（1）酚酞溶液不能用来鉴别酸性和中性溶液。

（2）酸溶液一定显酸性，显酸性的溶液不一定是酸溶液，如：硫酸铜溶液显酸性；碱溶液一定显碱性，显碱性的溶液不一定是碱溶液，如：碳酸钠溶液显碱性。

三、改变溶液pH的方法

1. 原理：溶液的pH实质上是溶液中的H^+浓度或OH^-浓度大小的一种数量表现。一般来说，H^+的浓度越大，溶液的pH越小。而OH^-的浓度越大，溶液的pH越大。改变溶液中H^+或OH^-的浓度，则溶液的pH会发生改变。

2. 方法

（1）加水。只能改变溶液的酸碱度，不能改变溶液原来的酸碱性，使溶液的

pH 逐渐接近于 7。

（2）加酸碱性相同，pH 不同的溶液。原溶液酸碱性不会发生变化，但混合后溶液的 pH 在两种原溶液的 pH 之间。

（3）加酸碱性相反的溶液。由于两溶液间发生了中和反应，使混合后的溶液的 pH 可能等于 7，若加入的溶液过量，原溶液的酸碱性就会发生相反的变化。

四、pH 试纸的使用方法

1. 测定 pH 的最简单方法是使用 pH 试纸。

2. 具体操作：用胶头滴管（或玻璃棒）把待测试液滴（或涂）在 pH 试纸上，然后把试纸显示的颜色（半分钟内）与标准比色卡对照，标准比色卡上相同颜色的 pH 即为溶液的 pH。

3. 注意事项

（1）不能直接把 pH 试纸浸入待测的溶液中，以免带入杂质，同时这种操作还可能泡掉 pH 试纸上的一部分指示剂，致使比色时发生较大误差。

（2）不能先用水将 pH 试纸湿润，再进行测试。因为将待测溶液滴到用水湿润后的 pH 试纸上，其溶质质量分数将变小。

（3）检验酸性或碱性气体时，可将试纸润湿后再用。

（4）用广泛 pH 试纸测出来的是整数。

【例1】（2017 广西来宾中考 15 题）分别向甲、乙、丙三种无色溶液中滴加紫色石蕊溶液、观察到甲溶液变红色，乙溶液变蓝色，丙溶液变紫色。则它们的 pH 由小到大的排列是（　　）

A. 甲、乙、丙 　　　　　　　B. 甲、丙、乙

C. 乙、甲、丙 　　　　　　　D. 丙、甲、乙

答案

A

解题思路

试题分析：根据紫色石蕊溶液颜色的变化可判断溶液的酸碱性，进而判断 pH 的范围。

方法指引：乙能使紫色石蕊溶液变蓝色，说明乙显碱性，溶液的 pH＞7；丙不能使紫色石蕊溶液变色，说明丙显中性，溶液的 pH＝7；甲能使紫色石蕊溶液变红色，说明甲显酸性，溶液的 pH＜7。故选 B。

例题

【例2】（2018 天津市中考 14 题）下列各组物质反应，所得溶液能使酚酞溶液变红的是（　　）（多选）

A. 一定量的稀盐酸与适量的氢氧化钠溶液恰好完全反应

B. 相同质量、相同溶质质量分数的氢氧化钾溶液与盐酸相混合

C. 将硫酸钾溶液滴入氢氧化钡溶液中恰好完全反应

D. 将二氧化碳气体通入氢氧化钠溶液中得到碳酸钠溶液

答案：CD

解题思路

试题分析：酚酞溶液变红说明反应后的溶液呈碱性。

方法指引：一定量的稀盐酸与适量的氢氧化钠溶液恰好完全反应，所得溶液显中性，不能使酚酞溶液变红；相同质量、相同溶质质量分数的氢氧化钾溶液与盐酸相混合，盐酸有剩余，所得溶液显酸性，不能使酚酞溶液变红；将硫酸钾溶液滴入氢氧化钡溶液中恰好完全反应，所得溶液是氢氧化钾溶液，显碱性，能使酚酞溶液变红；碳酸钠溶液显碱性，能使酚酞溶液变红。故选 CD。

易错事项：该题解答关键在于判断反应是否发生完全，以及产生的生成物是酸性还是碱性。

例题

【例3】（2018 山东省德州中考 11 题）向某稀盐酸中逐渐加入试剂 X 后溶液的 pH 变化如图。试剂 X 可能是下列物质中的（　　）

A. H_2O　　　　　　　B. H_2SO_4

C. $NaOH$　　　　　　 D. $CaCO_3$

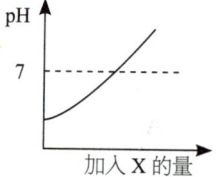

第十章 酸和碱

C

解题思路

- **试题分析**：根据溶液的 pH 变化来判断加入的试剂是酸性物质还是碱性物质。

- **方法指引**：水为中性物质，可以减低稀盐酸的酸性，但是溶液始终呈酸性，溶液的 pH<7；硫酸为酸性物质，可以增强稀盐酸的酸性，但是溶液始终呈酸性，溶液的 pH<7；氢氧化钠为碱，可以和稀盐酸反应，而使溶液的酸性减弱，当恰好完全反应时溶液的 pH 为 7，继续加入氢氧化钠则溶液呈碱性，而使 pH > 7；碳酸钙可以消耗盐酸，溶液的 pH ≤ 7。故选 C。

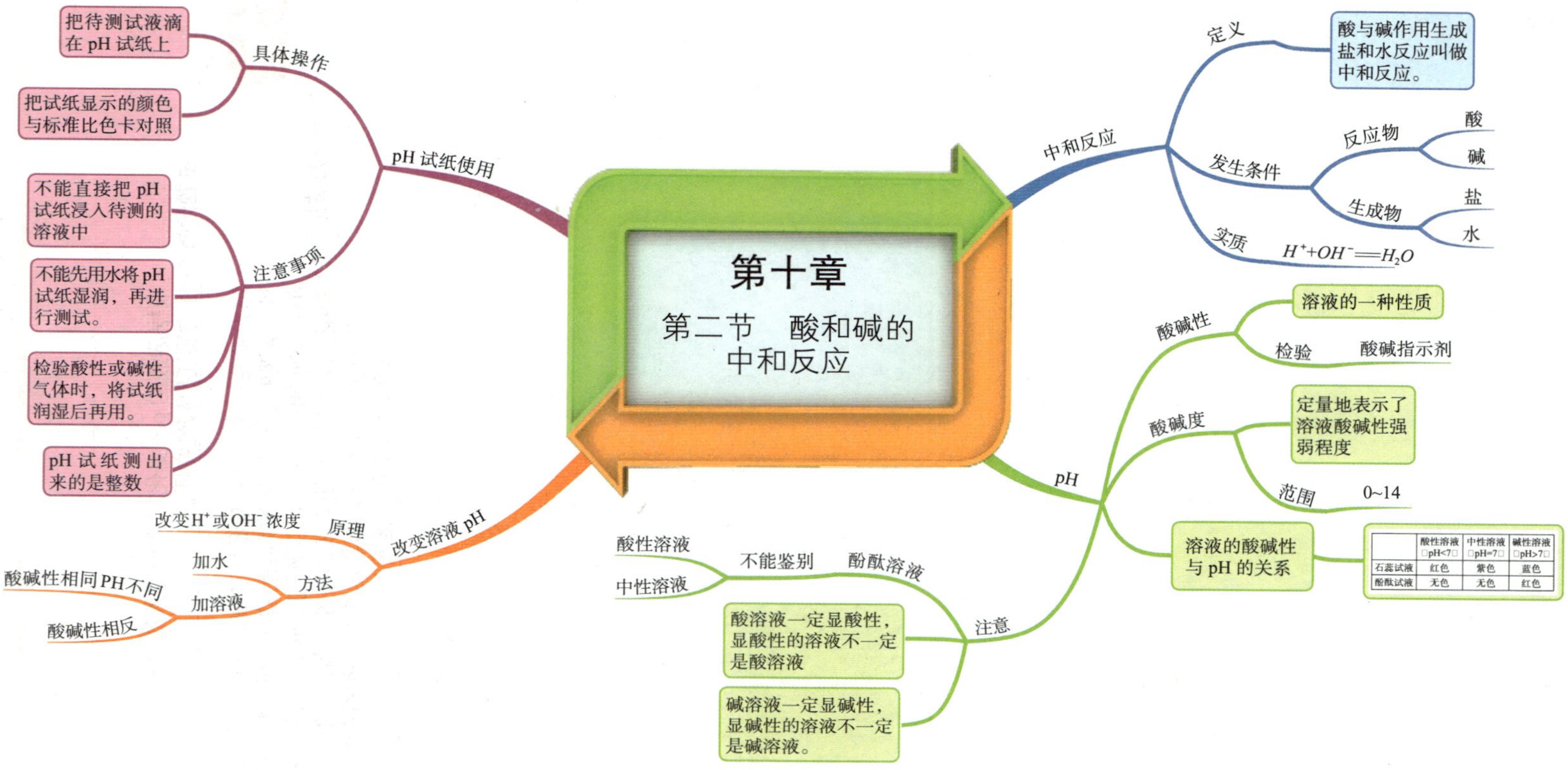

第二节 酸和碱的中和反应

第十章 第二节 酸和碱的中和反应

中和反应
- **定义**：酸与碱作用生成盐和水的反应叫做中和反应。
- **发生条件**：$H^+ + OH^- = H_2O$
- **反应物**：酸、碱
- **生成物**：盐、水
- **实质**：$H^+ + OH^- = H_2O$

pH
- **酸碱性**
  - 溶液的一种性质
  - 检验：酸碱指示剂
  - 定量地表示了溶液酸碱性强弱程度
- **酸碱度**
- **范围**：0—14

石蕊试液	酸性溶液(pH<7)	中性溶液(pH=7)	碱性溶液(pH>7)
石蕊试液	红色	紫色	蓝色
酚酞试液	无色	无色	红色

- **溶液的酸碱性与pH的关系**
- **注意**
  - 不能鉴别 酸碱溶液
  - 中性溶液
  - 酸性溶液：酸溶液一定显酸性,显酸性的溶液不一定是酸溶液
  - 碱性溶液：碱溶液一定显碱性,显碱性的溶液不一定是碱溶液。

pH试纸使用
- **具体操作**
  - 把待测溶液滴在pH试纸上
  - 把试纸显示的颜色与标准比色卡对照
- **注意事项**
  - 不能直接把试纸浸入待测的溶液中
  - 不能先用水将试纸润湿,再进行测试
  - 检验酸性或碱性气体时,将试纸润湿后再用。
  - pH试纸测出来的是整数

改变溶液pH
- **原理**：改变H^+或OH^-浓度
- **方法**
  - 加水
  - 加溶液
    - 酸碱性相同 pH不同
    - 酸碱性相反

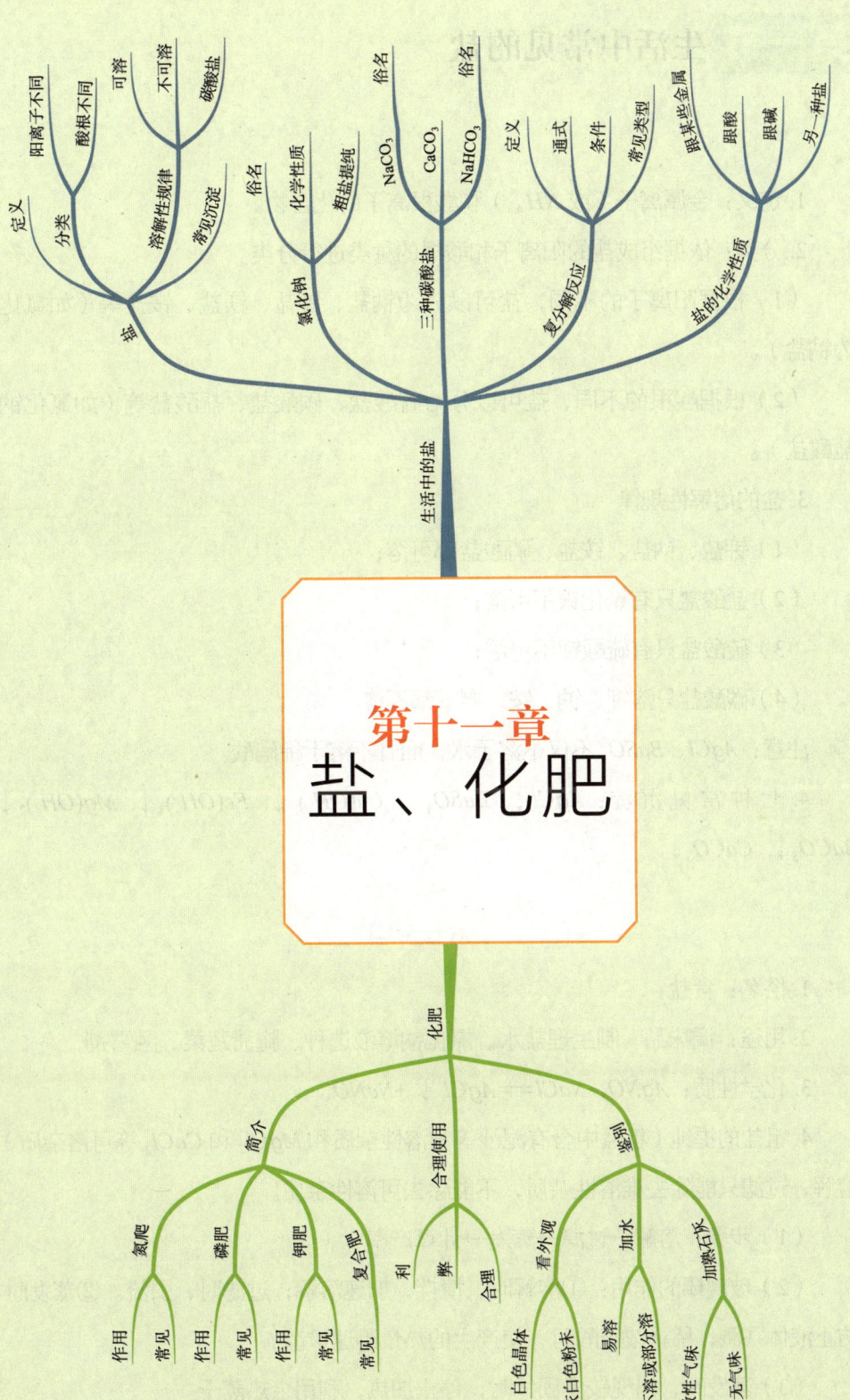

第一节 生活中常见的盐

一、盐

1. 定义：金属离子（或 NH_4^+）和酸根离子的化合物。

2. 分类：依据组成盐的阳离子和酸根的种类进行分类。

（1）根据阳离子的不同，盐可以分为钠盐、钾盐、镁盐、铵盐等（如氯化钠为钠盐）。

（2）根据酸根的不同，盐可以分为硫酸盐、碳酸盐、盐酸盐等（如氯化钠为盐酸盐）。

3. 盐的溶解性规律

（1）钾盐、钠盐、铵盐、硝酸盐都可溶；

（2）盐酸盐只有氯化银不可溶；

（3）硫酸盐只有硫酸钡不可溶；

（4）碳酸盐只溶钾、钠、铵，剩下都不溶。

注意：$AgCl$、$BaSO_4$ 不仅不溶于水，而且不溶于稀硝酸。

4. 七种常见沉淀：$AgCl\downarrow$、$BaSO_4\downarrow$、$Cu(OH)_2\downarrow$、$Fe(OH)_3\downarrow$、$Mg(OH)_2\downarrow$、$BaCO_3\downarrow$、$CaCO_3\downarrow$。

二、氯化钠

1. 俗名：食盐

2. 用途：调味品、制生理盐水、氯化钠溶液选种、腌渍蔬菜、融雪剂

3. 化学性质：$AgNO_3+NaCl=\!=\!AgCl\downarrow +NaNO_3$

4. 粗盐的提纯（粗盐中含有泥沙等难溶性杂质和 $MgCl_2$ 和 $CaCl_2$ 等可溶杂质）：溶解、过滤只能除去难溶性杂质，不能除去可溶性杂质。

（1）步骤：溶解→过滤→蒸发→计算产率

（2）玻璃棒的作用：①溶解时，搅拌，加速溶解；过滤时，引流。②蒸发时，防止液体飞溅；稀释浓硫酸时，使产生的热量迅速扩散。

（3）蒸发时，出现较多固体时，停止加热，利用余热蒸干。

（4）除去可溶性杂质 $MgCl_2$ 和 $CaCl_2$ 分别用 $NaOH$ 和 Na_2CO_3，对应反应方程式为：$MgCl_2+2NaOH=\!=2NaCl+Mg(OH)_2\downarrow$；$CaCl_2+Na_2CO_3=\!=2NaCl+CaCO_3\downarrow$。

三、Na_2CO_3、$CaCO_3$、$NaHCO_3$

1. Na_2CO_3：俗名纯碱、苏打，水溶液呈碱性，广泛用于玻璃、造纸、纺织和洗涤剂的生产等。

2. $CaCO_3$：石灰石、大理石、蛋壳、水垢的主要成分，难溶于水，能溶于含有 CO_2 的水中，生成可溶性的碳酸氢钙。

3. $NaHCO_3$：俗名小苏打，水溶液呈碱性，是焙制糕点的发酵粉的主要成分之一，是治疗胃酸过多的一种药剂。

四、复分解反应

1. 定义：两种化合物相互交换成分，生成两种新的化合物的反应。

2. 通式：$AB+CD=\!=AD+CB$

3. 复分解反应的条件：生成物中有沉淀、气体或水生成。

（1）常见的↓有：$Mg(OH)_2$、$Al(OH)_3$、$Fe(OH)_3$、$Cu(OH)_2$、$AgCl$、$BaCO_3$、$CaCO_3$、$BaSO_4$。

（2）常见的气体有：CO_2、NH_3。

4. 常见的复分解反应类型：酸、碱、盐、氧化物之间的反应，除碱与非金属氧化物的反应外，其余均为复分解反应。

（1）酸 + 碱→盐 + H_2O　　如：$NaOH+HCl=\!=NaCl+H_2O$

（2）酸 + 盐→酸 + 盐　　如：$HCl+AgNO_3=\!=AgCl\downarrow+HNO_3$

（3）酸 + 金属氧化物→盐 + H_2O　　如：$Fe_2O_3+6HCl=\!=2FeCl_3+3H_2O$

（4）碱 + 盐→碱 + 盐　　如：$3NaOH+FeCl_3=\!=Fe(OH)_3\downarrow+3NaCl$

（5）盐 + 盐→盐 + 盐　　如：$BaCl_2+Na_2SO_4=\!=BaSO_4\downarrow+2NaCl$

注：其中（4）、（5）两类物质间的反应条件，除了要满足复分解反应的条件外，另外，反应物还必须可溶。

五、盐的化学性质

1. 盐跟某些金属的反应：盐 + 金属 = 新盐 + 新金属（反应条件：在金属活动性顺序表中，除非常活泼的 K、Ca 和 Na 外，排在前面的金属一般可以将位于其后面的、比它不活泼的金属从它们的盐溶液中置换出来）。

$Zn+CuSO_4 =\!= ZnSO_4+Cu$；$Cu+Hg(NO_3)_2 =\!= Hg+Cu(NO_3)_2$；$ZnSO_4+Cu$ 不反应。

2. 盐跟酸的反应：盐 + 酸 = 新盐 + 新酸

$BaCl_2+H_2SO_4 =\!= BaSO_4+2HCl$

$AgNO_3+HCl =\!= AgCl+HNO_3$

$Na_2CO_3+2HCl =\!= 2NaCl+H_2O+CO_2\uparrow$

3. 盐跟碱的反应：盐 + 碱 ═ 新盐 + 新碱

$Na_2CO_3+Ca(OH)_2 =\!= CaCO_3\downarrow +2NaOH$

$FeCl_3+3NaOH =\!= Fe(OH)_3\downarrow +3NaCl$

4. 盐跟另一种盐的反应：盐 + 盐 ═ 新盐 + 新盐

$Na_2CO_3+CaCl_2 =\!= CaCO_3\downarrow +2NaCl$

$AgNO_3+NaCl =\!= AgCl\downarrow +NaNO_3$

$BaCl_2+Na_2SO_4 =\!= BaSO_4\downarrow +2NaCl$

注：2、3、4 都是复分解反应。

例题

【例1】（2017 湖南省株洲中考 18 题）除去氯化钾溶液中混有的少量碳酸钾，最合理的方法是（　　）

A. 加入足量的氯化钡溶液，过滤　　B. 加入足量的稀盐酸，加热

C. 加入足量的硝酸钡溶液，过滤　　D. 加入足量的稀硫酸，加热

答案 B

第十一章 盐、化肥

解题思路	试题分析	除去氯化钾溶液中混有的碳酸钾，选用的试剂必须满足两个条件：①去除杂质碳酸钾；②不添加新杂质。
	方法指引	碳酸钾能与足量的氯化钡溶液反应生成碳酸钡沉淀和氯化钾，能除去杂质但引入了新的杂质氯化钡；碳酸钾能与足量的稀盐酸反应生成氯化钾、水和二氧化碳，盐酸具有挥发性，再加热除去盐酸，能除去杂质且没有引入新的杂质；碳酸钾能与足量的硝酸钡溶液反应生成碳酸钡沉淀和硝酸钾，能除去杂质但引入了新的杂质硝酸钾、硝酸钡（足量剩余的）；碳酸钾能与足量的稀硫酸反应生成硫酸钾、水和二氧化碳，能除去杂质但引入了新的杂质硫酸钾、硫酸（足量剩余的）。故选B。
	易错事项	要除去溶液中的杂质，选用的试剂不仅要能够除去杂质，尤其要注意的是不要加入新的杂质。

例题

【例2】（2018浙江省湖州中考3题）现有4种试剂：①紫色石蕊溶液；②稀硫酸；③碳酸钾溶液；④氯化钡溶液。能用来一次性鉴别稀盐酸、氢氧化钡溶液、碳酸钠溶液的试剂有（　　）

A.②　　　　B.②③　　　　C.①②③　　　　D.②③④

答案

B

解题思路	试题分析	本题选用的试剂要能够一次性鉴别稀盐酸、氢氧化钡溶液、碳酸钠，加入鉴别试剂后三种溶液产生的现象必须不同。
	方法指引	①稀盐酸能使紫色石蕊溶液变成红色，氢氧化钡溶液、碳酸钠溶液都显碱性，都能使紫色石蕊溶液变成蓝色，无法鉴别；②稀硫酸与稀盐酸不反应，能与氢氧化钡反应生成了白色沉淀，能与碳酸钠反应生成了二氧化碳气体，能用来一次性鉴别出三种物质；③碳酸钾溶液能与稀盐酸反应生成了气体，能与氢氧化钡溶液反应生成了白色沉淀，与碳酸钠不反应，能用来一次性鉴别出三种物质；④氯化钡溶液与稀盐酸、氢氧化钡溶液不反应，能与碳酸钠反应生成了白色沉淀，不能一次性鉴别稀盐酸、氢氧化钡溶液、碳酸钠溶液。故选B。
	易错事项	鉴别溶液的关键在于，加入的试剂是否与溶液发生反应，以及反应现象存在哪些不同。

例题

【例3】（2018 湖北省荆州中考）下列各组物质在水溶液中能大量共存且形成无色溶液的是（　　）

A. $NaCl$　$BaCl_2$　Na_2CO_3
B. KNO_3　HCl　$CaCl_2$
C. H_2SO_4　$FeCl_3$　$NaNO_3$
D. $NaOH$　HNO_3　NH_4NO_3

B

解题思路

- **试题分析**：溶液共存问题，就是溶液中的物质相互之间不能发生反应，本题还有另外一个条件，就是要求溶液无色。

- **方法指引**：A 组的 $BaCl_2$、Na_2CO_3 在溶液中能相互交换成分生成碳酸钡沉淀；B 组中三者之间不反应，能大量共存，且不存在有色离子；C 组中三者之间不反应，能大量共存，但 $FeCl_3$ 的水溶液黄色；D 组的 $NaOH$ 与 HNO_3、NH_4NO_3 在溶液中能相互交换成分，并发生反应分别生成硝酸钠和水，硝酸钠、水和氨气。故选 B。

- **易错事项**：溶液中发生的反应大多是复分解反应，此时就要判断物质与物质之间是否能够生成气体、沉淀或水，由此判断物质是否发生复分解反应，能够发生反应表示物质不能共存。

例题

【例4】（2017 湖南省株洲中考 2 题）下列物质或其主要成分属于盐的是（　　）

A. 大理石　　B. 苛性钠　　C. 石油　　D.18K 黄金

A

解析

A. 大理石的主要成分碳酸钙由金属钙离子和碳酸根离子组成，属于盐，故选项 A 正确。

B. 氢氧化钠由钠离子和氢氧根离子组成，属于碱，故选项 B 错误。

346

C. 石油是由不同种物质组成的，属于混合物，故选项 C 错误。

D. 18K 黄金属于合金，属于混合物，故选项 D 错误。

故选 A。

【例 5】（2017 广东省广州中考 22 题）向 K_2CO_3 溶液中滴入 $Ba(OH)_2$ 溶液至恰好完全反应。

（1）可以观察到的实验现象是 _____。

（2）如图表示该反应前后溶液中存在的主要离子，写出每种图形代表的离子。（填离子符号）

○ _____ ● _____ ● _____ 。

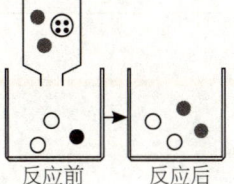
反应前　反应后

（3）下列物质能与 K_2CO_3 溶液反应产生类似上述实验现象的是 ____。（双项选择）

A. $Ca(OH)_2$　　　B. HCl　　　C. $BaCl_2$　　　D. $(NH_4)_2SO_4$

（1）产生白色沉淀；

（2）K^+；CO_3^{2-}；OH^-

（3）AC。

（1）碳酸钾和氢氧化钡反应生成白色沉淀碳酸钡和氢氧化钾，因此可以观察到的实验现象是产生白色沉淀。

故填：产生白色沉淀。

（2）由图中信息可知，○表示 K^+，●表示 CO_3^{2-}，●表示 OH^-。

故填：K^+；CO_3^{2-}；OH^-。

（3）碳酸钾能和氢氧化钙反应生成白色沉淀碳酸钙和氢氧化钾，和氯化钡反应生成白色沉淀碳酸钡和氯化钾，因此下列物质能与 K_2CO_3 溶液反应产生类似上述实验现象的是 $Ca(OH)_2$ 和 $BaCl_2$。

故选 AC。

 例题

【例6】（2018湖北省荆州中考6题）尿素 $[CO(NH_2)_2]$ 是一种化肥，它属于（   ）

A. 氮肥　　　　B. 磷肥　　　　C. 钾肥　　　　D. 复合肥料

A

解析

含有氮元素的肥料称为氮肥，含有磷元素的肥料称为磷肥，含有钾元素的肥料称为钾肥，同时含有氮、磷、钾三种元素中的两种或两种以上的肥料称为复合肥。尿素中只含有营养元素氮元素，属于氮肥。故选 A。

本节练习

 例题

1.（2018江苏省扬州中考2题）第19届省运会在我市拉开帷幕，游泳比赛的池水中含4%左右的 $CuSO_4$。$CuSO_4$ 属于（   ）

A. 酸　　　　B. 碱　　　　C. 盐　　　　D. 有机物

C

解析

盐是由金属离子（包括 NH_4^+）和酸根离子组成的化合物。$CuSO_4$ 是由铜离子和硫酸根离子组成的化合物，属于盐。故选 C。

例题

2.（2017上海市中考36题）关于"K_2CO_3"说法错误的是（　　）

A. 名称：碳酸钾　　　　　　B. 类别：盐

C. 焰色反应：黄色　　　　　D. 用途：可作钾肥

答案

C

解析

A. K_2CO_3 的名称是碳酸钾，故选项 A 正确。

B. 碳酸钾是由钾离子和碳酸根离子组成的化合物，属于盐，故选项 B 正确。

C. 钾离子的焰色反应是紫色，故选项 C 错误。

D. 碳酸钾中含有钾元素，可以用作钾肥，故选项 D 正确。

故选 C。

例题

3.（2018广西梧州中考13题）关于碳酸钠的说法错误的是（　　）

A. 易溶于水　　　　　　　　B. 可用于洗涤油污

C. 受热易分解　　　　　　　D. 可用于制造普通玻璃

答案

C

解析

碳酸钠易溶于水，受热不易分解，可用于洗涤油污和制造普通玻璃；碳酸氢钠受热易分解。故选 C。

例题

4.（2017 江苏省盐城中考 7 题）"一带一路"赋予古丝绸之路崭新的时代内涵，古代染坊常用下列物质中的一种盐来处理丝绸，这种盐是（　　）

A. 熟石灰　　　　B. 碳酸钾　　　　C. 乙醇　　　　D. 烧碱

答案

B

解析

A. 熟石灰是由钙离子和氢氧根离子构成的化合物，属于碱，故选项 A 错误。

B. 碳酸钾是由钾离子和碳酸根离子构成的化合物，属于盐，故选项 B 正确。

C. 乙醇是含有碳元素的化合物，属于有机物，故选项 C 错误。

D. 烧碱是氢氧化钠的俗称，是由钠离子和氢氧根离子构成的化合物，属于碱，故选项 D 错误。

故选 B。

例题

5.（2018 江苏省南京中考 8 题）碳酸钠的俗称是（　　）

A. 烧碱　　　　B. 消石灰　　　　C. 纯碱　　　　D. 小苏打

答案

C

解析

A. 烧碱是氢氧化钠的俗称，故选项 A 错误。

B. 消石灰是氢氧化钙的俗称，故选项 B 错误。

C. 纯碱是碳酸钠的俗称，故选项 C 正确。

D. 小苏打是碳酸氢钠的俗称。故选项 D 错误。

故选 C。

例题

6.（2017 山东省济宁中考 5 题）酸、碱、盐溶解性表为我们确定常见物质的溶解性提供了方便，下表是溶解性表的一部分，结合表格和溶解度知识判断，下列说法不正确的是（　　）

常见酸、碱、盐的溶解性表（20℃）

	OH^-	NO_3^-	Cl^-	SO_4^{2-}	CO_3^{2-}
Ca^{2+}	微	溶	溶	微	不

A. 绘制表格的依据是物质的溶解度

B. 常见物质一般可分为：溶、微溶和不溶

C. $Ca(OH)_2$、$CaSO_4$ 和 $CaCO_3$ 的溶解度都大于 1 g

D. Ca^{2+}、NO_3^-、Cl^- 三种离子在溶液中能大量共存

答案

C

解析

A. 表格是溶解性表的一部分，依据的是 20 ℃酸、碱、盐的溶解度，故选项 A 说法正确。

B. 常见物质的溶解性一般可分为：溶、微溶和不溶等，故选项 B 说法正确。

C. $Ca(OH)_2$、$CaSO_4$ 的溶解性是微溶，溶解度在 0.01g~1g；$CaCO_3$ 的溶解性是不溶，溶解度小于 0.01g，故选项 C 说法错误。

D. Ca^{2+}、NO_3^-、Cl^- 三种离子不能结合成沉淀、气体或水，且能在酸性溶液中大量共存，故选项 D 说法正确。

故选 C。

例题

7.（2018 广西区梧州中考 17 题）海水综合利用流程如下，有关说法错误的是（　　）

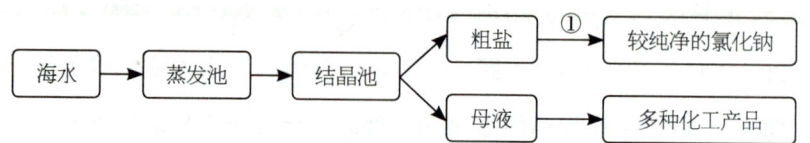

A. 从母液中可进一步制得金属镁

B. ①处操作是溶解、过滤、蒸发结晶

C. 海水"晒盐"得到的粗盐还含有杂质

D. 析出粗盐后的母液是氯化钠的不饱和溶液

答案

D

解析

据图可以判断母液中含有氯化镁，氯化镁电解可以制得金属镁；粗盐中含有泥沙等杂质，除去泥沙需要三个步骤：溶解、过滤、蒸发结晶；海水"晒盐"得到的粗盐还含有杂质；析出粗盐后的母液是氯化钠的饱和溶液。故选D。

例题

8.（2017山东省青岛中考20题）为除去粗盐中含有的氯化镁、硫酸钠、氯化钙等杂质，应加入过量的氢氧化钠、氯化钡、碳酸钠等物质，将杂质转化为沉淀。过滤去除沉淀后，再向滤液中加入适量的盐酸得到精盐水。实验操作过程如图所示：

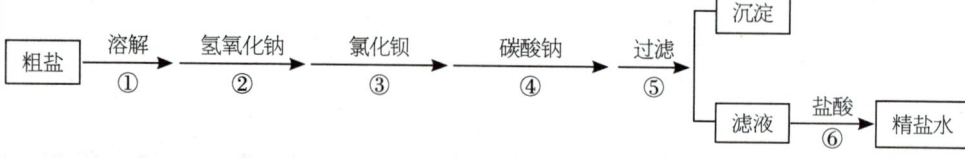

下列说法错误的是（　　）

A. 实验操作步骤也可以是①③④②⑤⑥

B. 操作⑥中，加入盐酸的目的是除去过量的氢氧化钠和碳酸钠，将滤液的pH调为7

C. 在实验操作过程中，氯化钡和碳酸钠溶液的添加顺序可以颠倒

D. 操作⑤得到的沉淀中共有四种物质

答案

C

解析

A.除去硫酸根离子用钡离子沉淀，除去镁离子用氢氧根离子进行沉淀，除去钙离子用碳酸根离子进行沉淀，过量的钡离子需要用碳酸根离子除去，实验操作步骤改为①③④②⑤⑥不会影响形成沉淀和效果，故选项A正确。

B.⑥操作中，加入适量盐酸的目的是除去过量的氢氧化钠和碳酸钠从而得到氯化钠溶液呈中性，故选项B正确。

C.氯化钡和碳酸钠溶液的添加顺序颠倒导致溶液中存在多余的钡离子，故选项C错误。

D.加入过量的氯化钡溶液,可以将硫酸根离子转化为沉淀,加过量碳酸钠溶液,可以将钙离子和反应剩余的钡离子转化为沉淀,加过量氢氧化钠溶液,可以将镁离子转化为沉淀,所以⑤操作中得到的沉淀共有四种,故选项D正确。

故选C。

例题

9.（2018 广西北部湾经济开发区中考20题）粗盐含有少量的$MgCl_2$，$CaCl_2$、Na_2SO_4等杂质，为了将杂质除干净，先向粗盐溶液中分别加入过量的① NaOH ② Na_2CO_3 ③ $BaCl_2$ 溶液，过滤，再加入④稀盐酸，使溶液的pH=7，将最后所得溶液进行蒸发可得到精盐，加入溶液的先后顺序错误的是（　　）

A.②③①④　　　B.③②①④　　　C.①③②④　　　D.③①②④

A

解析

镁离子用氢氧根离子沉淀，加入过量的氢氧化钠溶液可以将镁离子沉淀；硫酸根离子用钡离子沉淀，加入过量的氯化钡溶液可以将硫酸根离子沉淀；至于先除镁离子，还是先除硫酸根离子都可以；钙离子用碳酸根离子沉淀，除钙离子加入过量的碳酸钠溶液转化为沉淀，但是加入碳酸钠溶液要放在加入的氯化钡溶液之后，这样碳酸钠会除去反应剩余的氯化钡；完全反应后，再进行过滤，最后再加入盐酸除去反应剩余的氢氧根离子和碳酸根离子，添加顺序必须满足②在③之后，④在最后，所以正确的顺序为：③②①④或①③②④或③①②④。

故选 A。

10.（2018浙江省湖州中考15题）现有4种试剂：①紫色石蕊试液；②稀硫酸；③碳酸钾溶液；④氯化钡溶液。能用来一次性鉴别稀盐酸、氢氧化钡溶液、碳酸钠溶液的试剂有（　　）

A.②　　　　B.②③　　　　C.①②③　　　　D.②③④

B

解析

①稀盐酸能使紫色石蕊试液变成红色，氢氧化钡溶液、碳酸钠溶液都显碱性，都能使紫色石蕊试液变成蓝色，无法鉴别。

②稀硫酸与稀盐酸不反应，能与氢氧化钡反应生成了白色沉淀，能与碳酸钠反应生成了二氧化碳气体，能用来一次性鉴别出三种物质。

③碳酸钾溶液能与稀盐酸反应生成了气体，能与氢氧化钡溶液反应生成了白

色沉淀，与碳酸钠不反应，能用来一次性鉴别出三种物质。

④氯化钡溶液与稀盐酸、氢氧化钡溶液不反应，能与碳酸钠反应生成了白色沉淀，不能一次性鉴别稀盐酸、氢氧化钡溶液、碳酸钠溶液。

由以上分析可知，B 正确。

故选 B。

11.（2018 湖南省长沙中考 4 题）使用下列试剂能将氯化钠、碳酸钠、氯化钡三种溶液鉴别出来的是（　　）

A. 稀硫酸　　　　B. 氯化钠溶液　　　　C. 铁片　　　　D. 氢氧化钠溶液

A

解析

A. 稀硫酸与氯化钠溶液不能反应，混合后无明显变化；稀硫酸与碳酸钠反应生成氯化钠、水和二氧化碳，混合后产生气泡；稀硫酸与氯化钡反应生成硫酸钡和盐酸，混合后产生白色沉淀。稀硫酸分别加入氯化钠、碳酸钠、氯化钡三种溶液能产生三种不同的现象，可以鉴别，故选项 A 正确。

B. 氯化钠溶液与氯化钠、碳酸钠、氯化钡三种溶液都不反应，即氯化钠溶液分别加入氯化钠、碳酸钠、氯化钡三种溶液中产生的现象相同，不可以鉴别，故选项 B 错误。

C. 铁片与氯化钠、碳酸钠、氯化钡三种溶液都不反应，即铁片分别加入氯化钠、碳酸钠、氯化钡三种溶液中产生的现象相同，不可以鉴别，故选项 C 错误。

D. 氢氧化钠溶液与氯化钠、碳酸钠、氯化钡三种溶液都不反应，即氢氧化钠溶液分别加入氯化钠、碳酸钠、氯化钡三种溶液中产生的现象相同，不可以鉴别，故选项 D 错误。

故选 A。

例题

12.（2018 湖北省荆州中考）下列各组物质在水溶液中能大量共存且形成无色溶液的是（　　）

　　A. $NaCl$　$BaCl_2$　Na_2CO_3　　　　B. KNO_3　HCl　$CaCl_2$

　　C. H_2SO_4　$FeCl_3$　$NaNO_3$　　　　D. $NaOH$　HNO_3　NH_4NO_3

答案

B

解析

A. $BaCl_2$、Na_2CO_3 在溶液中能相互交换成分生成碳酸钡沉淀，不能大量共存，故选项 A 错误。

B. 三者之间不反应，能大量共存，且不存在有色离子，故选项 B 正确。

C. 三者之间不反应，能大量共存，但 $FeCl_3$ 的水溶液呈黄色，故选项 C 错误。

D. $NaOH$ 与 HNO_3、NH_4NO_3 在溶液中能相互交换成分，分别生成硝酸钠和水、硝酸钠、水和氨气，不能大量共存，故选项 D 错误。

故选 B。

例题

13.（2018 湖北省荆州中考 11 题）实验室有四瓶失去标签的无色溶液，分别是碳酸钠溶液、氯化钡溶液、硫酸钠溶液和稀盐酸中的一种。为了鉴别它们，将上述溶液分别标记为甲、乙、丙、丁，做如下实验：各取少许，将甲分别滴加到另外三种溶液中，观察到乙和丁中产生白色沉淀，丙中无明显现象。据此可判断甲是（　　）

　　A. 碳酸钠溶液　　B. 氯化钡溶液　　C. 硫酸钠溶液　　D. 稀盐酸

答案

B

解析

根据题意,各取少许,将甲分别滴加到另外三种溶液中,观察到乙和丁中产生白色沉淀,丙中无明显现象。

A. 碳酸钠只能与氯化钡溶液反应生成碳酸钡白色沉淀,故选项A错误。

B. 氯化钡溶液与碳酸钠溶液、硫酸钠溶液反应,分别生成碳酸钡、硫酸钡白色沉淀,与稀盐酸不反应,无明显变化,则甲是氯化钡,故选项B正确。

C. 硫酸钠溶液只能与氯化钡溶液反应生成硫酸钡白色沉淀,故选项C错误。

D. 稀盐酸与另外三种溶液混合,均没有沉淀生成,故选项D错误。

故选B。

例题

14.(2018 山东省济宁中考13题)海水晒制粗盐的主要成分为 $NaCl$,还含有少量的 $MgCl_2$、$CaCl_2$、$MgSO_4$、泥沙等杂质。下面是由粗盐获取较纯净精盐的一种方法:

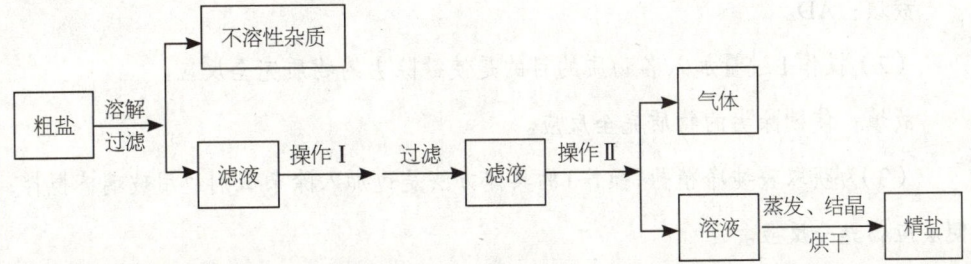

请分析上面流程图示,回答:

(1)为除去 $MgCl_2$、$CaCl_2$、$MgSO_4$ 可溶性杂质,操作Ⅰ中依次加入的物质(过量)和顺序,合理的是 _____;

A. $NaOH$、$BaCl_2$、Na_2CO_3

B. $Ba(NO_3)_2$、Na_2CO_3、$NaOH$

C. Na_2CO_3、$BaCl_2$、$NaOH$

D. $BaCl_2$、$NaOH$、Na_2CO_3

(2)操作Ⅰ过量加入各物质的目的是 _____;

(3)为获取较纯净精盐,操作Ⅰ的具体方法是 _____。

> （1）AD；
>
> （2）使欲除去的物质完全反应；
>
> （3）边加入除杂试剂边用玻璃棒搅拌。

解析

（1）A.加入氢氧化钠可以除去氯化镁和硫酸镁，加入氯化钡可以除去反应生成的硫酸钠，加入碳酸钠可以产生氯化钙和过量的氯化钡，该选项A正确。

B.加入硝酸钡可以除去硫酸镁，但是带入新的杂质硝酸镁，带入的硝酸根离子无法除去，该选项B错误。

C.加入碳酸钠可以除去氯化钙，加入氯化钡可以产生硫酸镁，但是过量的氯化钡无法除去，该选项C错误。

D.加入氯化钡可以除去硫酸镁，加入氢氧化镁可以除去氯化镁，加入碳酸钠可以除去氯化钙和过量的氯化钡，该选项D正确。

故填：AD。

（2）操作I过量加入各物质的目的是使欲除去的物质完全反应。

故填：使欲除去的物质完全反应。

（3）为获取较纯净精盐,操作I的具体方法是边加入除杂试剂边用玻璃棒搅拌，使反应物充分反应。

故填：边加入除杂试剂边用玻璃棒搅拌。

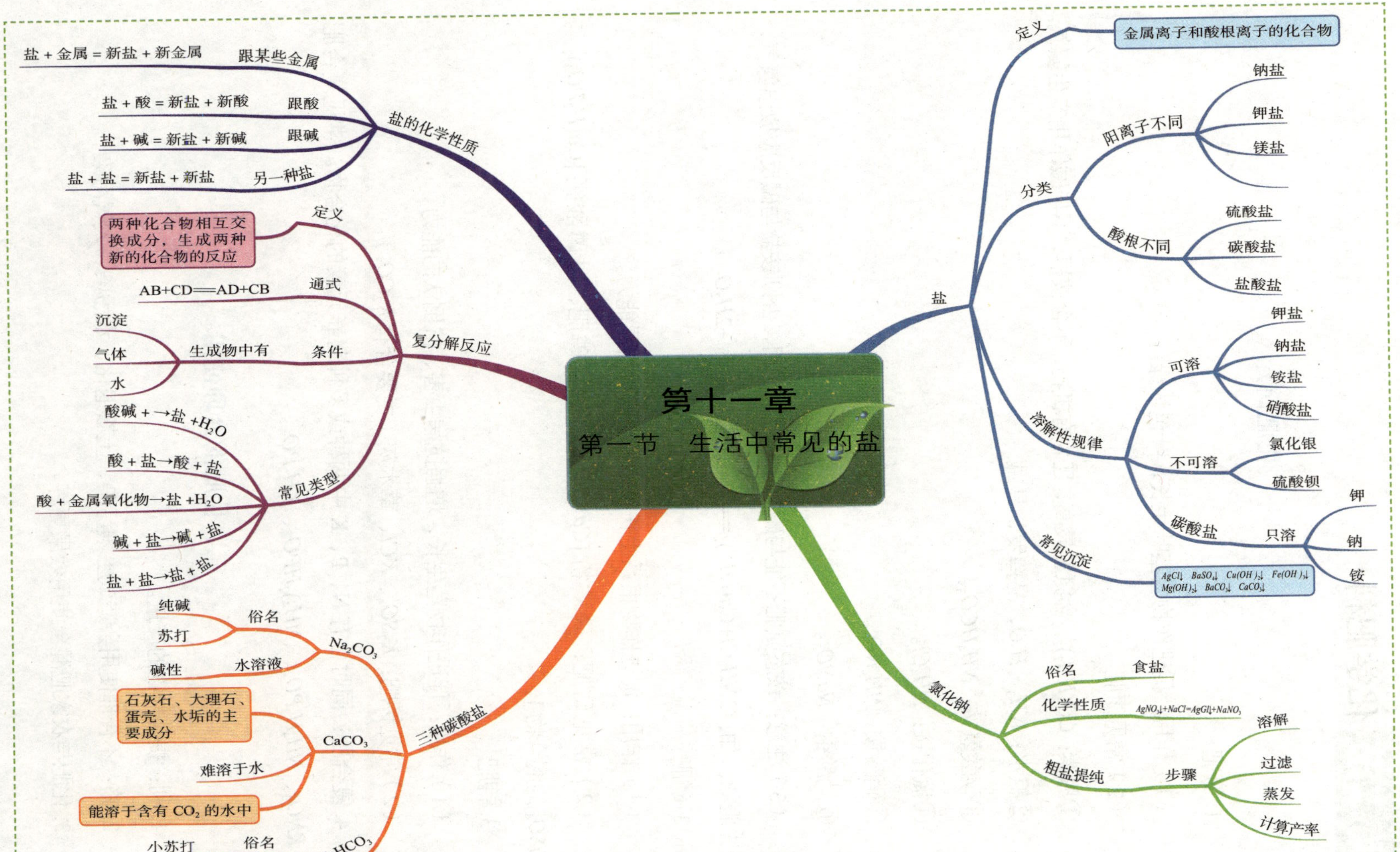
第十一章
第一节 生活中常见的盐
盐
定义
金属离子和酸根离子的化合物
分类
阳离子不同
钠盐
钾盐
镁盐
酸根不同
硫酸盐
碳酸盐
盐酸盐
溶解性规律
可溶
钾盐
钠盐
铵盐
硝酸盐
不可溶
氯化银
硫酸钡
碳酸盐
只溶
钾
钠
铵
常见沉淀
$AgCl\downarrow$ $BaSO_4\downarrow$ $Cu(OH)_2\downarrow$ $Fe(OH)_3\downarrow$ $Mg(OH)_2\downarrow$ $BaCO_3\downarrow$ $CaCO_3\downarrow$
氯化钠
俗名
食盐
化学性质
$AgNO_3+NaCl=AgCl\downarrow+NaNO_3$
粗盐提纯
步骤
溶解
过滤
蒸发
计算产率
盐的化学性质
跟某些金属
盐＋金属＝新盐＋新金属
跟酸
盐＋酸＝新盐＋新酸
跟碱
盐＋碱＝新盐＋新碱
另一种盐
盐＋盐＝新盐＋新盐
复分解反应
定义
两种化合物相互交换成分，生成两种新的化合物的反应
通式
AB+CD══AD+CB
条件
生成物中有
沉淀
气体
水
常见类型
酸碱＋→盐＋H_2O
酸＋盐→酸＋盐
酸＋金属氧化物→盐＋H_2O
碱＋盐→碱＋盐
盐＋盐→盐＋盐
三种碳酸盐
Na_2CO_3
俗名
纯碱
苏打
水溶液
碱性
$CaCO_3$
石灰石、大理石、蛋壳、水垢的主要成分
难溶于水
能溶于含有 CO_2 的水中
$NaHCO_3$
俗名
小苏打
水溶液呈碱性

第一节　生活中常见的盐

第二节 化学肥料

一、化肥简介

1. 氮肥

（1）作用：促进作物的茎叶生长，叶色浓绿。

（2）常见氮肥

①尿素：$CO(NH_2)_2$，含氮量最高，且为有机物，不含铵根，不与碱作用产生氨气。

②氨水：$NH_3 \cdot H_2O$，易挥发，是碱。

③碳酸氢铵：NH_4HCO_3。

④氯化铵：NH_4Cl。

⑤硝酸铵：NH_4NO_3。

⑥硝酸钠：$NaNO_3$。

（3）注意：铵态氮肥不能与碱性物质混合使用，否则铵盐与碱反应放出氨气，失去肥效。如：$2NH_4Cl+Ca(OH)_2 =\!\!=\!\!= CaCl_2+2NH_3\uparrow+2H_2O$

2. 磷肥

（1）作用：促进作物根系生长，增强抗寒、抗旱能力。

（2）常见磷肥：磷矿粉 [$Ca_3(PO_4)_2$]、钙镁磷肥、过磷酸钙 [$Ca(H_2PO_4)_2$ 与 $CaSO_4$ 的混合物]。

3. 钾肥

（1）作用：促进作物茎生长，增强抗病虫害、抗倒伏的能力。

（2）常见钾肥：K_2SO_4、KCl、草木灰（主要含有 K_2CO_3）

4. 复合肥：同时含有 N、P、K 中两种或多种营养元素的化合物。常见复合肥有 KNO_3、$NH_4H_2PO_4$、$(NH_4)_2HPO_4$、KH_2PO_4。

二、化肥的合理使用

1. 利：提高作物的产量。

2. 弊：不合理使用会造成土壤污染、土壤退化、水污染、大气污染。

3. 化肥与农家肥混合使用效果更好。

三、化肥的简易鉴别

1. 看外观：氮肥、钾肥为白色晶体，磷肥为灰白色粉末。

2. 加水：氮肥、钾肥易溶，磷肥不溶或部分溶。

3. 加熟石灰：铵态氮肥有刺激性气味放出，而其他氮肥、磷肥、钾肥则无此现象。

4. $CO(NH_2)_2$、NH_4NO_3、NH_4Cl、$(NH_4)_2SO_4$ 的鉴别方法：

（1）各取样品少量，分别加入 $Ca(OH)_2$ 粉末，研磨，无刺激性气味的是 $Ca(OH)_2$；

（2）另取其余三种化肥分别加入少量 $Ba(NO_3)_2$ 溶液，有白色沉淀的是 $(NH_4)_2SO_4$；

（3）再取剩余两种化肥少量，分别加入 $AgNO_3$ 溶液，有白色沉淀的是 NH_4Cl。

【例1】（2018山东省聊城中考8题）今年我市部分地区的小麦得了"软骨病"，出现倒伏现象，为预防这种现象的发生，应提前施用的化肥是（ ）

A. $NH_4H_2PO_4$ B. $CO(NH_2)_2$ C. K_2CO_3 D. NH_4HCO_3

C

试题分析：选用的化肥要具有抗倒伏的作用，而钾肥能使茎秆健壮、抗倒伏。

方法指引：今年我市部分地区的小麦得了"软骨病"，出现倒伏现象，为预防这种现象的发生，应提前施用的化肥是钾肥。故选C。

【例2】（2018广东省广州中考16题）下列关于化肥的说法不正确的是（ ）

A. 化肥对提高农作物的产量具有重要作用

B. 氯化钾（KCl）和磷酸氢二铵 $[(NH_4)H_2PO_4]$ 都属于复合肥料

C. 铵态氮肥与熟石灰混合研磨后能嗅到刺激性气味

D. 化肥的过度使用会造成土壤酸化，可用熟石灰改良

B

解题思路

试题分析：本题考查化肥的作用、分类、性质。

方法指引：化肥对提高农作物的产量具有重要作用，A 正确；KCl 只含钾元素，属于钾肥，不是复合肥，B 错误；铵肥含铵根，熟石灰含氢氧根，研磨发热挥发出氨气，有刺激性气味，C 正确；土壤酸化用熟石灰通过酸碱中和改良土壤，故 D 正确。故选 B。

例题

【例3】（2018 重庆市中考 B 卷 4 题）下列肥料中含营养元素种类最少的是（　　）

A. KCl　　B. $(NH_4)_2HPO_4$　　C. $NH_4H_2PO_4$　　D. KNO_3

A

解题思路

试题分析：化学肥料按主要营养元素分为氮肥、磷肥、钾肥和复合肥。

方法指引：KCl 只含一种营养元素，属于钾肥，而 $[(NH_4)_2HPO_4]$、$NH_4H_2PO_4$、KNO_3 含两种营养元素，属于复合肥。故选 A。

例题

【例4】（2018 湖北省荆州中考 6 题）尿素 $[CO(NH_2)_2]$ 是一种化肥，它属于（　　）

A. 氮肥　　　　B. 磷肥　　　　C. 钾肥　　　　D. 复合肥料

答案

A

解析

含有氮元素的肥料称为氮肥。含有磷元素的肥料称为磷肥。含有钾元素的肥料称为钾肥。同时含有氮、磷、钾三种元素中的两种或两种以上的肥料称为复合肥。

尿素中只含有营养元素氮元素，属于氮肥。

故选 A。

本节练习

例题

1.（2017 云南省中考 5 题）下列化肥属于磷肥的是（　　）

A. $CO(NH_2)_2$　　B. $(NH_4)_2SO_4$　　C. K_2CO_3　　D. $Ca_3(PO_4)_2$

答案

D

解析

A. $CO(NH_2)_2$ 中含有氮元素，属于氮肥，故选项 A 错误。

B. $(NH_4)_2SO_4$ 中有氮元素，属于氮肥，故选项 B 错误。

C. K_2CO_3 中含有钾元素，属于钾肥，故选项 C 错误。

D. $Ca_3(PO_4)_2$ 中含有磷元素，属于磷肥，故选项 D 正确。

故选 D。

例题

2.（2018 山西省中考 3 题）某无土栽培所需的营养液成分是含有 N、P、K、Ca 等元素的无机盐，该配方适用于苦瓜、黄瓜、生菜的种植。可作营养液成分的是（　　）

A. P_2O_5　　　　B. KOH　　　　C. NH_4Cl　　　　D. $CaCO_3$

答案

C

解析

化肥有氮肥、磷肥、钾肥和复合肥，P_2O_5、KOH 和 $CaCO_3$ 都不属于化肥；NH_4Cl 含有氮元素，属于氮肥，可作营养液。故选 C。

例题

3.（2018 天津市中考 9 题）下列有关农药的叙述中不正确的是（　　）

A. 施用农药是最重要的作物保护手段
B. 农药施用后，会通过农作物、农产品等发生转移
C. 农药本身有毒，应该禁止使用农药
D. 为了减少污染，应根据作物、虫害和农药的特点按规定合理施用农药

答案

C

解析

施用农药是最重要的作物保护手段；农药施用后，会通过农作物、农产品等发生转移；农药本身有毒，应该合理使用农药；为了减少污染，应根据作物、虫害和农药的特点按规定合理施用农药。故选 C。

例题

4.（2018浙江省衢州中考2题）小柯给校园里植株矮小、叶色发黄的植物用尿素$CO(NH_2)_2$，尿素是一种（　　）

A. 复合肥　　　B. 氮肥　　　C. 磷肥　　　D. 钾肥

B

解析

尿素中含有氮元素，属于氮肥。故选B。

例题

5.（2018湖南省衡阳中考19题）氮肥能促进植物的枝叶繁茂，叶色浓绿。下列属于氮肥的是（　　）

A. KH_2PO_4　　　B. K_2SO_4　　　C. NH_4NO_3　　　D. $Ca_3(PO_4)_2$

C

解析

A. KH_2PO_4中含有钾元素和磷元素，属于复合肥，故选项A错误。

B. K_2SO_4中含有钾元素，属于钾肥，故选项B错误。

C. NH_4NO_3中含有氮元素，属于氮肥，故选项C正确。

D. $Ca_3(PO_4)_2$中含有磷元素，属于磷肥，故选项D错误。

故选C。

> **例题**
>
> 6.（2018 河南省中考 5 题）人体中含量最高的金属元素是 _____；在尿素、硫酸钾、磷酸二氢铵三种化肥中，属于复合肥料的是 _____。

答案

钙；磷酸二氢铵。

解析

人体中含量最高的金属元素是钙；尿素中含有氮元素，属于氮肥，硫酸钾中只含有钾元素，属于钾肥，磷酸二氢铵中含有磷元素与氮元素，属于复合肥。

故填：钙；磷酸二氢铵。

第十一章 盐、化肥

第二节 化学肥料

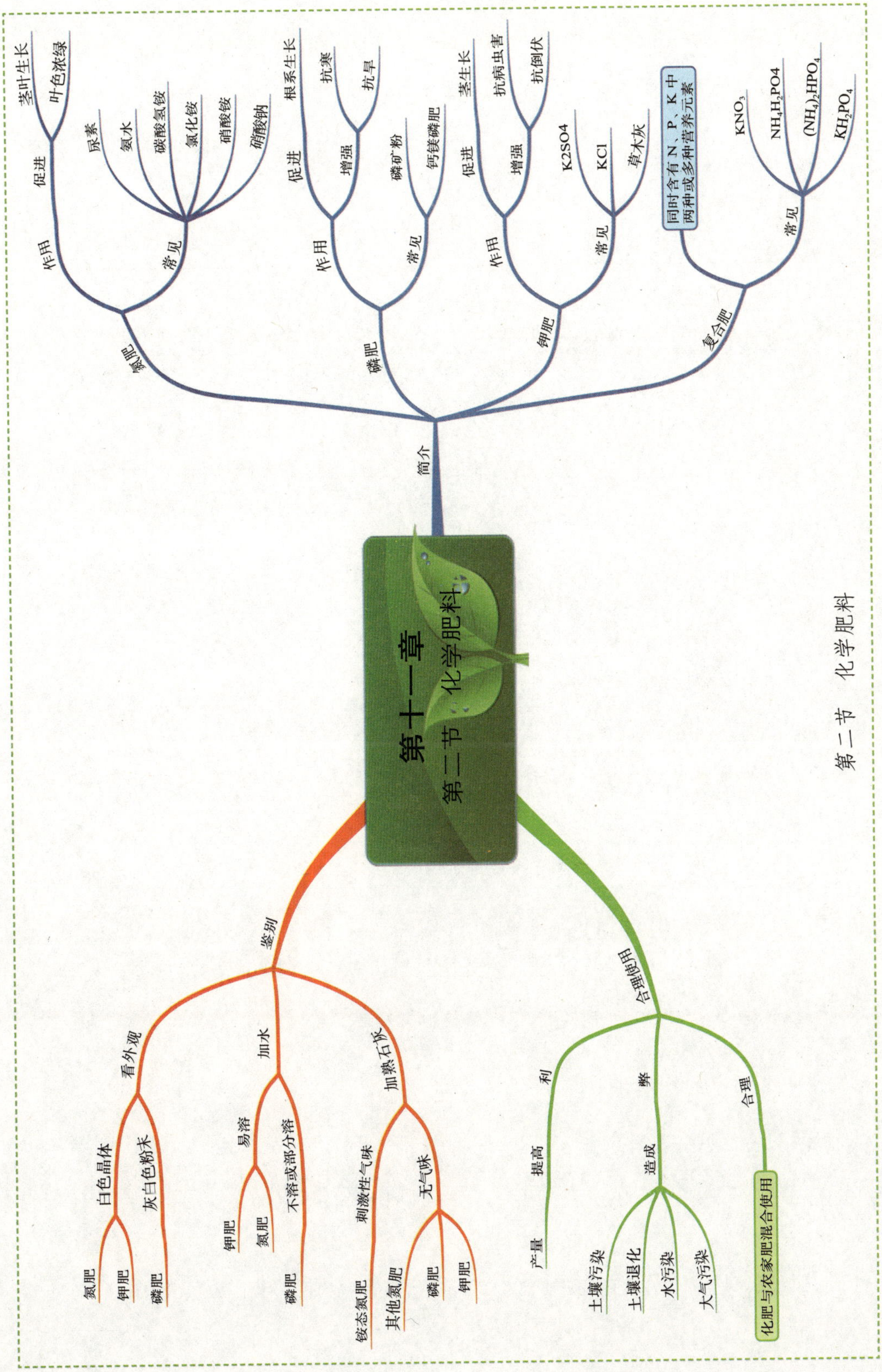

第十一章 第二节 化学肥料

简介

- **氮肥**
  - 作用：促进茎叶生长、叶色浓绿
  - 常见：尿素、氨水、碳酸氢铵、氯化铵、硝酸铵、硝酸钠
- **磷肥**
  - 作用：促进根系生长、增强抗寒抗旱
  - 常见：磷矿粉、钙镁磷肥
- **钾肥**
  - 作用：促进茎生长、增强抗病虫害、抗病倒伏
  - 常见：K_2SO_4、KCl、草木灰
- **复合肥**
  - 同时含有 N、P、K 中两种或多种营养元素
  - 常见：KNO_3、$NH_4H_2PO_4$、$(NH_4)_2HPO_4$、KH_2PO_4

鉴别

- 看外观
  - 氮肥：白色晶体
  - 钾肥
  - 磷肥：灰白色粉末
- 加水
  - 钾肥：易溶
  - 氮肥
  - 磷肥：不溶或部分溶
- 加熟石灰
  - 铵态氮肥：刺激性气味
  - 其他氮肥
  - 磷肥：无气味
  - 钾肥

合理使用

- 利：提高产量
- 弊：造成土壤污染、土壤退化、水污染、大气污染
- 合理：化肥与农家肥混合使用

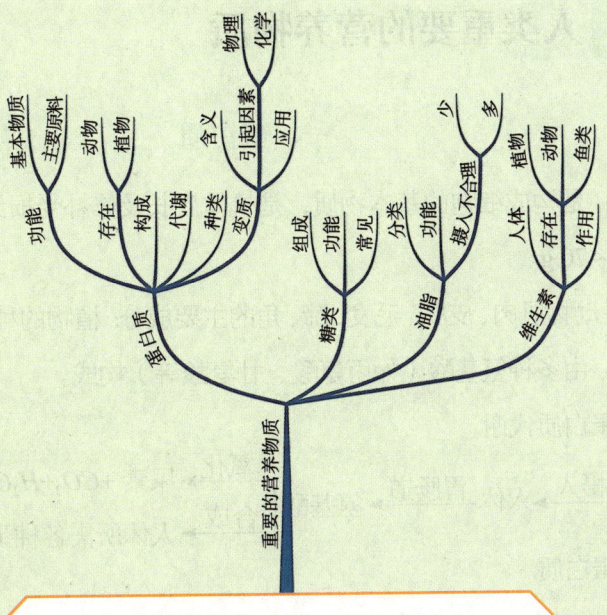

第十二章
化学与生活

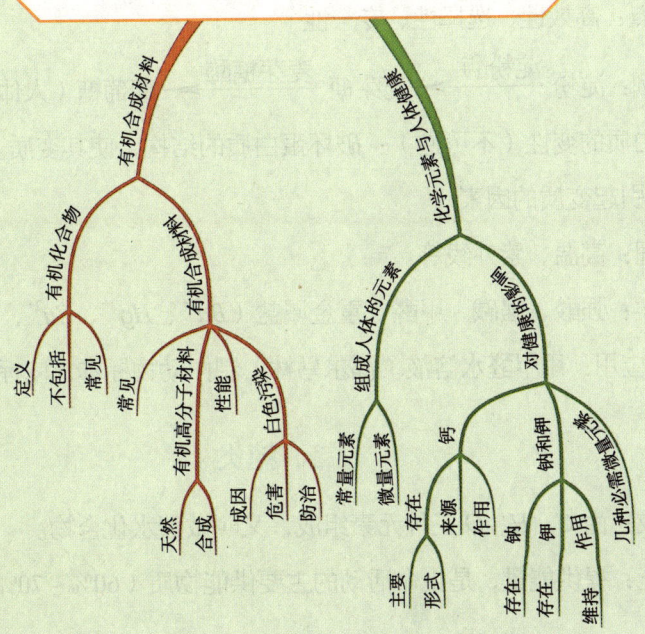

第一节 人类重要的营养物质

一、蛋白质

1. 功能：是构成细胞的基本物质，是机体生长及修补受损组织的主要原料。成人每天需 60~70 g。

2. 存在：动物肌肉、皮肤、毛发、蹄、角的主要成分；植物的种子（如花生、大豆）。

3. 构成：由多种氨基酸（如丙氨酸、甘氨酸等）构成。

4. 人体蛋白质代谢

$$蛋白质 \xrightarrow{摄入} 人体 \xrightarrow{胃肠道} 氨基酸 \begin{cases} \xrightarrow{氧化} 尿素 + CO_2 + H_2O，放出热量 \\ \xrightarrow{合成} 人体所需各种蛋白质 \end{cases}$$

5. 几种蛋白质

（1）血红蛋白：由血红素（含 Fe^{2+}）和蛋白质构成

① 作用：运输 O_2 和 CO_2 的载体

② 血红蛋白 + O_2 $\xrightarrow{酶}$ 氧合血红蛋白

③ CO 中毒机制：血红蛋白与 CO 结合能力比与 O_2 结合能力强 200 倍，导致缺氧而死。

（2）酶：生物催化剂

① 特点：高效性、选择性、专一性

② 举例：淀粉 $\xrightarrow{淀粉酶}$ 麦芽糖 $\xrightarrow{麦芽糖酶}$ 葡萄糖（人体可直接吸收的糖）

6. 蛋白质的变性（不可逆）：破坏蛋白质的结构，使其变质。

（1）引起变质的因素

① 物理：高温、紫外线等。

② 化学：强酸、强碱、甲醛、重金属盐（Ba^{2+}、Hg^{2+}、Cu^{2+}、Ag^+ 等）等。

（2）应用：用甲醛水溶液（福尔马林）制作动物标本，使标本长期保存。

二、糖类

1. 组成：由 C、H、O 三种元素组成，又叫做碳水化合物。

2. 功能：提供能量，是生命活动的主要供能物质（60%~70%）。

3. 常见的糖

（1）淀粉 $(C_6H_{10}O_5)n$：存在于植物种子或块茎中，如稻、麦、马铃薯等。

$(C_6H_{10}O_5)n \longrightarrow C_6H_{12}O_6 \longrightarrow$ 血糖 $\longrightarrow$ 淀粉（肌肉和肝脏中）

（2）葡萄糖 $C_6H_{12}O_6$：人体可直接吸收的糖，提供机体活动和维持体温需要。

呼吸作用 $C_6H_{12}O_6 + 6O_2 \xrightarrow{\text{酶}} 6CO_2 + 6H_2O$，15.6KJ/g

（3）蔗糖 $C_{12}H_{22}O_{11}$：主要存在于甘蔗、甜菜中。生活中白糖、冰糖、红糖中的主要成分是蔗糖。

三、油脂

1. 分类：植物油脂（油）、动物油脂（脂肪）。

2. 功能：提供大量能量，在人体内完全氧化时可释放 39.3KJ/g 的能量。每日摄入 50~60 g，供给人体日常所需能量的 20%~25%，是重要的供能物质。

3. 摄入不合理引起的问题：摄入少会使人消瘦，摄入多容易引发肥胖和心脑血管疾病。

四、维生素

1. 人体中的维生素：维生素有 20 多种，多数在人体中不能直接合成，需从食物中摄取。

2. 存在：主要存在于水果、蔬菜、种子食物、动物肝脏、鱼类等。

3. 作用：调节新陈代谢、预防疾病、维持身体健康。

4. 缺乏维生素的症状：缺 VA 会引起夜盲症；缺 VB 易患脚气病；缺 VC 会引起坏血症；缺 VD 影响骨骼发育。

【例1】（2017 广西区河池中考 15 题）学校食堂提供了下列 5 种食物：①青菜；②苹果；③米饭；④猪肉；⑤鱼，小亮为自己安排的午餐食谱中，较合理的是（　　）

A.①②③　　　B.①④⑤　　　C.①③⑤　　　D.③④⑤

答案 C

解题思路

试题分析 人体需要的六大营养物质是蛋白质、糖类、油脂、维生素、无机盐和水，食物搭配要注意六大营养物质的摄入。

方法指引 结合题意，青菜、苹果中富含维生素；米饭中富含淀粉，淀粉属于糖类；猪肉、鱼中含有蛋白质，油、盐、水食物当中基本都有，所以餐食中要都含蛋白质、糖类、维生素的搭配才比较合理。故选C。

例题

【例2】（2018江苏省苏州中考17题）下列关于糖类、蛋白质、油脂和维生素的说法正确的是（　　）

A. 淀粉没有甜味，因此不属于糖类

B. 维生素是人体不可缺少的营养物质

C. 油脂属于有机高分子化合物

D. 蛋白质中只含有碳、氢、氧三种元素

答案 B

解题思路

试题分析 本题考查糖类、蛋白质、油脂和维生素的性质、组成及作用。

方法指引 淀粉属于糖类，糖类不一定有甜味，A错误；糖类、油脂、蛋白质、维生素、水和无机盐是人体所需的六大营养物质，B正确；油脂相对分子质量在1万以下，不属于有机高分子化合物，C错误；蛋白质的组成中不仅含有C、H、O三种元素，还含有N元素，D错误。

本节练习

例题

1.（2018河北省中考1题）鸡蛋中富含的营养素是（　　）

A. 蛋白质　　B. 维生素　　C. 油脂　　D. 糖类

答案

A

解析

人体六大基本营养：蛋白质、油脂、糖类、维生素、无机盐和水。鸡蛋中富含的营养素是蛋白质。故选 A。

例题

2.（2018 江苏省连云港中考 28 题）下列几种物质中，其重要成分不属于人体所需基本营养素的是（　　）

A. 白糖　　　　B. 白面　　　　C. 白酒　　　　D. 白开水

答案

C

解析

人体所需的六大营养素为：蛋白质，糖类，油脂，维生素，水，无机盐。

A. 白糖属于糖类，属于人体所需营养素，故选项 A 错误。

B. 白面中富含淀粉，属于糖类，属于人体所需营养素，故选项 B 错误。

C. 白酒中含有酒精，不属于人体所需营养素，故选项 C 正确。

D. 水属于人体所需营养素，故选项 D 错误。

故选 C。

例题

3.（2018 甘肃省中考 2 题）膳食中营养搭配有利于人体。下列食品含维生素相对较多的是（　　）

A. 奶油蛋糕　　　B. 碱面馒头　　　C. 凉拌黄瓜　　　D. 清蒸鲈鱼

答案 C

解析

奶油蛋糕中富含油脂、蛋白质、糖类；碱面馒头中富含糖类；凉拌黄瓜中富含维生素；清蒸鲈鱼中富含蛋白质。故选C。

例题

4.（2018重庆市中考A卷7题）某品牌的小食品贴有如下图所示的标签，从营养均衡的角度分析，该食品还缺少的营养素是（　　）

主材和辅材	
精制面粉	牛肉
碳酸氢钠	氯化钠
白砂糖	食用油

A. 维生素　　　B. 蛋白质　　　C. 油脂　　　D. 糖类

答案 A

解析

人体必需的六大营养素：蛋白质，糖类，油脂，维生素，水，无机盐；牛肉中富含蛋白质，面粉、白砂糖富含糖类、氯化钠中富含无机盐、食用油中富含油脂，还缺少水和维生素。故选A。

例题

5.（2018湖南省长沙中考13题）下列食品有益于人体健康的是（　　）

A. 香烟　　　B. 发霉的花生　　　C. 无公害蔬菜　　　D. 超过保质期的牛奶

C

解析

A.点燃香烟产生的烟雾中约含4000种化学物质,很多是有毒物质,香烟对人体健康不利,故选项A错误。

B.发霉的花生中含有黄曲霉素,黄曲霉素具有致癌作用,发霉的花生对人体健康不利,故选项B错误。

C.无公害蔬菜是指蔬菜中有害物质(如农药残留、重金属、亚硝酸盐等)的含量,控制在国家规定的允许范围内,人们食用后对人体健康不造成危害的蔬菜,无公害蔬菜对人体健康有利,故选项C正确。

D.超过保质期的牛奶中含有对人体有害的物质,对人体健康不利,故选项D错误。

故选C。

 例题

6.(2018 湖南省邵阳中考15题)膳食平衡是人体健康的重要保证。蛋白质是构成细胞的基本物质,下列食物中富含蛋白质的是(　　)

　　A.大米、小麦　　B.牛奶、鸡蛋　　C.花生油、猪油　　D.黄瓜、苹果

B

解析

A.大米、小麦中富含淀粉,淀粉属于糖类,故选项A错误。

B.牛奶、鸡蛋中富含蛋白质,故选项B正确。

C.花生油、猪油中富含油脂,故选项C错误。

D.黄瓜、苹果中富含维生素,故选项D错误。

故选B。

例题

7.（2018山东省潍坊中考7题）为保障"舌尖上的安全"，下列做法合理的是（　　）

　　A. 霉变大米热煮后食用　　　　B. 甲醛溶液浸泡虾仁防腐

　　C. 按规定使用食品添加剂　　　D. 用工业用盐如亚硝酸钠烹调食物

C

解析

　　A. 霉变的食物中含有毒的黄曲霉素，黄曲霉素十分耐热，蒸煮不能将其破坏，所以不能食用，故选项A错误。

　　B. 甲醛有毒，对人体有害，食用甲醛溶液浸泡过的海产品会影响人体健康，故选项B错误。

　　C. 食品添加剂具有以下三个特征：一是为加入到食品中的物质，因此，它一般不单独作为食品来食用；二是既包括人工合成的物质，也包括天然物质；三是加入到食品中的目的是为改善食品品质和色、香、味以及为防腐、保鲜和加工工艺的需要，所以合理使用有助于改善食品品质、丰富食品营养成分，故选项C正确。

　　D. 亚硝酸钠有毒，不能用工业用盐如亚硝酸钠烹调食物，故选项D错误。

　　故选C。

例题

8.（2018江苏省苏州中考17题）下列关于糖类、蛋白质、油脂和维生素的说法正确的是（　　）

　　A. 淀粉没有甜味，因此不属于糖类

　　B. 维生素是人体不可缺少的营养物质

　　C. 油脂属于有机高分子化合物

　　D. 蛋白质中只含有碳、氢、氧三种元素

答案

B

解析

A. 淀粉属于糖类，糖类不一定有甜味，故选项 A 错误。

B. 糖类、油脂、蛋白质、维生素、水和无机盐是人体所需的六大营养物质，故选项 B 正确。

C. 油脂相对分子质量在 1 万以下，不属于有机高分子化合物，故选项 C 错误。

D. 蛋白质的组成中不仅含有 C、H、O 三种元素，还含有 N 元素，故选项 D 错误。

故选 B。

例题

9.（2018 重庆市中考 A 卷 5 题）"关爱生命，拥抱健康"是人类永恒的主题，下列说法不科学的是（　　）

　　A. 加铁酱油可预防贫血病

　　B. 用亚硝酸钠代替食盐腌制腊肉

　　C. 甲醛有防腐作用，但不能浸泡食材

　　D. 煮沸是降低硬水硬度的方法之一

答案

B

解析

加铁酱油中含有微量元素铁，可预防缺铁性贫血；亚硝酸钠有毒，不能用亚硝酸钠代替食盐腌制腊肉；甲醛能够破坏人体中的蛋白质，对人体有害，不能浸泡食材；生活中最常用煮沸的方法降低水的硬度。故选 B。

例题

10.（2018湖南省长沙中考18题）中考期间，小燕子的妈妈准备了一份易消化的午餐，其中有：凉拌黄瓜、辣椒炒茄子、蒸芋头、冬瓜汤、米饭。从营养全面的角度考虑，还需要补充的食品是：_____（写一种）。烹饪过程中使用了加碘盐，其目的是为了防止缺碘引起_____的病。

答案

肉类如红烧肉、炒鸡蛋等（合理即可）；甲状腺肿大。

解析

人体所需要的营养素有糖类、油脂、蛋白质、维生素、水、无机盐。米饭富含糖类，凉拌黄瓜、辣椒炒茄子、蒸芋头、冬瓜汤中富含水、无机盐和维生素。从营养全面的角度考虑午餐中还缺少蛋白质和油脂，还需要补充的食品是肉类如红烧肉、炒鸡蛋等。烹饪过程中使用了加碘盐，其目的是为了防止缺碘引起甲状腺肿大的病。

例题

11.（2018吉林省中考13题）某学校学生的午餐为米饭、炖牛肉、炒芹菜、油炸花生米等；餐具为竹制筷子、塑料饭盒。

（1）午餐中的牛肉富含的营养素是_____；

（2）用有机合成材料制成的餐具是_____；

（3）午餐后用洗涤剂清洗餐具上的油污，是利用了___原理。

答案

（1）蛋白质；（2）塑料饭盒；（3）乳化。

解析

（1）牛肉富含的营养素是蛋白质；（2）塑料属于有机合成材料；（3）洗涤剂清洗餐具上的油污，是利用了乳化原理。

例题

12.（2018 新疆中考 11 题）抓饭是新疆特色美食。如表是每 200 g 某品牌抓饭的主要营养成分。

抓饭的营养成分

营养素	每份含量
蛋白质	29.6 g
油脂	23.5 g
糖类	104.7 g
维生素 A 等	……
水	……
钙	130 mg
……	……

（1）抓饭的营养成分中，构成细胞的基本物质是 _____。

（2）"钙 130 mg"里的"钙"是指 _____（填字母编号）。

A. 元素　　　B. 原子　　　C. 分子　　　D. 离子

（3）人如果缺乏维生素 A 会引起 _____。

（4）用化学符号表示：两个钙离子 _____，一个水分子 _____。

答案

（1）蛋白质；

（2）A；

（3）夜盲症；

（4）$2Ca^{2+}$；H_2O。

解析

（1）蛋白质是构成人体细胞的基本物质。

（2）物质的组成常用元素来描述，"钙 130 mg"里的"钙"是指钙元素。

（3）人体缺乏维生素 A 会引起夜盲症。

（4）两个钙离子可以表示为 $2Ca^{2+}$；一个水分子可以表示为 H_2O。

例题

13.（2018 江苏省扬州中考 22 题）日常生活、社会发展与化学密切相关。

Ⅰ. 大米、番茄和牛奶是生活中常见的食品，每 100 g 食品中营养成分的含量如下表：

	蛋白质/g	脂肪/g	糖类/g	矿物质/mg			维生素 C/mg
				钙	磷	铁	
大米	6.7	0.9	78	7	136	—	0.05
番茄	0.6	0.3	2	8	37	0.4	11
牛奶	3.1	3.5	6	120	90	0.1	1

（1）上表中的钙、磷、铁指的是 _____（填字母）。

A. 原子　　　　B. 单质　　　　C. 元素

（2）人体若缺少 _____ 元素（填元素符号），则可能易患佝偻病，上表中富含该元素的食品是 _____；

（3）大米中的主要成分淀粉属于 _____（填字母）。

A. 糖类　　　　B. 油脂　　　　C. 蛋白质

（4）番茄中富含维生素 C，其化学式为 $C_6H_8O_6$，相对分子质量为 _____，C、H、O 三种元素的质量比为 _____。向维生素 C 溶液中滴入紫色石蕊试液，石蕊试液变红，说明维生素 C 溶液具有 _____（填"酸性"或"碱性"）。

Ⅱ. 2019 年扬州将开通高铁。它不仅方便人们的出行，更助力扬州经济的发展。

（5）高铁的机身采用铝合金材料，下列不属于该合金性质的是 _____（填字母）。

A. 密度大　　　　B. 耐腐蚀　　　　C. 硬度大

（6）高铁路基中使用的钢筋混凝土材料属于 _____（填"有机高分子材料"或"复合材料"）。高铁机身通过受电弓滑板与沿线架设的 3 万伏高压输电线相连，这是利用了受电弓滑板的 _____ 性（填"导电"或"导热"）。

答案

（1）C；（2）Ca、牛奶；（3）A；（4）176、9∶1∶12、酸性；（5）A；（6）复合材料、导电。

解析

（1）上表中的钙、磷、铁，强调存在的元素，与具体形态无关，应指的是元素，故选 C。

（2）人体若缺少 Ca 元素，则可能易患佝偻病，上表中富含钙元素的食品是牛奶。

（3）大米中的主要成分淀粉属于糖类，故选 A。

（4）番茄中富含维生素 C，其化学式为 $C_6H_8O_6$，相对分子质量 = $12×6+1×8+16×6=176$。

C、H、O 三种元素的质量比 =（12×6）:（1×8）:（16×6）= 9 : 1 : 12；向维生素 C 溶液中滴入紫色石蕊试液，石蕊试液变红，说明维生素 C 溶液具有酸性。

（5）高铁的机身采用铝合金材料，该合金应该是耐腐蚀、硬度大，不属于该合金性质的应该是密度大，故选 A。

（6）高铁路基中使用的钢筋混凝土材料属于复合材料；高铁机身通过受电弓滑板与沿线架设的 3 万伏高压输电线相连，这是利用了受电弓滑板的导电性。

第十二章 人类重要的营养物质

第一节 人类重要的营养物质

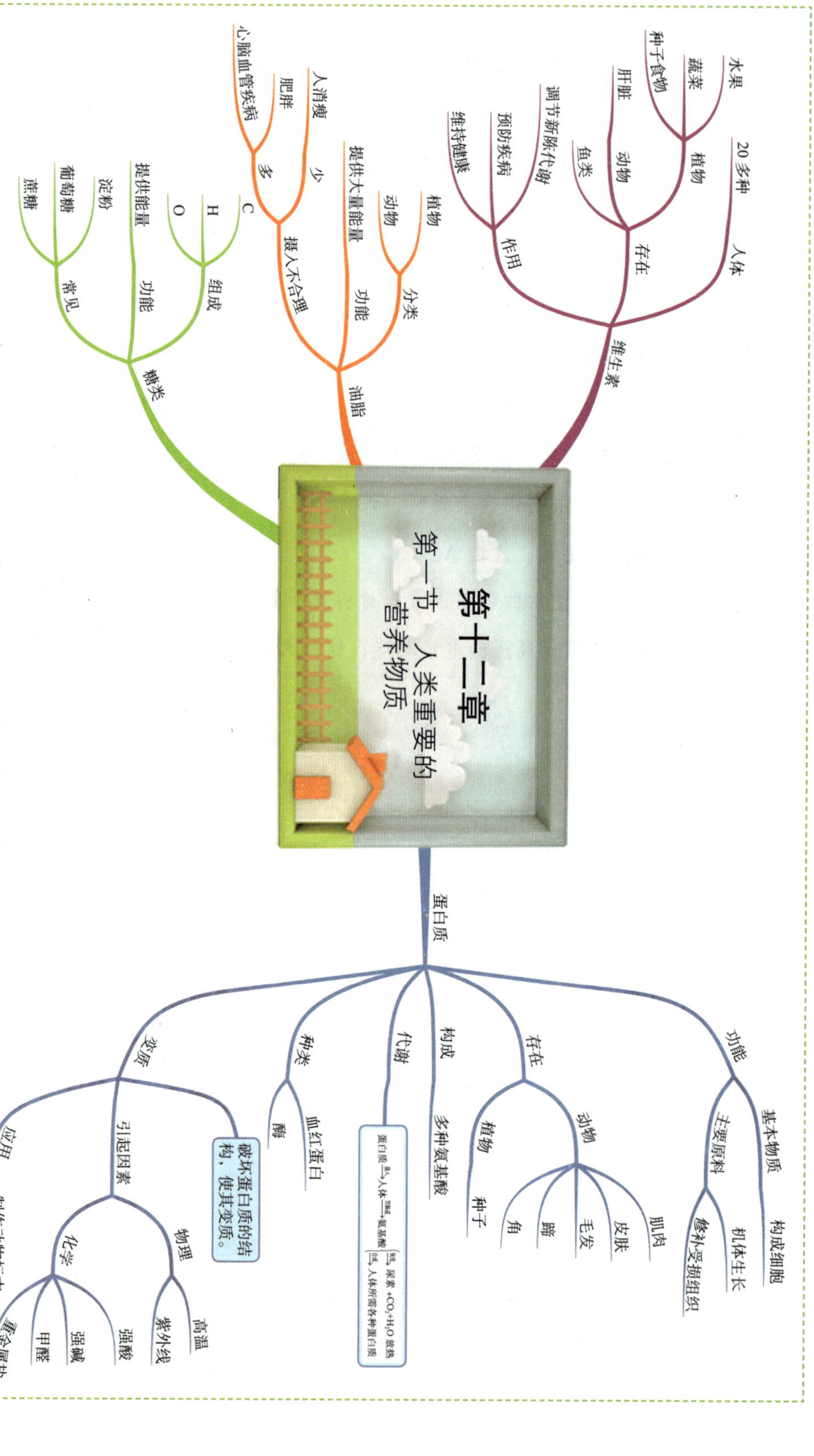

第二节 化学元素与人体健康

一、组成人体的元素

常量元素：在人体中含量 >0.01%，$O>C>H>N>Ca>P>K>S>Na>Cl>Mg$。

微量元素：在人体中含量 <0.01%，Fe、Zn、Se、I、F 等。

二、化学元素对人体健康的影响

1. 钙

（1）存在：99% 存在于骨骼和牙齿中，成人体内约含钙 1.26 g，主要以 $Ca_{10}(PO_4)_6(OH)_2$ 晶体的形式存在。

（2）来源：奶类、绿色蔬菜、水产品、肉类、豆类。

（3）作用：使骨骼和牙齿具有坚硬的结构支架。青少年缺钙会患佝偻病和发育不良，老年人缺钙会发生骨质疏松。

2. 钠和钾

（1）存在：人体内含钠 80~120 g，其中一半以上 Na^+ 存在于细胞外液；钾主要以 K^+ 存在于细胞内液，成人每千克含钾约 2 g。

（2）作用：维持人体内的水分和维持体液恒定的 pH（如血液的 pH7.35~7.45）

3. 几种必需微量元素对人体的作用

元素	对人体的作用	摄入量过高、过低对人体的影响
Fe	血红蛋白的成分，能帮助氧气的运输	缺铁会引起贫血
Zn	影响人体发育	缺锌会引起食欲不振，生长迟缓，发育不良
Se	有防癌、抗癌作用	缺硒可能引起表皮角质化和癌症。如摄入量过高，会使人中毒
I（碘）	甲状腺素的重要成分	缺碘会引起甲状腺肿大，幼儿缺碘会影响生长发育，造成思维迟钝。过量也会引起甲状腺肿大
F（氟）	能防治龋齿	缺氟易产生龋齿，过量会引起氟斑牙和氟骨病

例题

【例1】（2018 天津市中考 3 题）人体内含量最高的金属元素是（　　）
A. 铁　　　　B. 锌　　　　C. 钾　　　　D. 钙

答案 D

解题思路
- 试题分析：本题考查人体内金属元素含量。
- 方法指引：由组成人体的金属元素含量顺序钙＞钠＞镁＞铁＞钴＞铜＞锌等，可知人体内含量最高的金属元素是钙。

例题

【例2】（2018 四川省泸州中考 5 题）下列说法不正确的是（   ）

A. 食物纤维的作用是给人体提供能量
B. 摄入重金属盐会导致中毒
C. 缺钙会导致骨质疏松
D. 海洛因是毒品

答案 A

解题思路
- 试题分析：本题考查化学元素对人体健康的影响。
- 方法指引：食物纤维的作用是促进胃肠蠕动，不能给人体提供能量，A 错误；重金属盐有毒，摄入重金属盐会导致中毒，B 正确；老年人缺钙易患骨质疏松症，C 正确；海洛因是一种毒品，D 正确。故选 A。

本节练习

例题

1.（2017 广西桂林中考 5 题）婴幼儿患佝偻病，体内缺少的元素是（   ）

A. 铁　　　B. 碘　　　C. 氟　　　D. 钙

答案 D

解析

A. 铁是合成血红蛋白的主要元素，缺铁会患贫血，故选项 A 错误。

B. 缺碘易患甲状腺肿大，故选项 B 错误。

C. 缺氟易患龋齿，故选项 C 错误。

D. 钙是构成骨骼和牙齿的主要成分，它使骨骼和牙齿有坚硬的结构支架，缺乏时幼儿和青少年患佝偻病，老年人患骨质疏松，故选项 D 正确。

故选 D。

2.（2017 江苏省扬州中考 8 题）"高钙牛奶"中的"钙"应理解为（　　）

A. 单质　　　　B. 原子　　　　C. 分子　　　　D. 元素

D

解析

高钙牛奶，这里的"钙"不是以单质、化合物、分子、原子等形式存在，这里所指的"钙"是强调存在的元素，与具体形态无关。故选 D。

3.（2018 天津市中考 3 题）人体内含量最高的金属元素是（　　）

A. 铁　　　　B. 锌　　　　C. 钾　　　　D. 钙

D

解析

人体内金属元素含量：钙＞钠＞镁＞铁＞钴＞铜＞锌等。故选 D。

例题

4.（2018 江苏省苏州中考 9 题）下列人体所缺元素与引起的健康问题关系正确的是（　　）

  A. 缺铁会引起贫血　　　　B. 缺碘会引起龋齿

  C. 缺锌会导致甲状腺疾病　D. 缺钙会引起坏血病

答案

A

解析

  A. 缺铁易患贫血，故选项 A 正确。

  B. 缺碘易患甲状腺疾病，故选项 B 错误。

  C. 缺锌会导致发育不良，故选项 C 错误。

  D. 缺钙易患骨质疏松，佝偻病，故选项 D 错误。

故选 A。

例题

5.（2018 江苏省南京中考 1 题）在人体所含的元素中，质量分数最高的是（　　）

  A. 氢　　　B. 氧　　　C. 钙　　　D. 铁

答案

B

解析

  人体中含量最多的物质是水，水中氧元素和氢元素的质量比是 8:1，所以在人体所含的元素中，质量分数最高的是氧元素。故选 B。

例题

6.（2018甘肃省中考4题）下列生活用品使用的材料属于有机合成材料的是（　　）

A.塑料保鲜膜

B.纯棉毛巾

C.真丝围巾

D.不锈钢锅

答案

A

解析

A.塑料保鲜膜属于有机合成材料，故选项A正确。

B.纯棉毛巾是用棉线制成的，属于天然材料，故选项B错误。

C.真丝围巾是用蚕丝制成的，属于天然材料，故选项C错误。

D.不锈钢锅是用不锈钢制成的，属于金属材料，故选项D错误。

故选A。

例题

7.（2018山东省青岛中考7题）下列物品主要用复合材料制作而成的是（　　）

A.陶瓷杯　　　B.不锈钢碗　　　C.塑料盆　　　D.玻璃钢材质的滑雪板

答案

D

解析

A. 陶瓷属于无机非金属材料,故选项 A 错误。

B. 不锈钢是一种铁的合金,属于金属材料,故选项 B 错误。

C. 塑料属于有机合成材料,故选项 C 错误。

D. 玻璃钢是由塑料和玻璃纤维复合而成的具有新性能的材料,属于复合材料,故选项 D 正确。

故选 D。

例题

8.（2018 江苏省南京中考 3 题）下列属于天然有机高分子材料的是（　　）

A. 塑料　　　B. 棉花　　　C. 涤纶　　　D. 不锈钢

答案

B

解析

A. 塑料属于三大合成有机高分子材料之一,故选项 A 错误。

B. 棉花属于天然有机高分子材料,故选项 B 正确。

C. 涤纶属于合成纤维中的一种,合成纤维属于三大合成有机高分子材料之一,故选项 C 错误。

D. 不锈钢是钢的一种,是铁的合金,属于金属材料,故选项 D 错误。

故选 B。

例题

9.（2018 山东省威海中考 7 题）材料是时代进步的标志。下列关于材料的说法错误的是（　　）

A. 塑料属于有机合成高分子材料　　　B. 玻璃属于硅酸盐材料

C. 制造芯片的硅属于非金属材料　　　D. 铝镁合金属于复合材料

答案

D

解析

A. 塑料属于有机合成高分子材料，故选项 A 正确。

B. 玻璃属于硅酸盐材料，故选项 B 正确。

C. 制造芯片的硅属于非金属材料，故选项 C 正确。

D. 铝镁合金属于金属材料，故选项 D 错误。

故选 D。

例题

10.（2018 黑龙江省哈尔滨中考 8 题）"关爱生命，注意安全，拥抱健康"是永恒的主题。下列有关叙述错误的是（　　）

　　A. 正确使用含氟牙膏可以预防龋齿

　　B. 水体污染会直接危害人体健康

　　C. 炒菜时油锅中的油不慎着火，可用锅盖盖灭或放入较多的蔬菜

　　D. 如果缺乏维生素 C，会引起夜盲症

答案

D

解析

A. 正确使用含氟牙膏可以预防龋齿，故选项 A 正确。

B. 水体污染会直接危害人体健康，故选项 B 正确。

C. 炒菜时油锅中的油不慎着火，可用锅盖盖灭或放入较多的蔬菜，故选项 C 正确。

D. 如果缺乏维生素 C，会引起坏血病，故选项 D 错误。

故选 D。

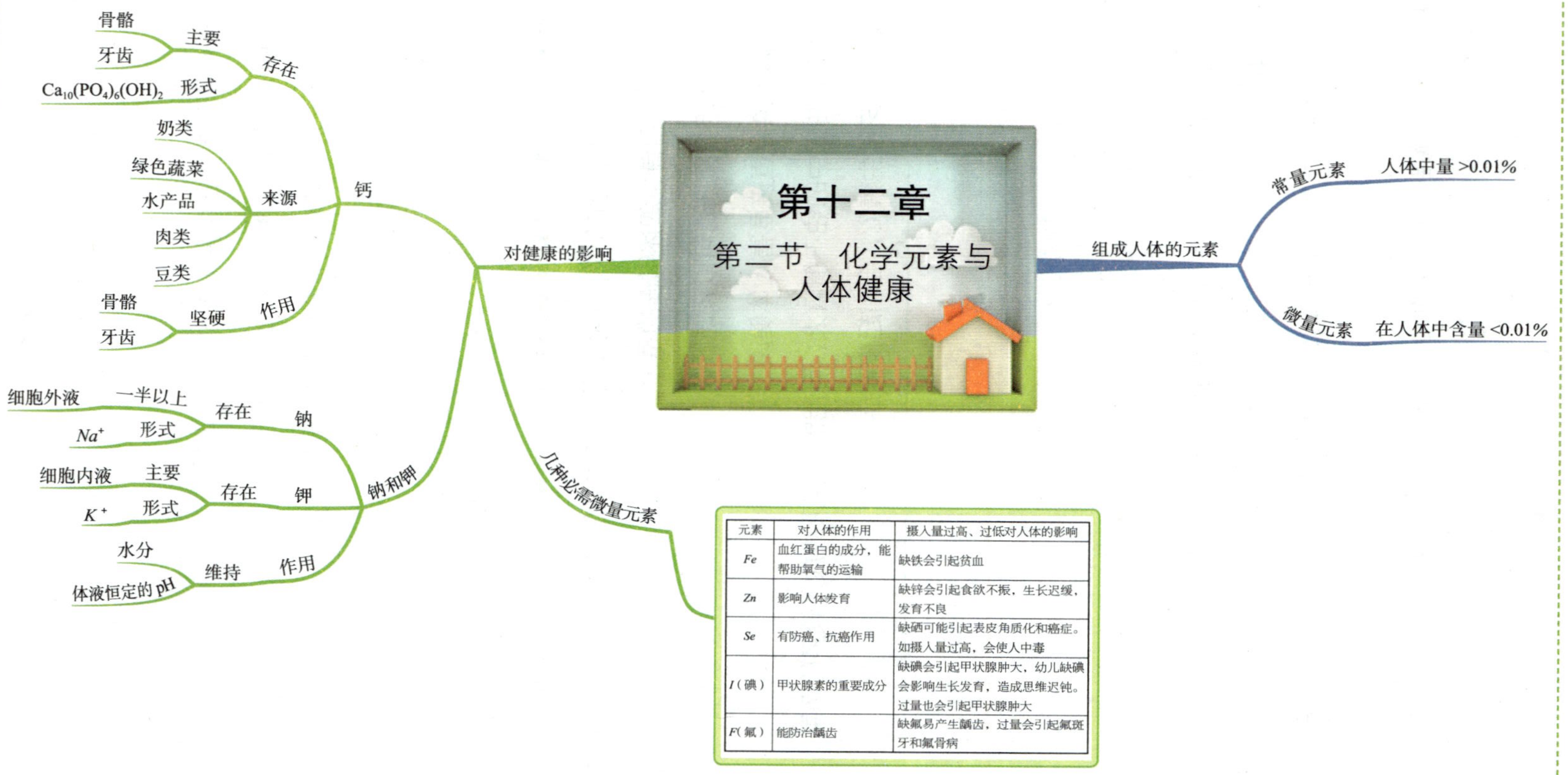

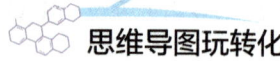

第十二章 化学元素与人体健康

第二节 化学元素与人体健康

组成人体的元素
- 常量元素：在人体中含量 >0.01%
- 微量元素：在人体中含量 <0.01%

对健康的影响

- **钙**
  - 存在形式：$Ca_{10}(PO_4)_6(OH)_2$
  - 存在：骨骼、牙齿
  - 来源：主要——奶类；绿色蔬菜、水产品、肉类、豆类、坚果
  - 作用：骨骼、牙齿——一半以上

- **钠和钾**
  - 钠：存在形式——主要在细胞外液 Na^+
  - 钾：存在形式——K^+ 细胞内液
  - 维持作用：水分、体液恒定的pH

三种必需微量元素

元素	对人体的作用
Fe	血红蛋白的成分，能带助氧气的运输	摄入量过高、过低对人体的影响：缺铁会引起贫血
Zn	影响人体发育	缺锌会引起食欲不振，生长迟缓，发育不良
Se	有防癌、抗癌作用	如摄取可能引起表皮角质化和癌症，会使人中毒
I（碘）	甲状腺素的重要成分	缺碘会引起甲状腺肿大，过量也会引起甲状腺肿大，会影响生长发育，造成思维迟钝，幼儿缺碘过量会引起甲状腺肿大
F（氟）	能防治龋齿	缺氟易产生龋齿，过量会引起氟斑牙和氟骨病

第三节 有机合成材料

一、有机化合物

1. 含义：有机化合物通常是指含碳元素的化合物，简称有机物。不包括 CO、CO_2 和 Na_2CO_3、$CaCO_3$ 等碳酸盐。

2. 生活中常见的有机物：CH_4（最简单的有机物、相对分子质量最小的有机物）、C_2H_5OH（乙醇，俗名：酒精）、CH_3COOH（乙酸，俗名：醋酸）、$C_6H_{12}O_6$（葡萄糖）、蔗糖、蛋白质、淀粉等。

3. 有机物数目庞大的原因：组成元素不同；原子结合方式不同；原子的排列方式不同。

4. 有机高分子化合物：相对分子质量为几万到几百万的化合物，简称有机高分子。如蛋白质、淀粉等。

二、有机合成材料

1. 常见的有机化合物（含碳元素的化合物）：甲烷、乙醇、葡萄糖、淀粉、蛋白质。

2. 有机高分子材料：就其来源可分为天然有机高分子材料（如棉花、羊毛、蚕丝和天然橡胶等）和合成有机高分子材料（主要有塑料、合成纤维、合成橡胶三大类）。

3. 有机高分子化合物往往是由小分子聚合而成的，故又称为聚合物。平均相对分子质量都很大。

4. 有机高分子材料有热塑性（一般为链性结构）和热固性（一般为网状结构）两种性能。

5. "白色污染"：一般是指难降解的塑料制品对环境造成的污染。废弃塑料长期堆积会破坏土壤，污染地下水，危害海洋生物的生存；如果焚烧含氯塑料会产生有毒的氯化氢气体，从而对空气造成污染。

6. 防止白色污染的措施：

（1）减少使用不必要的塑料制品；

（2）重复使用某些塑料制品；

（3）使用一些新型的可降解的塑料；

（4）回收各种废弃塑料。

例题

【例1】（2018河南省中考2题）开封小笼包是地方特色美食，其主要食材瘦肉中富含的营养素为（　　）

　　A. 糖类　　　　B. 油脂　　　　C. 维生素　　　　D. 蛋白质

D

解析

瘦肉中富含的营养素是蛋白质。故选D。

例题

【例2】（2017江苏省泰州中考8题）儿童体内缺少钙元素，易患的疾病是（　　）

　　A. 侏儒症　　　B. 贫血症　　　C. 甲状腺疾病　　D. 佝偻病

D

解析

A. 锌影响人体发育，缺锌会引起食欲不振，生长迟缓，发育不良，会患侏儒症，故选项A错误。

B. 人体内缺铁会患贫血症，故选项B错误。

C. 人体内缺碘会患甲状腺疾病，故选项C错误。

D. 儿童体内缺钙会患佝偻病，故选项D正确。

故选D。

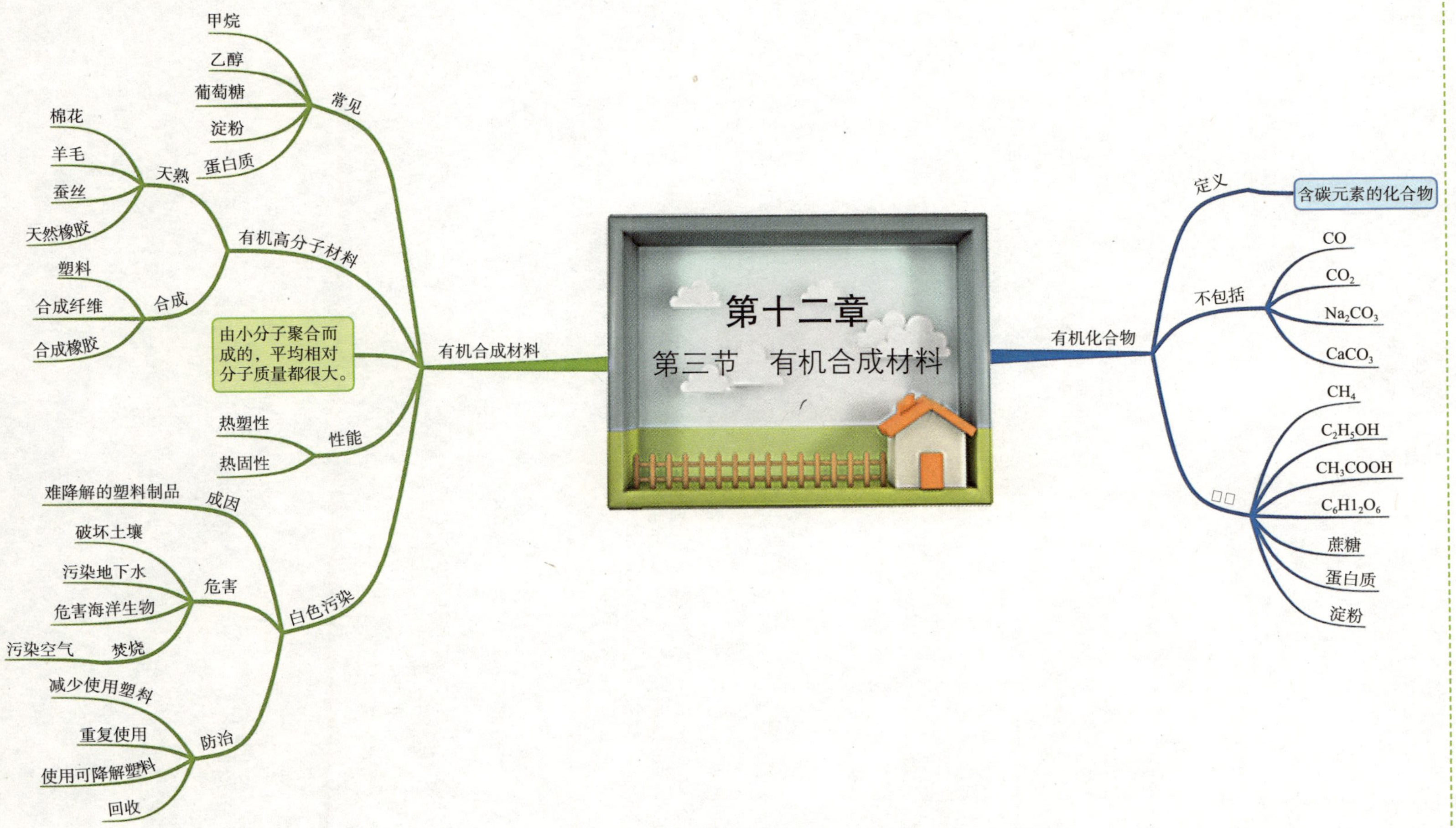

第十二章 化学与生活

第三节 有机合成材料

- 有机化合物
  - 定义：含碳元素的化合物
  - 不包括：CO、CO_2、Na_2CO_3、$CaCO_3$
  - 包括：CH_4、C_2H_5OH、CH_3COOH、$C_6H_{12}O_6$、蔗糖、蛋白质、淀粉

- 有机合成材料
  - 有机高分子材料：由小分子聚合而成的，平均相对分子质量都很大。
    - 常见
      - 天然：甲烷、乙醇、葡萄糖、淀粉、蛋白质、棉花、羊毛、蚕丝、天然橡胶
      - 合成：塑料、合成纤维、合成橡胶
    - 性能
      - 热塑性
      - 热固性
  - 白色污染
    - 成因：难降解的塑料制品
    - 危害：破坏土壤、污染地下水、危害海洋生物、焚烧污染空气
    - 防治：减少使用塑料、重复使用、使用可降解塑料、回收